3年

実力アップ

特別（とくべつ）ふろく

漢字練習ノート

教科…できる！

東京書籍版
完全準拠

年	組	名前

「漢字練習ノート」はとりはずして使用できます。

もくじ

漢字練習ノート

この本の使い方

- 教科書に出てくる漢字を、単元ごとに練習しましょう。
- ３年生で学習する漢字200字を、全て出題しています。
- 全ての漢字を、正しく書けるようになれば、合格です。

すいせんのラッパ

第1回

/22問

☆ □にかん字を書きましょう。〔　〕には、かん字とひらがなを書きましょう。（☆は、新しいかん字のべつの読み方です。）

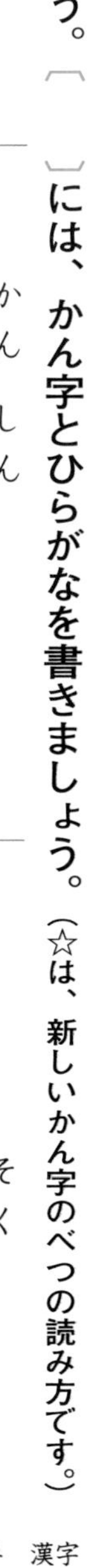

① すいせんの［は］っぱ。

② 朝七時に〔おきる〕。

③ 風の〔はやさ〕。

④ ［いちめん］にちる。

⑤ 〔むこう〕の空。

⑥ ［みどりいろ］のリボン。

⑦ ［かんしん］する。

⑧ ［まめ］つぶみたいなかえる。

⑨ ［じんぶつ］の気もち。

⑩ かえるたちの［ようす］。

⑪ 音読の［しかた］。

⑫ ［かいわ］をする。

⑬ おもしろい［ものがたり］。

⑭☆ 全員（ぜんいん）が［き］立（りっ）する。

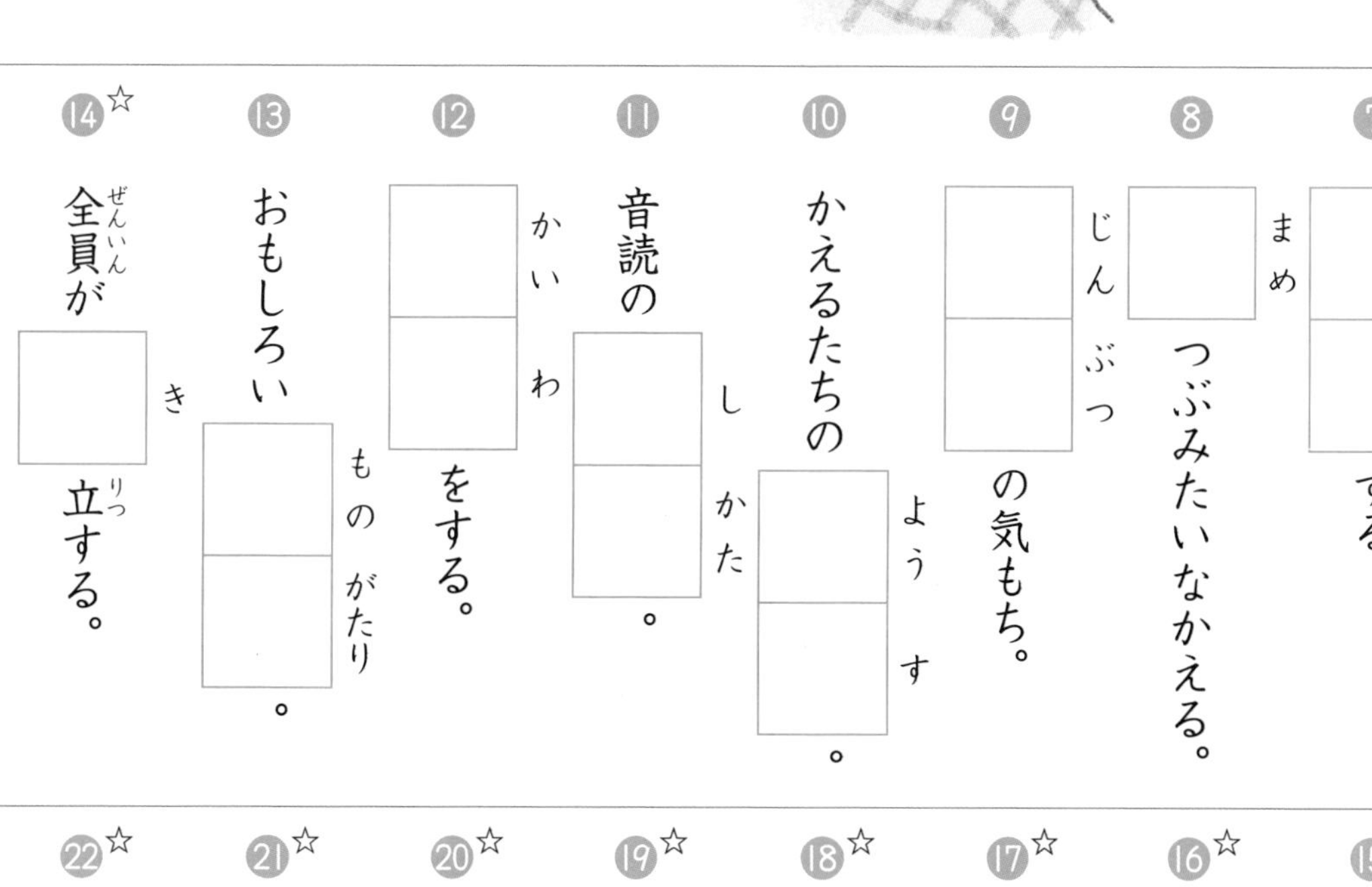

⑮☆ 自動車の［そく］度（ど）。

⑯☆ 北の［ほうこう］に進（すす）む。

⑰☆ ［りょくちゃ］を飲（の）む。

⑱☆ ［だいず］からみそを作る。

⑲☆ ［とう］にゅうを飲（の）む。

⑳☆ ［しょもつ］を読む。

㉑☆ 外国の［おうさま］。

㉒☆ 神（かみ）に〔つかえる〕。

かん字をつかおう１

/20問　第(だい)２回

☆ □にかん字を書きましょう。〔　〕には、かん字とひらがなを書きましょう。（☆は、新しいかん字のべつの読み方です。）

① （そうちょう）□□トレーニング。

② 歌の（れんしゅう）□□。

③ （きゅうしゅう）□□を旅(りょ)行する。

④ 広場の（ちゅうおう）□□。

⑤ 大通りを（おう）□だんする。

⑥ （ほどう）□□を通る。

⑦ 点数を（ごうけい）□□する。

⑧ 人の（にばい）□□はたらく。

⑨☆ 文章(しょう)を〔ねる〕。

⑩☆ ピアノを〔ならう〕。

⑪☆ （よこ）□にすわる。

⑫ （こく）□ばんに字を書く。

⑬ みんなで〔はなしあう〕。

⑭ （とも）□だちとあそぶ。

⑮ （はる）□にはすみれがさく。

⑯ 〔おなじ〕クラスになる。

⑰ （きょうしつ）□□のそうじをする。

⑱ （げんき）□□に走り回る。

⑲ （こころ）□からよろこぶ。

⑳ 新しいことを〔しる〕。

図書館へ行こう
国語じてんの使い方

/20問

第3回

☆ □にかんじをかきましょう。〔　〕には、かんじとひらがなをかきましょう。（☆は、新しいかんじのべつの読み方です。）

図書館へ行こう

❶ □□□（としょかん）へ行く。

❷ 百科□（じ）てんでしらべる。

❸ 本の□（もく）次。

❹ さく□（いん）をつかう。

❺ 本の□（ない）よう。

❻ □□（きごう）であらわす。

❼☆ 古い□（やかた）に住む。

❽☆ ふしぎな□□□（できごと）。

国語じてんの使い方

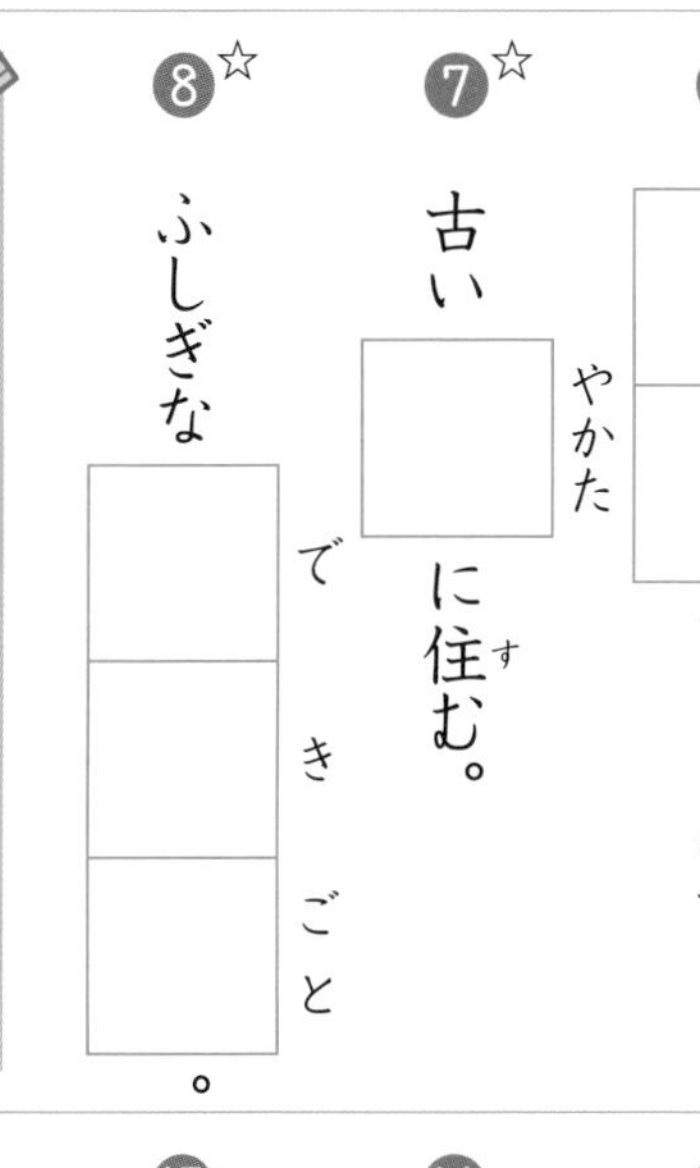

❾ じてんを〔　　（つかう）〕。

❿ 言葉の□□（いみ）。

⓫ □□（かんじ）でかきあらわす。

⓬ 気持ちを〔　　（あらわす）〕。

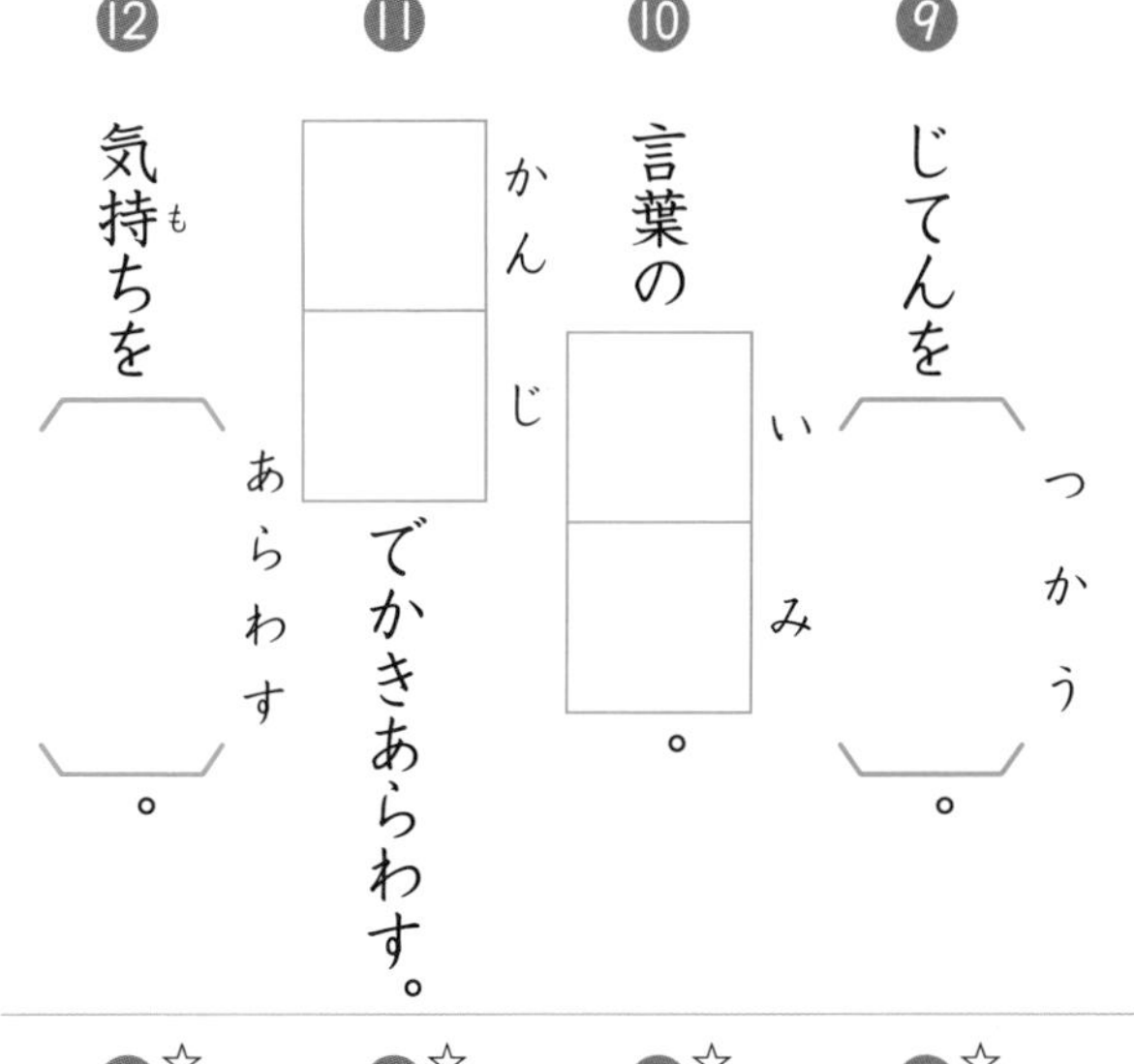

⓭ 言葉のいみを〔　　（しらべる）〕。

⓮ □（はしら）を立てる。

⓯ しずかな□□（ばしょ）。

⓰☆ 自転車を□□（しよう）する。

⓱☆ いちご□（あじ）のゼリー。

⓲☆ □（おもて）とうら。

⓳☆ □□（ちょうし）がいい。

⓴☆ □□（でんちゅう）にぶつかる。

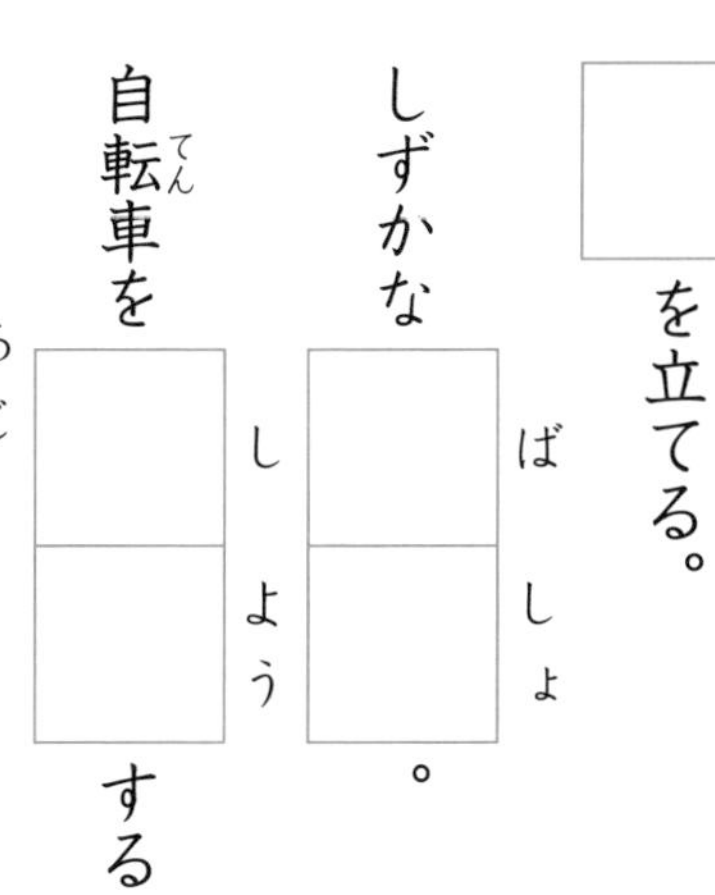

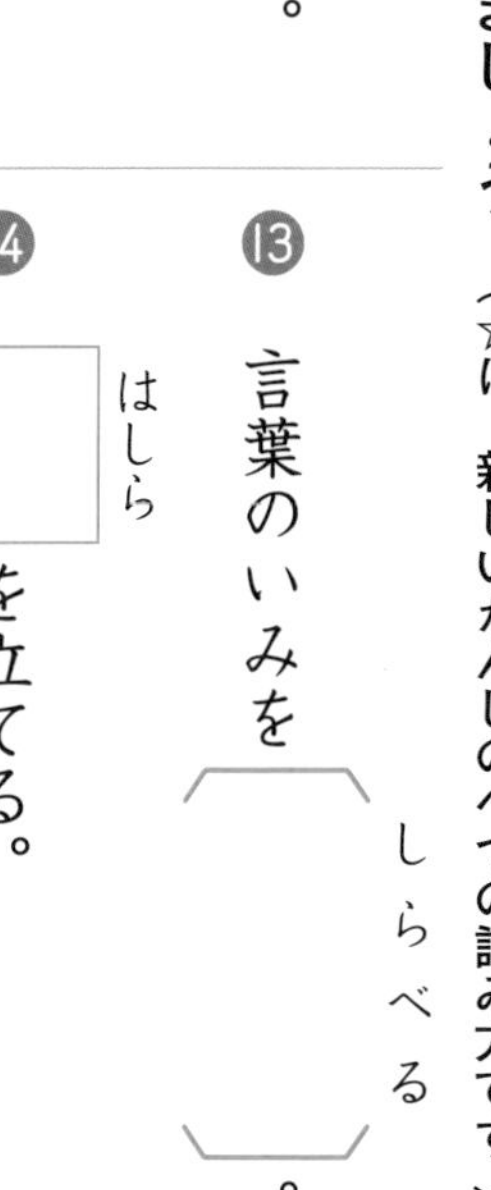

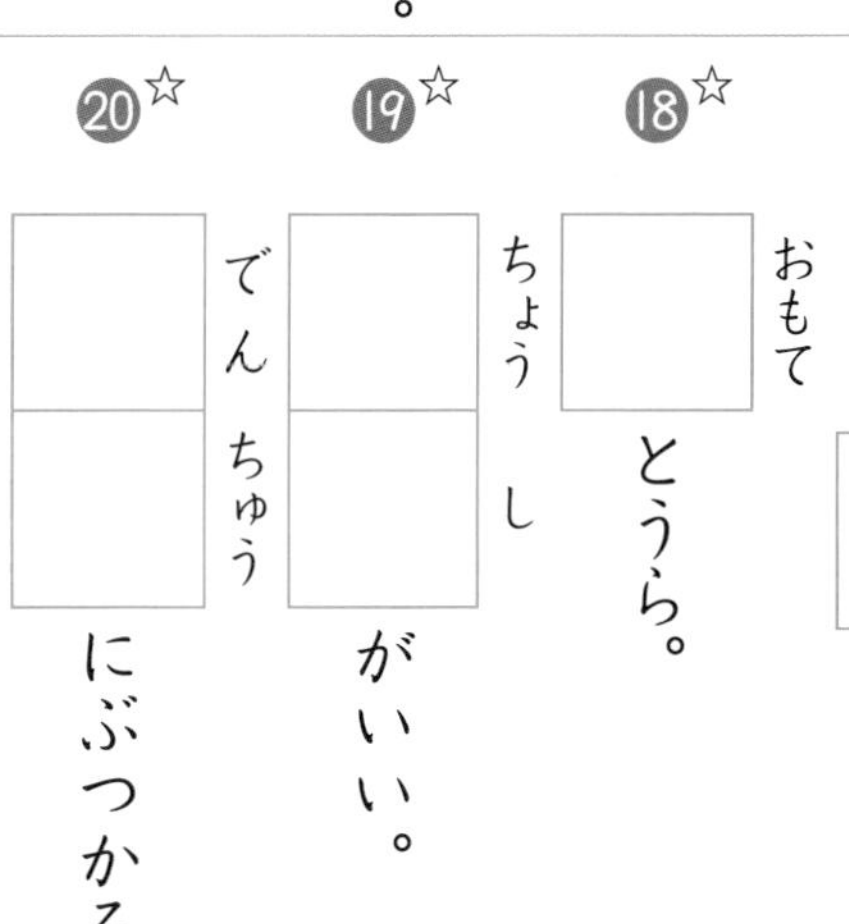

メモを取りながら話を聞こう
自然のかくし絵

第4回

/19問

□に漢字を書きましょう。〔　〕には、漢字とひらがなを書きましょう。（☆は、新しい漢字のべつの読み方です。）

メモを取りながら話を聞こう

① メモを〔　とる　〕。

② ゆうびん□（きょく）ではたらく。

③ ゆうびんを□（はい）達する。

④ □□（じゅうしょ）をたしかめる。

⑤☆ プリントを〔　くばる　〕。

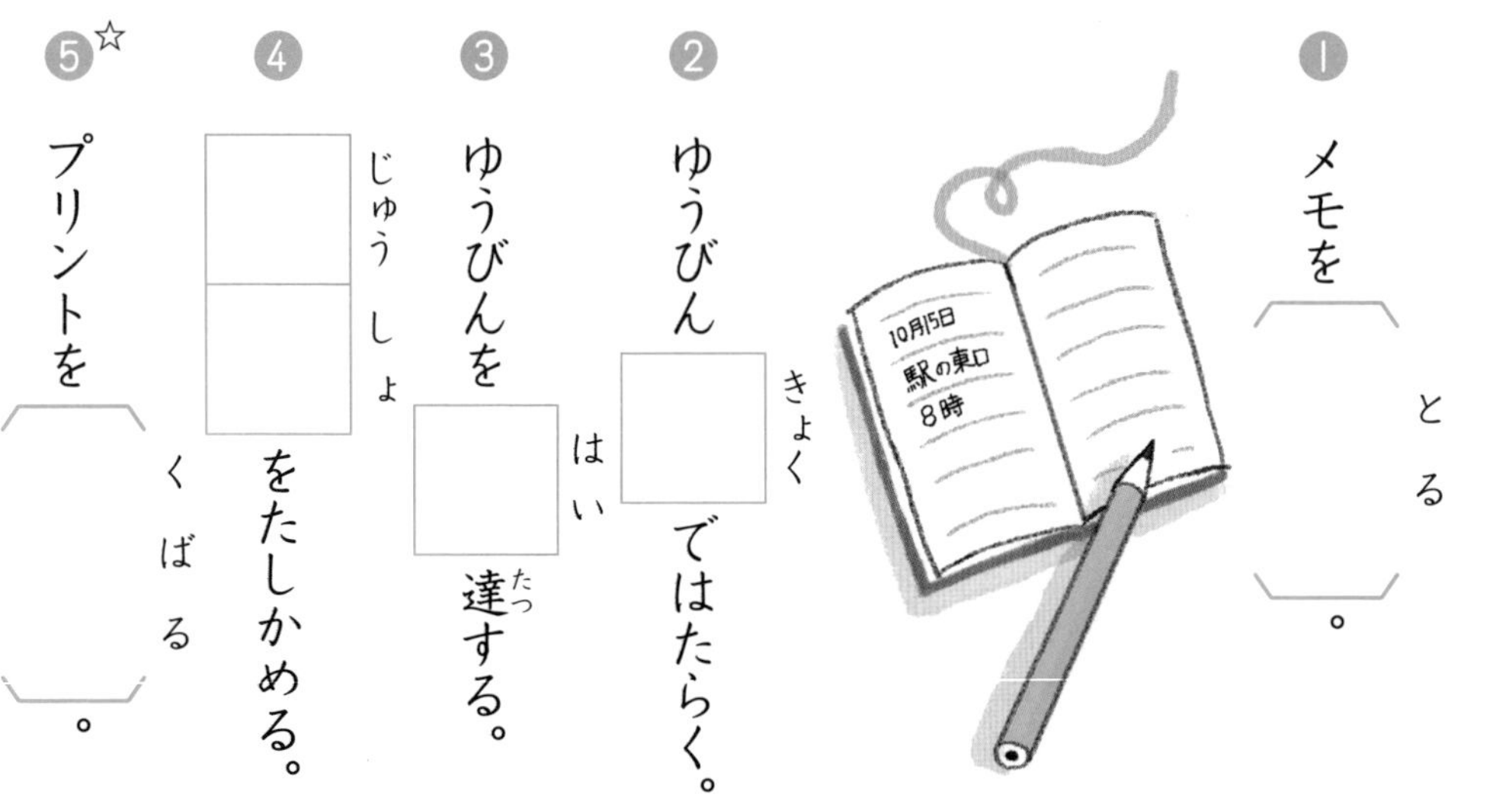

⑥☆ いなかに〔　すむ　〕。

自然のかくし絵

⑦ □（し）然の中にかくれる。

⑧ □（み）をかくす。

⑨ 葉を食べて〔　そだつ　〕。

⑩ てきからみを〔　まもる　〕。

⑪ 〔　きまった　〕時間。

⑫ □□（かつどう）する時間。

⑬ ちょっとした□□（どうさ）。

⑭ するどい目を〔　もつ　〕。

⑮ 〔　とい　〕にたいする答え。

⑯ 書いてある□□（ぶぶん）。

⑰ □□（ひっしゃ）の考え。

⑱☆ □□（しんちょう）がのびる。

⑲☆ □□（たいいく）の時間。

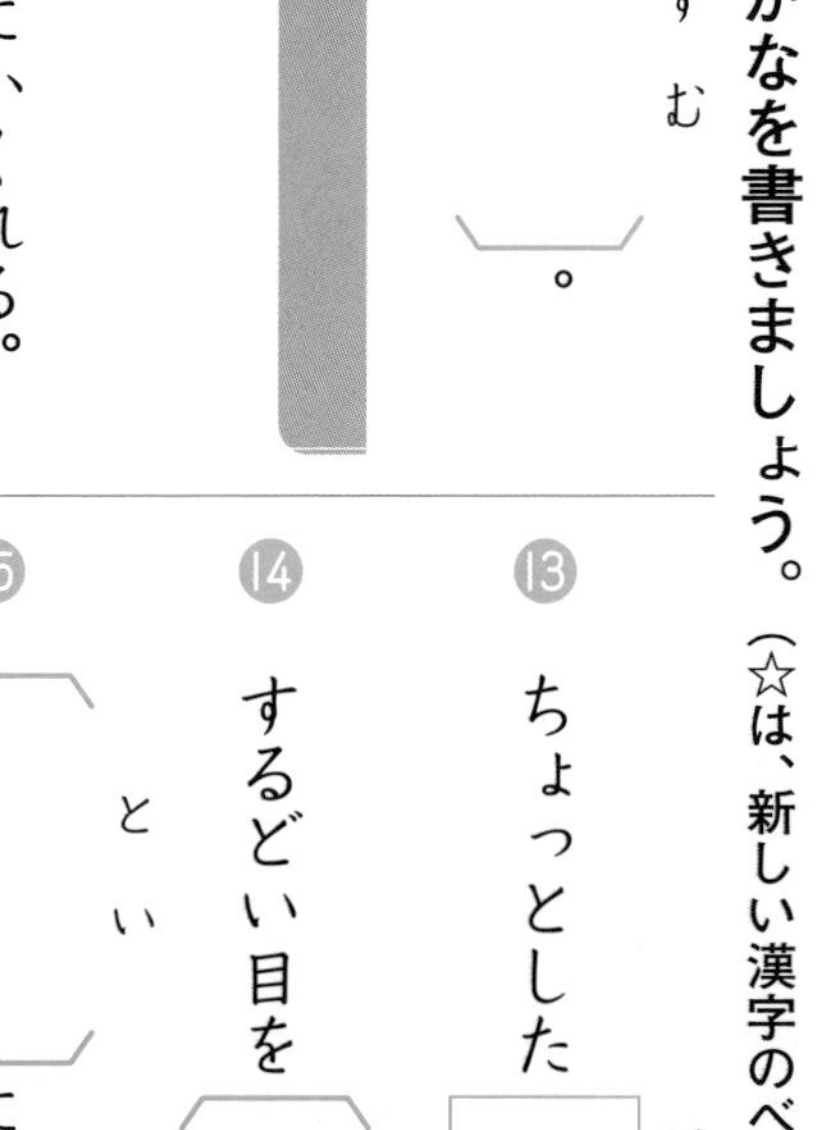

漢字を使おう２

第5回　/20問

☆ □に漢字を書きましょう。（　）には、漢字とひらがなを書きましょう。（☆は、新しい漢字のべつの読み方です。）

① 住めば□（みやこ）

② コップに□（こおり）を入れる。

③ 海の中の□□（ひょうざん）。

④ 自ゆう□（がた）のタイム。

⑤ プールで（およぐ）。

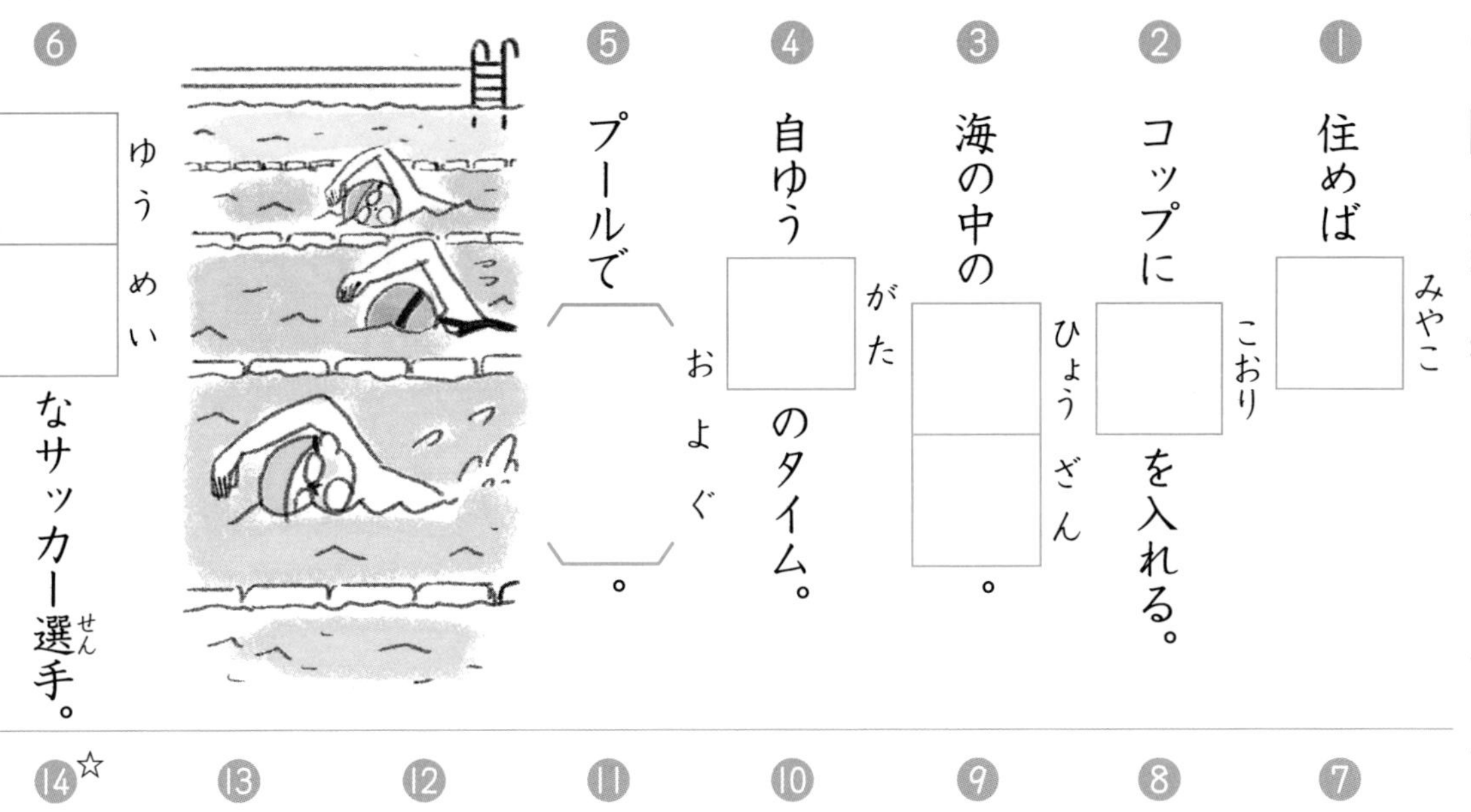

⑥ □□（ゆうめい）なサッカー選手。

⑦ □□（すいえい）教室へ行く。

⑧ 手紙の□□（へんじ）を書く。

⑨ かりたものを（かえす）。

⑩ 外で（あそぶ）。

⑪ 公園の□（ゆう）ぐ。

⑫ ノートを（ひらく）。

⑬ □□（かいかい）をせん言する。

⑭☆ □□（とかい）のくらし。

⑮☆ まどを（あける）。

⑯ （ふるい）お寺。

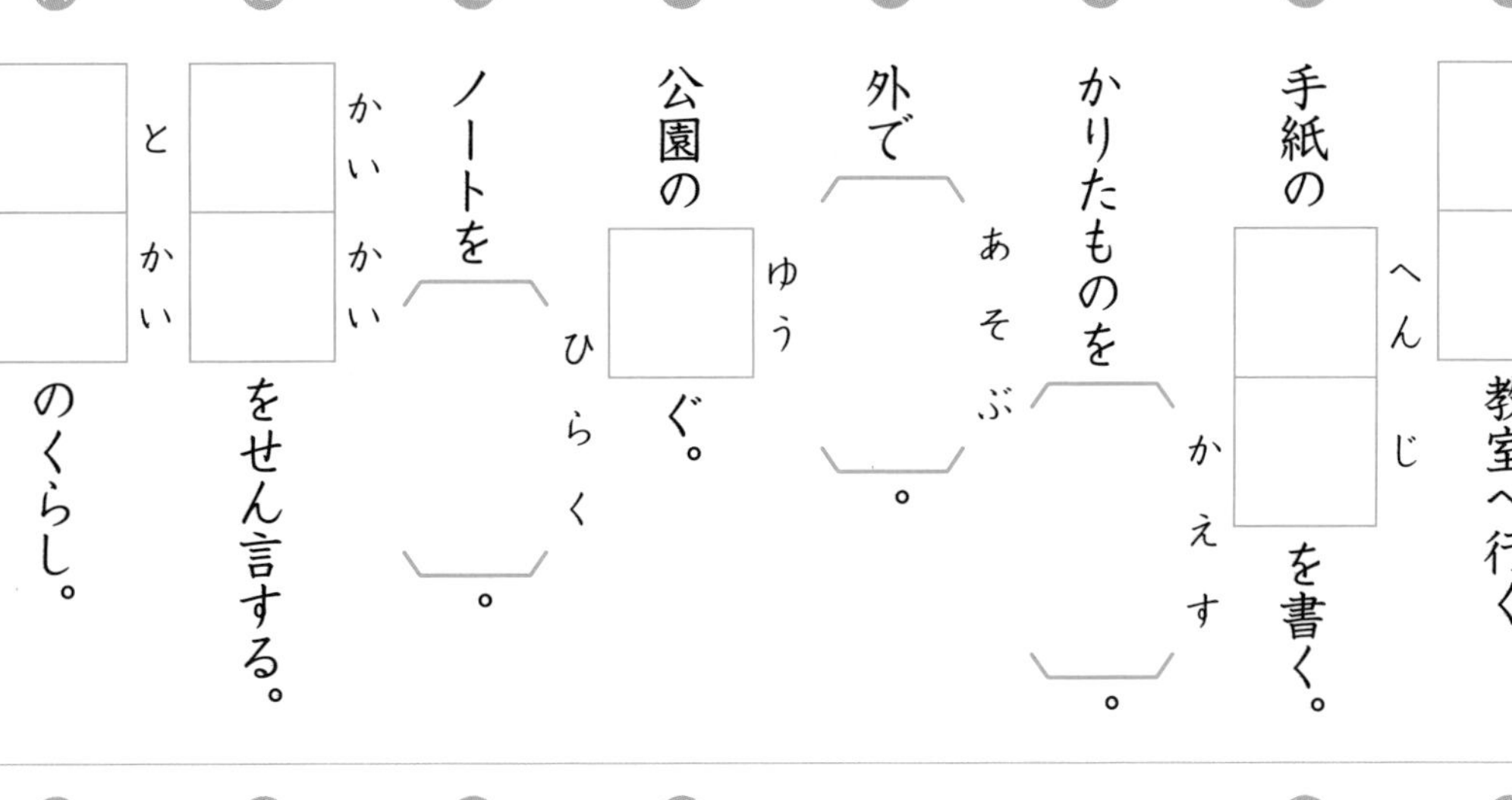

⑰ ぞうの鼻は（ながい）。

⑱ □（くび）かざりを身につける。

⑲ □（いけ）の魚がはねる。

⑳ 日が□（にし）にしずむ。

じょうほうのとびら　全体と中心
「わたし」の説明(せつ)文を書こう

/20問

第(だい)6回

☆ □に漢字を書きましょう。〔　〕には、漢字とひらがなを書きましょう。（☆は、新しい漢字のべつの読み方です。）

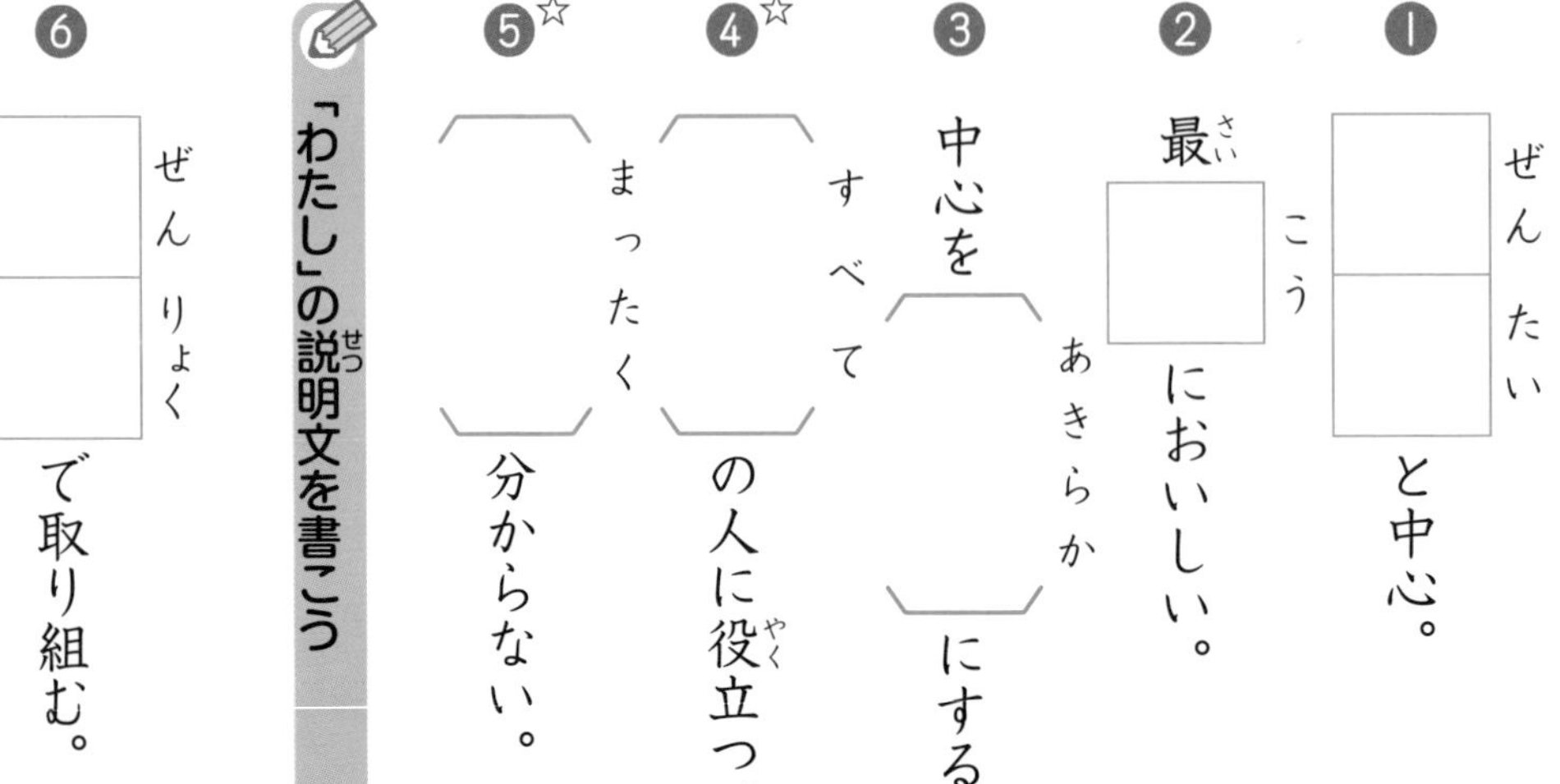

じょうほうのとびら　全体と中心

1. □□（ぜんたい）と中心。
2. 最(さい)□（こう）においしい。
3. 中心を〔　〕（あきらか）にする。
4. ☆〔　〕（すべて）の人に役(やく)立つ。
5. ☆〔　〕（まったく）分からない。

「わたし」の説明(せつ)文を書こう

6. □□（ぜんりょく）で取り組む。

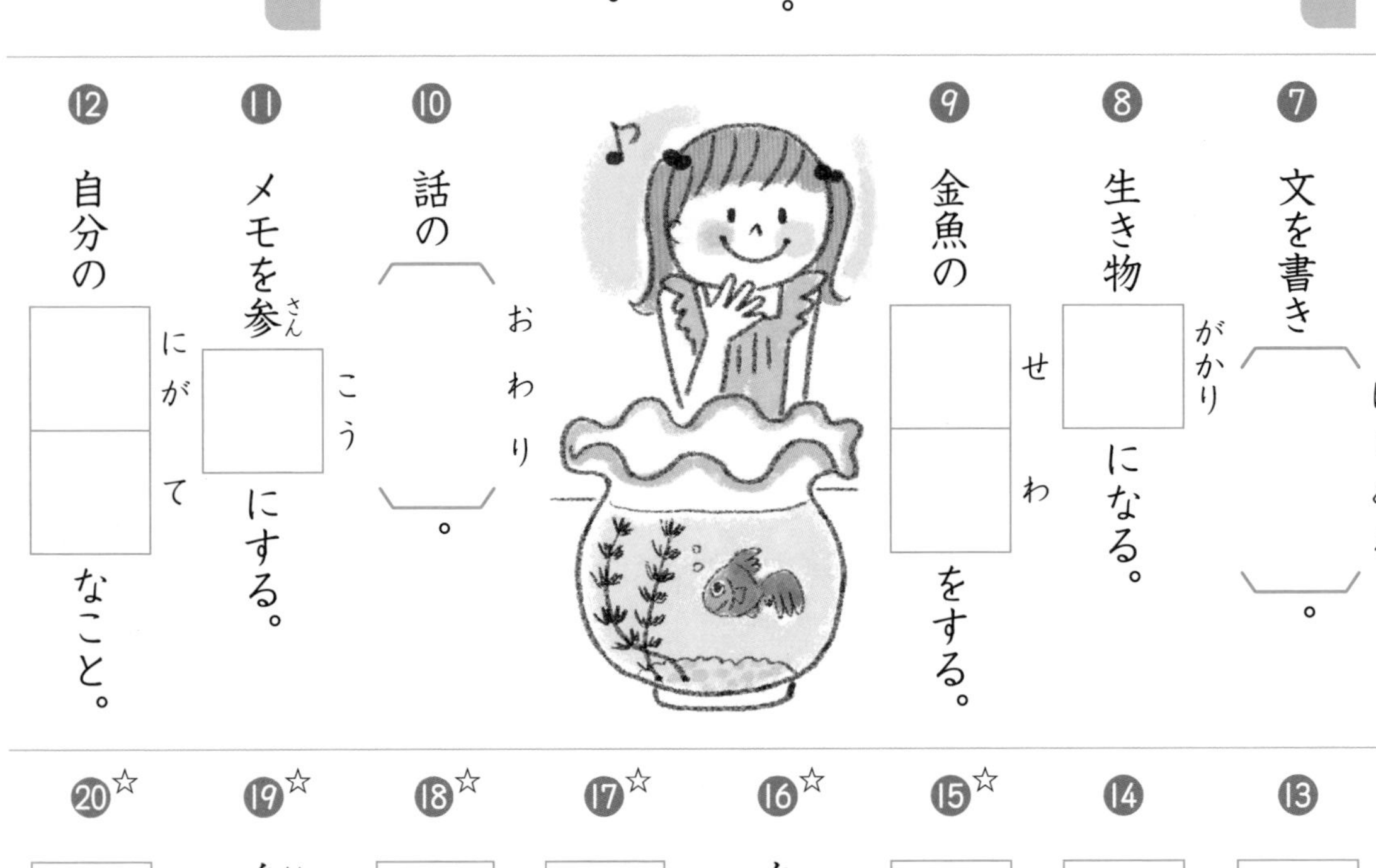

7. 文を書き〔　〕（はじめる）。
8. 生き物□（がかり）になる。
9. 金魚の□□（せわ）をする。
10. 話の〔　〕（おわり）。
11. メモを参(さん)□（こう）にする。
12. 自分の□□（にがて）なこと。
13. □□（かぞく）で外国へ行く。
14. □□（ぶんしょう）の組み立て。
15. ☆□（し）業式(ぎょうしき)。
16. ☆自分に関(かん)□（けい）のある話。
17. ☆□（よ）の中の動き。
18. ☆□□（しゅうてん）まで行く。
19. ☆息(いき)が〔　〕（くるしい）。
20. ☆□（く）労(ろう)して作り上げる。

漢字の表す意味

/18問

第7回

☆ □に漢字を書きましょう。〔 〕には、漢字とひらがなを書きましょう。（☆は、新しい漢字のべつの読み方です。）

① 小学校の□□（こうか）。

② □□（さっきょく）をする。

③ □□（こくばん）の字を消（け）す。

④ □□（さくひん）をかざる。

⑤ □（さら）にもられた料理（りょう）。

⑥ □□（くうはく）の時間。

⑦ □□□（いいんちょう）の仕事。

⑧ けっかを□□（はっぴょう）する。

⑨ 南の□（しま）。

⑩ □□（きょくせん）をえがく。

⑪ 長持ちする□□（しょくひん）。

⑫ □□（ぜんいん）の意見を聞く。

⑬ 英（えい）語の□□（はつおん）。

⑭☆ 右に〔　　〕（まがる）。

⑮☆ □（いた）にくぎを打（う）つ。

⑯☆ 鉄（てつ）□（ぱん）で肉をやく。

⑰☆ □□（しなもの）をつつむ。

⑱☆ 日本列（れっ）□（とう）。

ワニのおじいさんのたから物

第8回　/20問

☆ □に漢字を書きましょう。〔　〕には、漢字とひらがなを書きましょう。（☆は、新しい漢字のべつの読み方です。）

1 〔さむそう〕なカラス。

2 □□（そうとう）年を取っている。

3 〔しんで〕いるみたいだ。

4 □（きみ）とぼく。

5 □□（あんしん）だと思う。

6 □（きゅう）にねむくなる。

7 地図に〔しるす〕。

8 つり□（ばし）をわたる。

9 □□□□（とうじょうじんぶつ）。

10 □□（こうどう）や会話。

11 □□（きゅうこう）列車に乗（の）る。

12 八時までに□□（とうこう）する。

13☆ 一月は□□（かんき）が強まる。

14☆ □□（あいて）の目を見る。

15☆ 田中（たなか）□（くん）をよぶ。

16☆ じゃがいもが〔やすい〕。

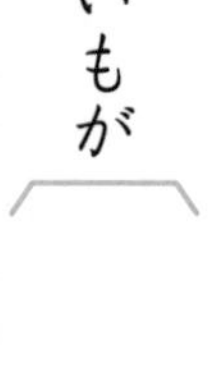

17☆ 家へと〔いそぐ〕。

18☆ □□□（ほどうきょう）をわたる。

19☆ 木に〔のぼる〕。

20☆ 夏休みに□□（とざん）をする。

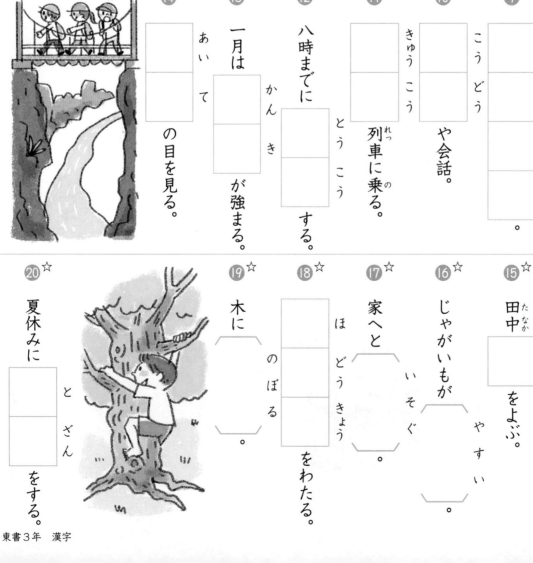

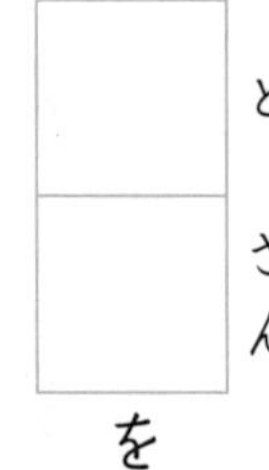

漢字を使おう３

/20問

第9回

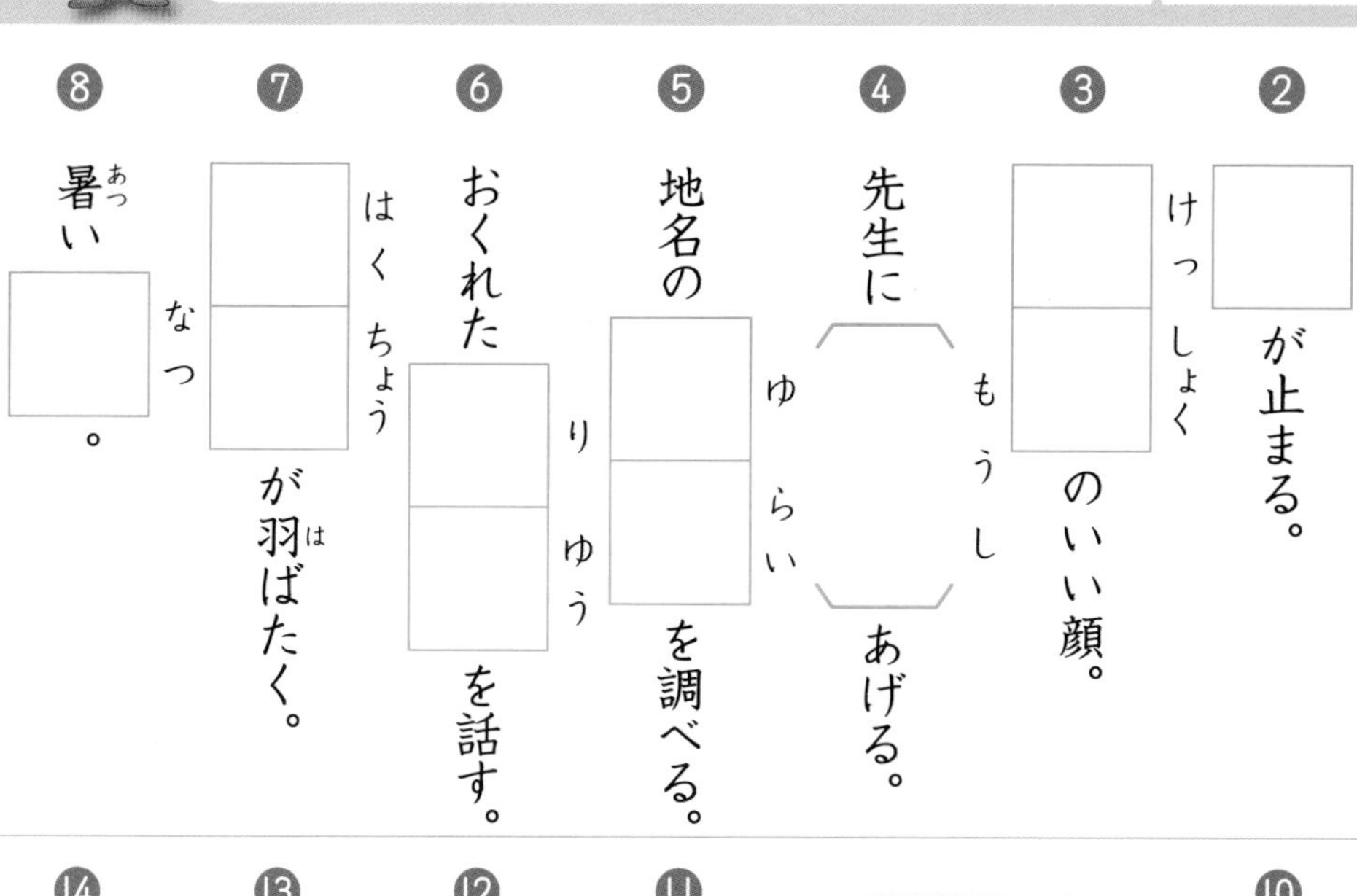

☆ □に漢字を書きましょう。〔　〕には、漢字とひらがなを書きましょう。

1. □□（かなもの）屋でなべを買う。
2. □（ち）が止まる。
3. □□（けっしょく）のいい顔。
4. 先生に〔　〕（もうし）あげる。
5. 地名の□□（ゆらい）を調べる。
6. おくれた□□（りゆう）を話す。
7. □□（はくちょう）が羽ばたく。
8. 暑い□（なつ）。

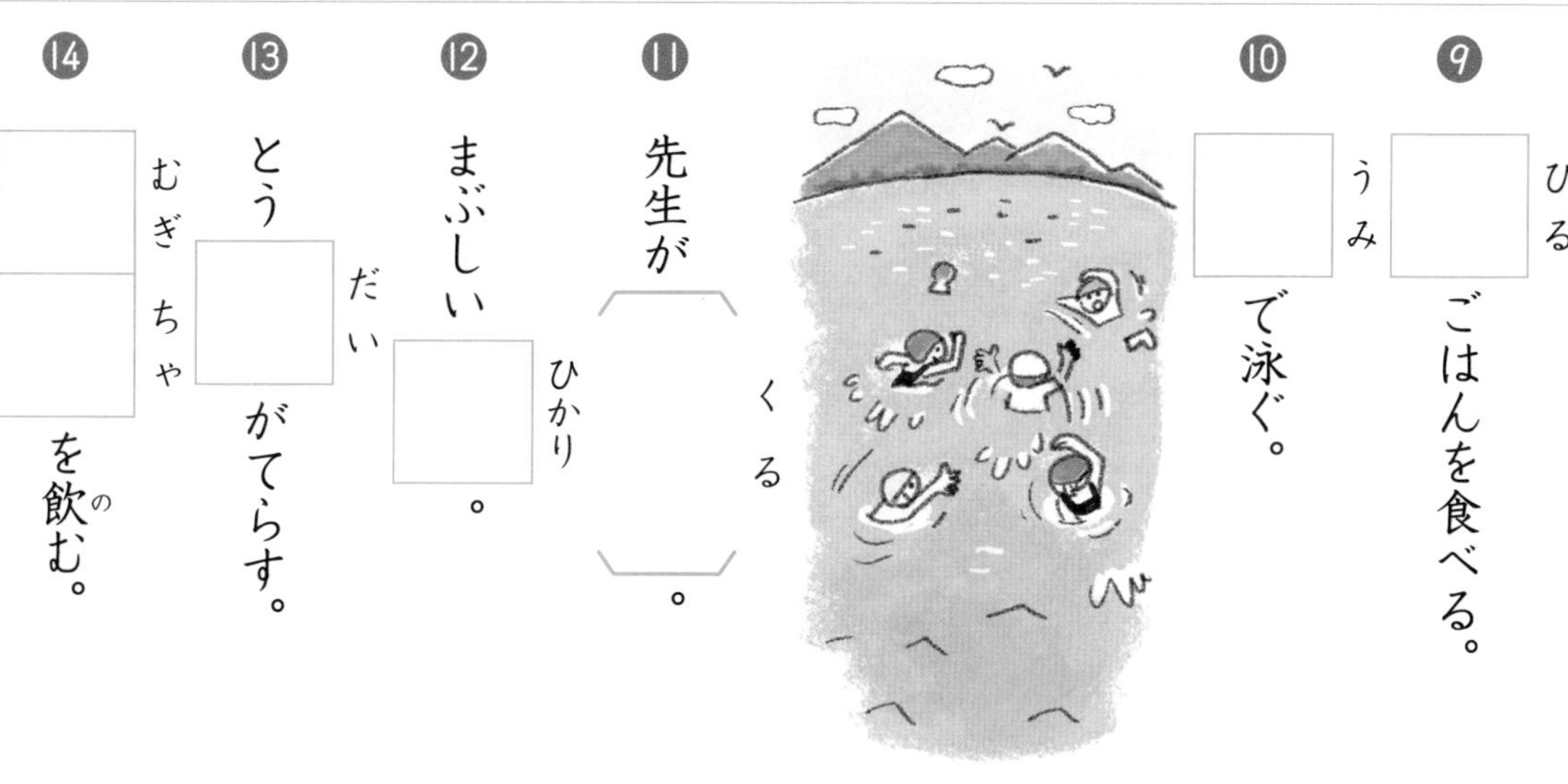

9. □（ひる）ごはんを食べる。
10. □（うみ）で泳ぐ。
11. 先生が〔　〕（くる）。
12. まぶしい□（ひかり）。
13. とう□（だい）がてらす。
14. □□（むぎちゃ）を飲む。

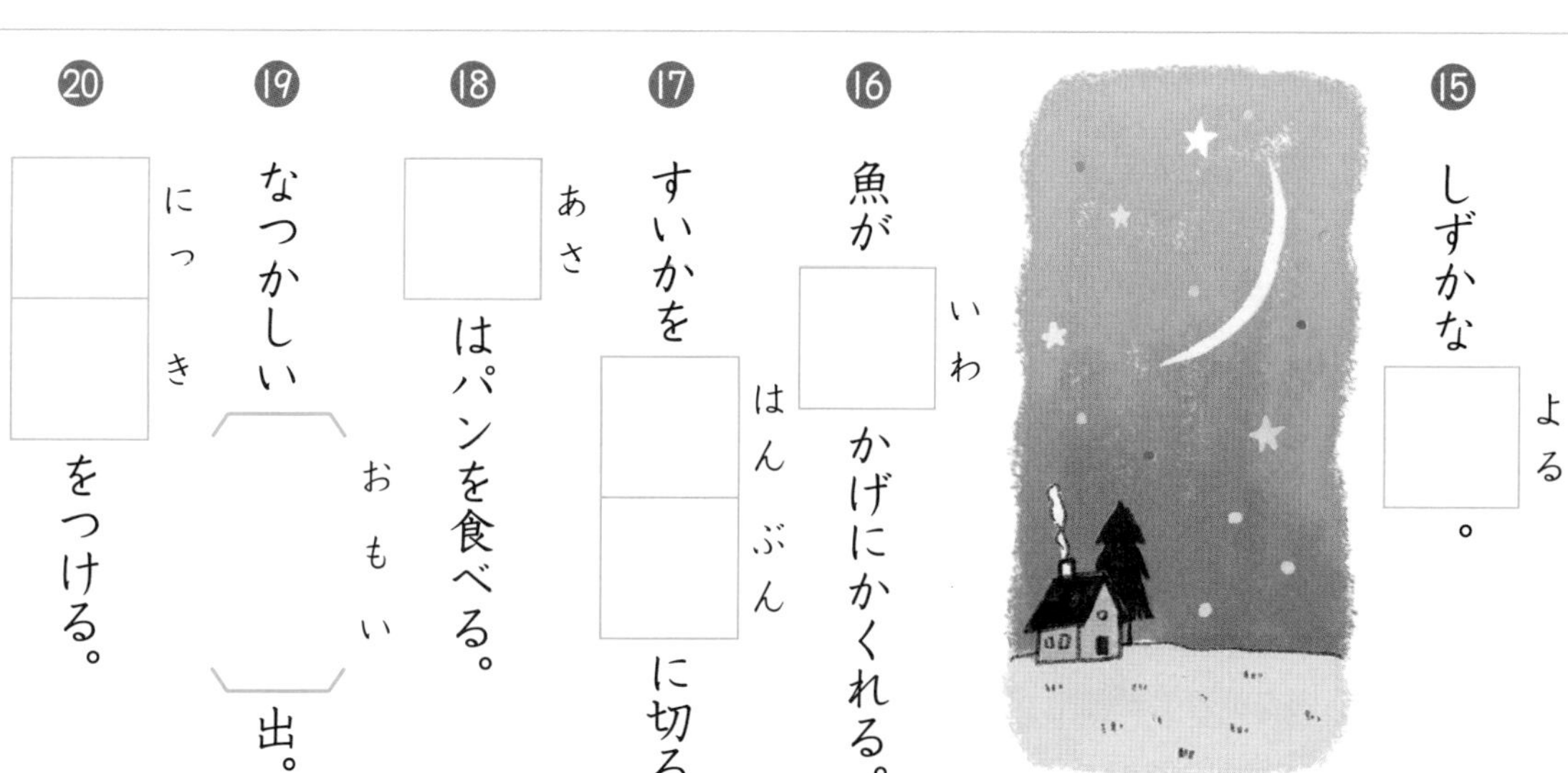

15. しずかな□（よる）。
16. 魚が□（いわ）かげにかくれる。
17. すいかを□□（はんぶん）に切る。
18. □（あさ）はパンを食べる。
19. なつかしい〔　〕（おもい）出。
20. □□（にっき）をつける。

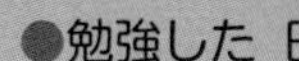

言葉相だん室 人物やものの様子を表す言葉
心が動いたことを詩で表そう
「給食(きゅう)だより」を読みくらべよう

/19問

第(だい)10回

□に漢字を書きましょう。〔 〕には、漢字とひらがなを書きましょう。（☆は、新しい漢字のべつの読み方です。）

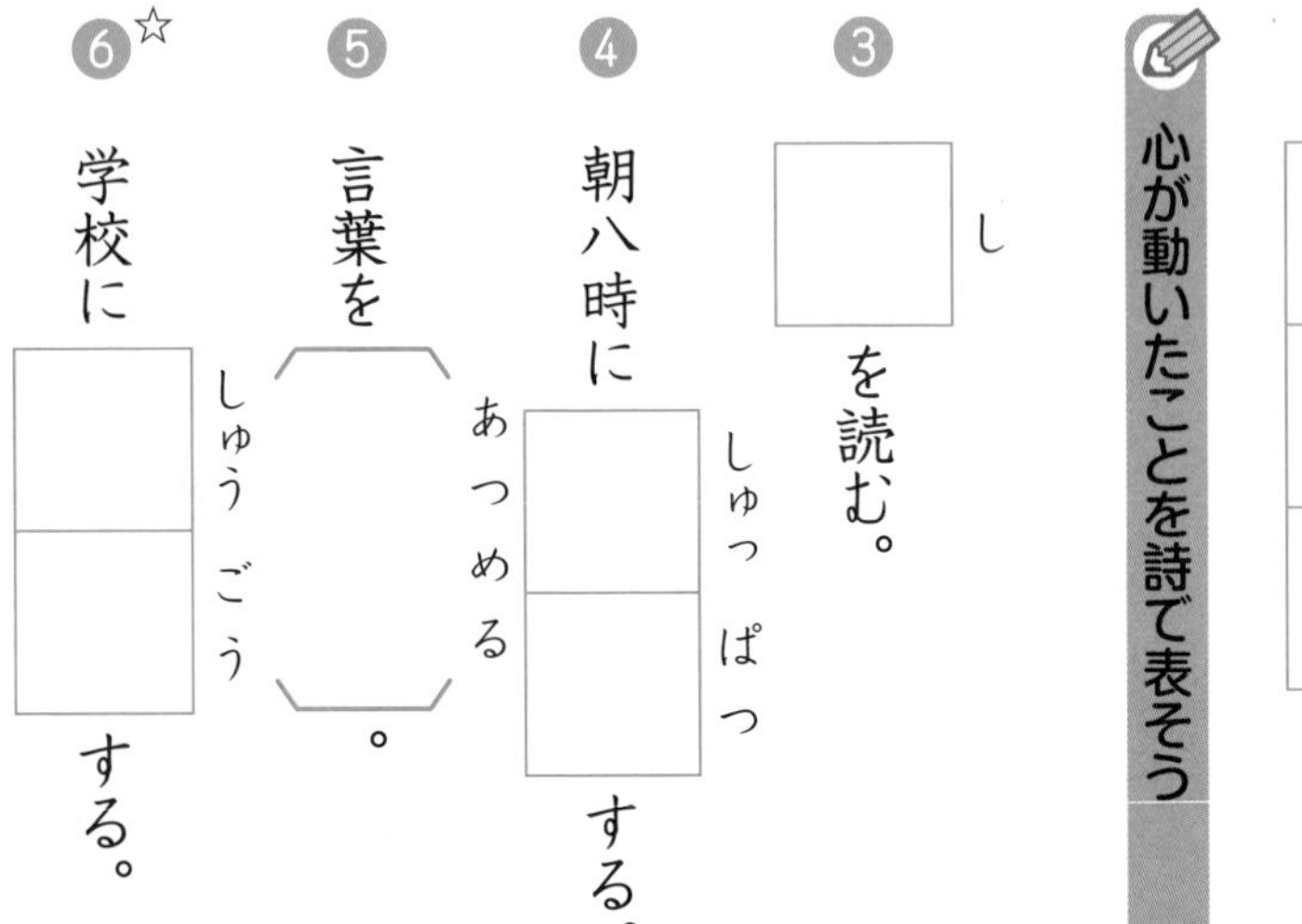

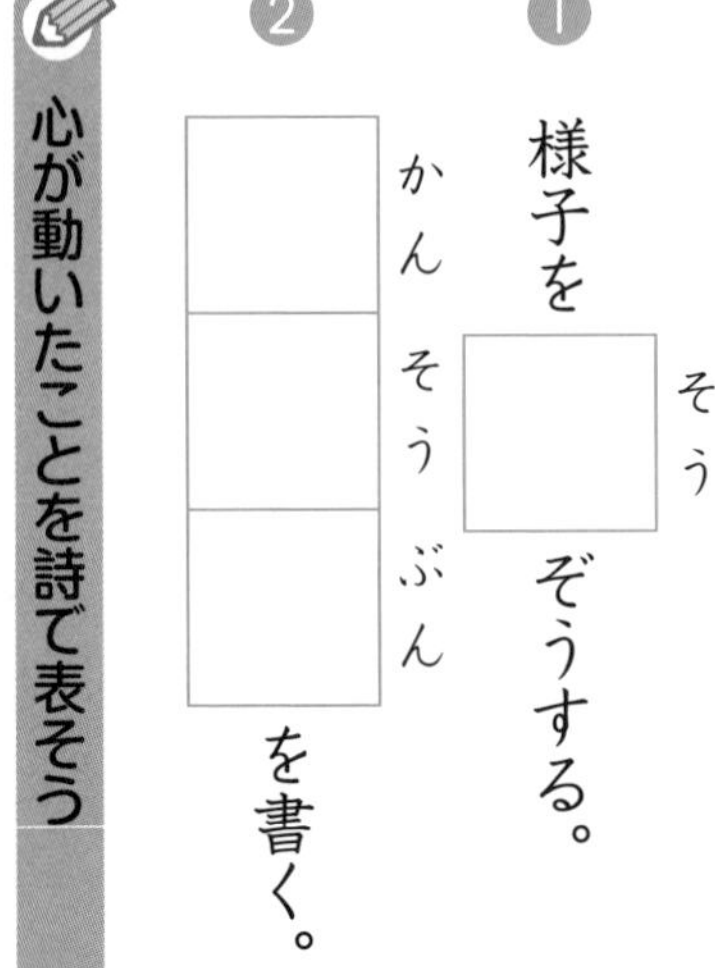

言葉相だん室 人物やものの様子を表す言葉

① 様子を□（そう）ぞうする。

② □□□（かんそうぶん）を書く。

心が動いたことを詩で表そう

③ □（し）を読む。

④ 朝八時に□□（しゅっぱつ）する。

⑤ 言葉を〔 〕（あつめる）。

⑥☆ 学校に□□（しゅうごう）する。

「給食(きゅう)だより」を読みくらべよう

⑦ □（つぎ）にすることを考える。

⑧ 夏は〔 〕（あつい）。

⑨ たいへんな□□（さぎょう）。

⑩ トマトの□（み）。

⑪ 入学式(しき)を〔 〕（おこなう）。

⑫ 野菜(さい)を育てる□□（のうか）。

⑬ 一生けん□（めい）に育てる。

⑭ □（しゃ）しんのこうか。

⑮☆ つづきは□□（じかい）。

⑯☆ □□（しょちゅう）見まいのはがき。

⑰☆ かきが〔 〕（みのる）。

⑱☆ □□（じじつ）をたしかめる。

⑲☆ □（いのち）の大切さを知る。

夕日がせなかをおしてくる
案内の手紙を書こう／慣用句を使おう
グループの合い言葉を決めよう

/15問

☆ □に漢字を書きましょう。〔　〕には、漢字とひらがなを書きましょう。（☆は、新しい漢字のべつの読み方です。）

夕日がせなかをおしてくる

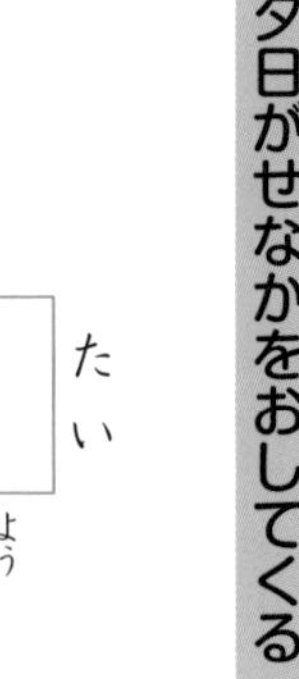

1 まっかな□（たい）陽（よう）。

案内の手紙を書こう

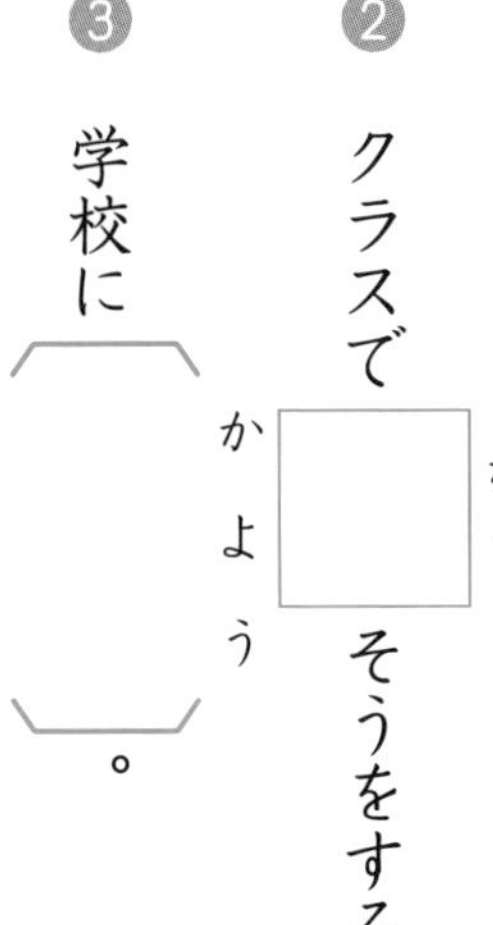

2 クラスで□（がっ）そうをする。

3 学校に〔（かよう）〕。

慣用句を使おう

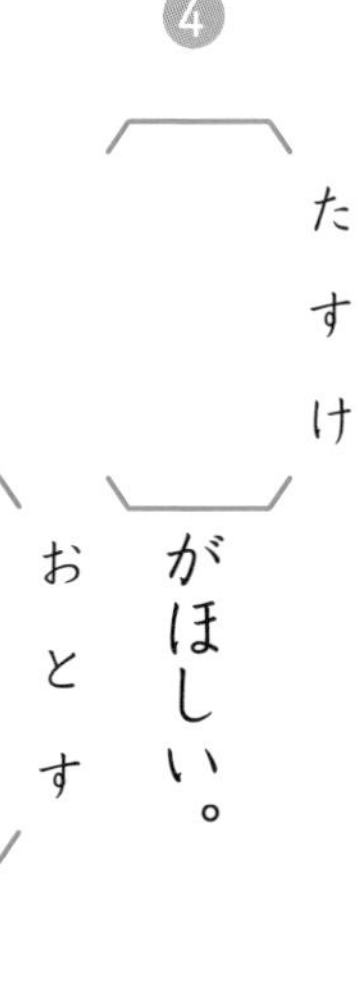

4 〔（たすけ）〕がほしい。

5 かみなりを〔（おとす）〕。

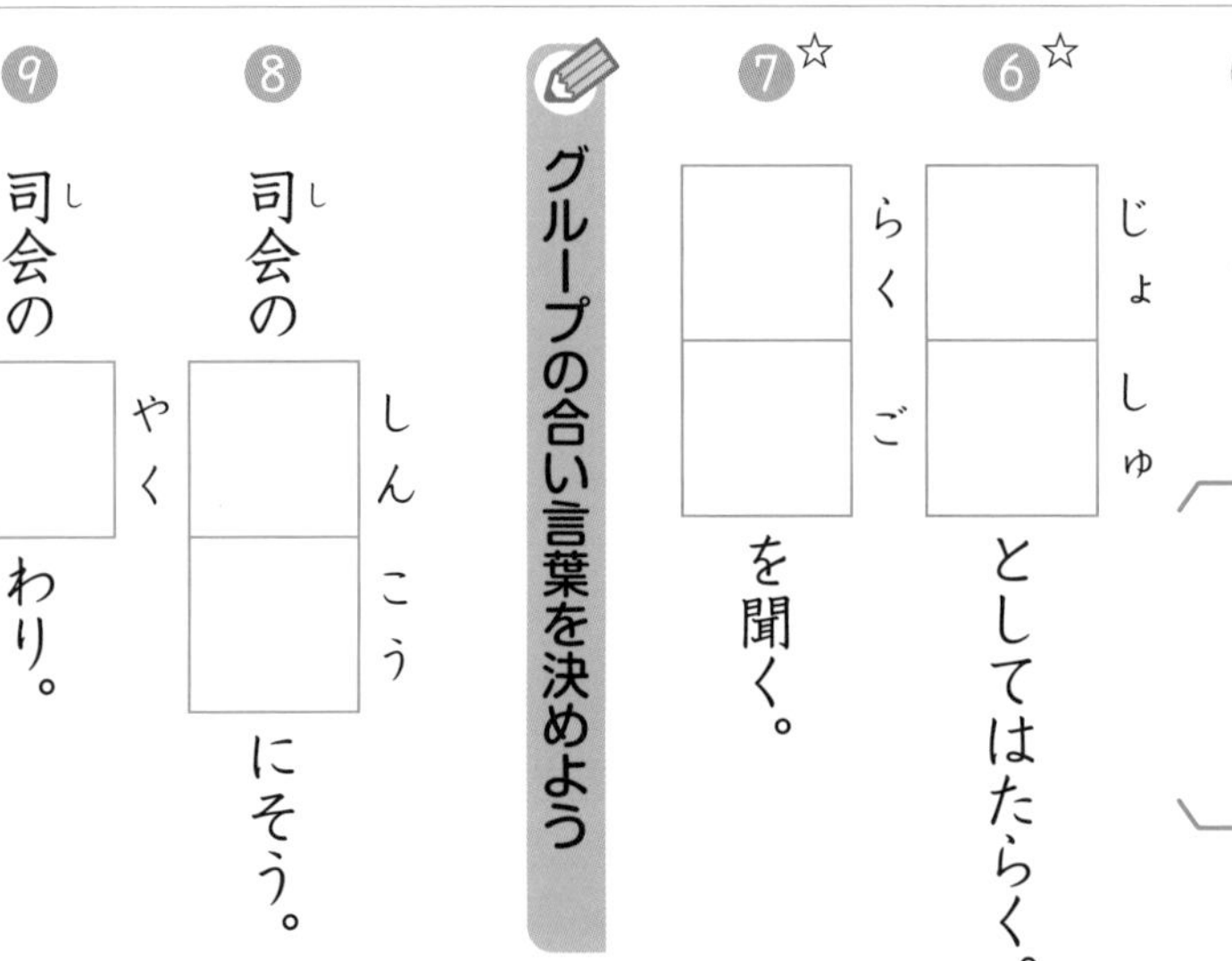

6☆ □□（じょしゅ）としてはたらく。

7☆ □□（らくご）を聞く。

グループの合い言葉を決めよう

8 司会（し）の□□（しんこう）にそう。

9 司会（し）の□（やく）わり。

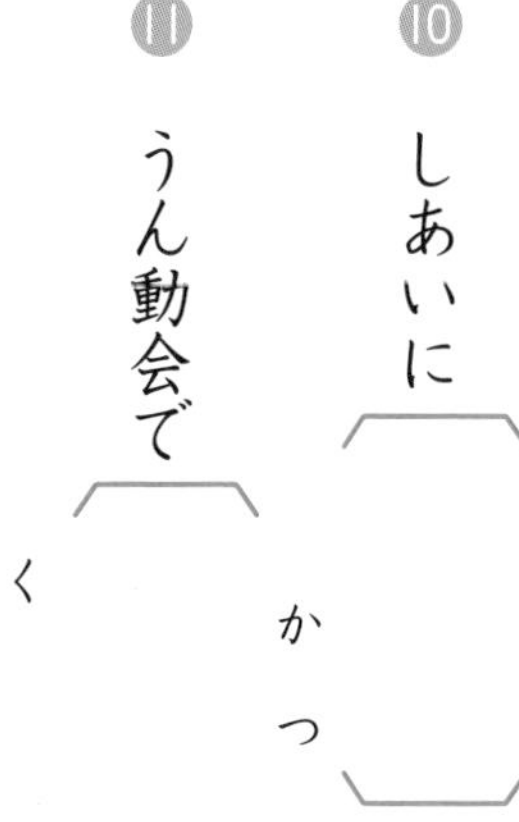

10 しあいに〔（まける）〕。

11 うん動会で〔（かつ）〕。

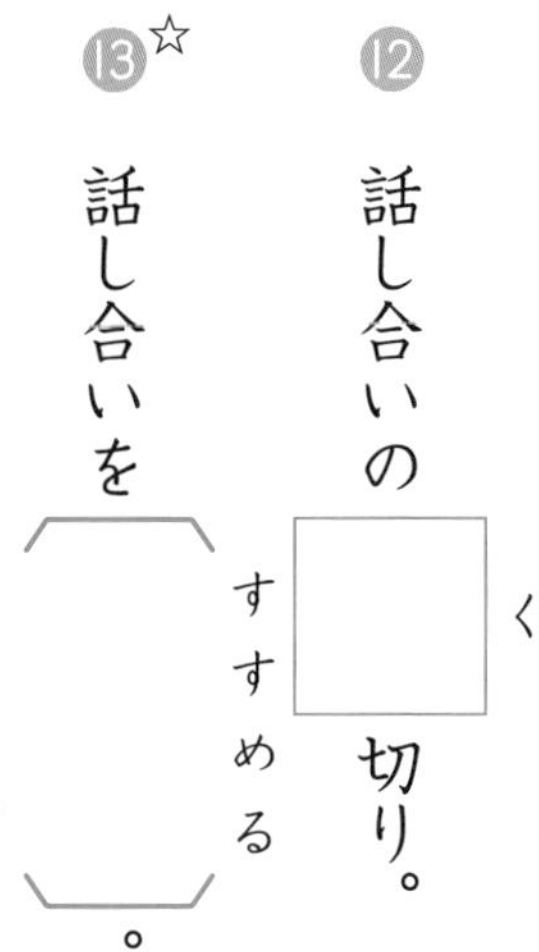

12 話し合いの□（く）切り。

13☆ 話し合いを〔（すすめる）〕。

14☆ せきにんを〔（おう）〕。

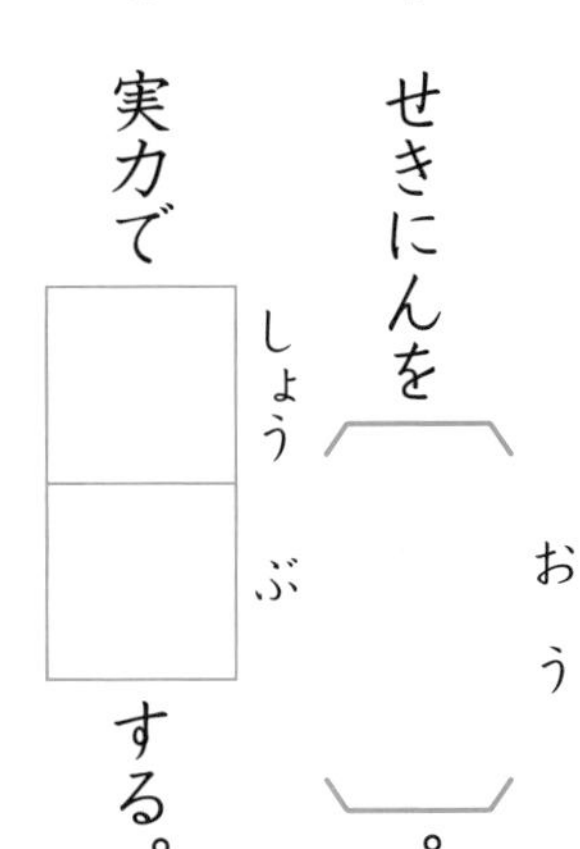

15☆ 実力で□□（しょうぶ）する。

漢字を使おう４

/20問

第12回

☆ □に漢字を書きましょう。〔 〕には、漢字とひらがなを書きましょう。（☆は、新しい漢字のべつの読み方です。）

1. 都道府（けん）□。
2. （しくちょうそん）□□□□。
3. となり町の三（ちょうめ）□□。
4. 家の（やね）□□。
5. ボールを〔なげる〕。
6. すばらしい（とうきゅう）□□。
7. 心を〔うつ〕。
8. 強力な（だ）□者。
9. ☆デパートの（おくじょう）□□。
10. ☆チューリップの（きゅうこん）□□。
11. （さかな）□をさばく。
12. （まいしゅう）□□見るテレビ番組。
13. （いちまんえん）□□□ためる。
14. 〔すくない〕人数。
15. （こめ）□を育てる。
16. （いちば）□□で野菜を買う。
17. はしを使って〔たべる〕。
18. 新しいお（みせ）□。
19. 福引きで三等が〔あたる〕。
20. 持ち物が〔おおい〕。

言葉相だん室 主語とじゅつ語、つながってる？ サーカスのライオン (1)

/20問 第13回

□に漢字を書きましょう。〔 〕には、漢字とひらがなを書きましょう。（☆は、新しい漢字のべつの読み方です。）

言葉相だん室 主語とじゅつ語、つながってる？

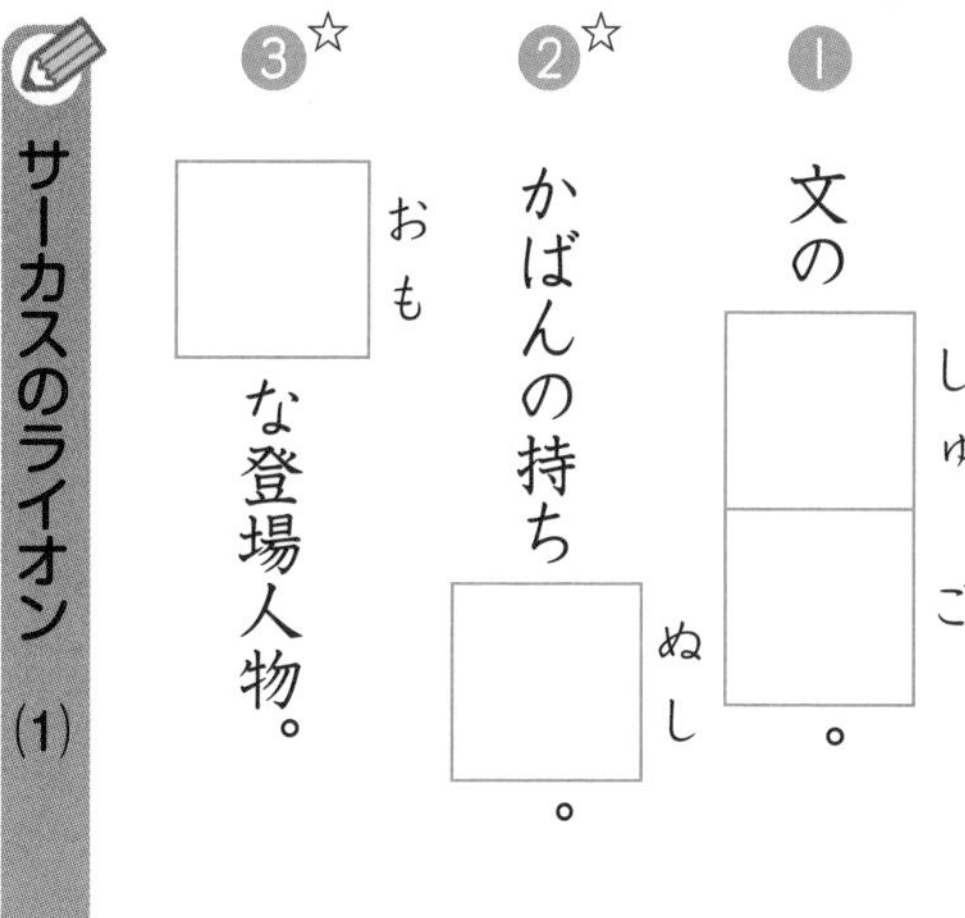

① 文の□□（しゅご）。

②☆ かばんの持ち□（ぬし）。

③☆ □（おも）な登場人物。

サーカスのライオン (1)

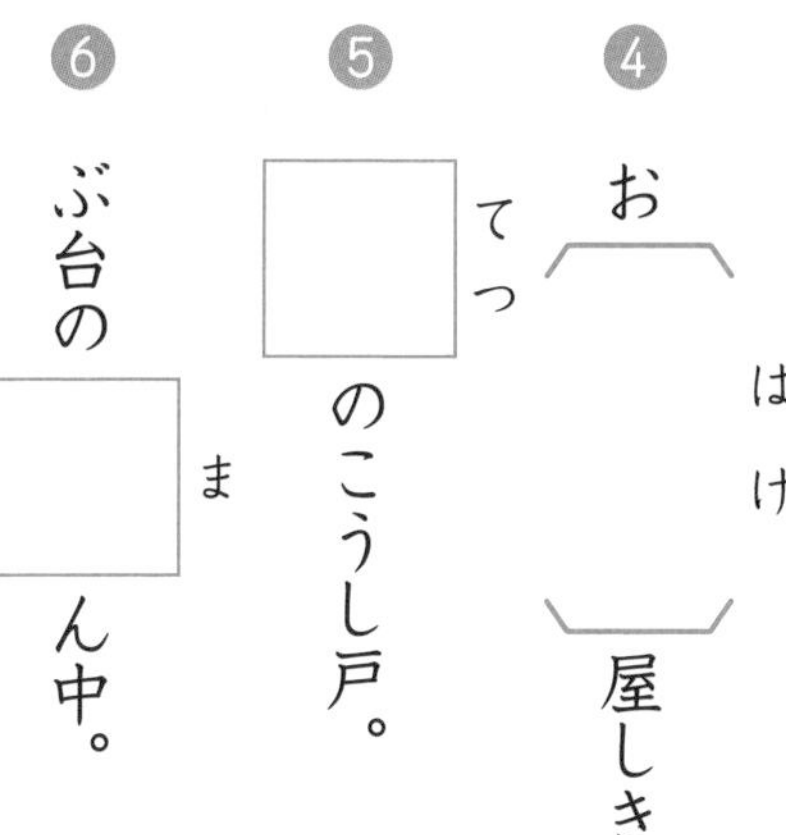

④ お〔　〕（ばけ）屋しき。

⑤ □（てつ）のこうし戸。

⑥ ぶ台の□（ま）ん中。

⑦ 〔　〕（まるい）火の輪（わ）がもえる。

⑧ お□（きゃく）さんが来る。

⑨ ふくを〔　〕（きる）。

⑩ 家まで〔　〕（おくる）。

⑪ 家族が□□（にゅういん）する。

⑫ ピエロも□（らく）ではない。

⑬ □□（けがわ）をかぶる。

⑭ □□（へや）に灯（ひ）がともる。

⑮☆ きょうりゅうの□□（かせき）。

⑯☆ □□（しんじつ）を知る。

⑰☆ 終点に〔　〕（つく）。

⑱☆ 会話に□□（ちゃくもく）する。

⑲☆ □□（はっそう）作業をする。

⑳☆ □（ひ）ふ科の医者（いしゃ）。

サーカスのライオン (2) 漢字を使おう5

/20問

だい第14回

□に漢字を書きましょう。〔 〕には、漢字とひらがなを書きましょう。（☆は、新しい漢字のべつの読み方です。）

サーカスのライオン (2)

1 手紙を〔うけ〕取る。
2 □（しょう）ぼう車が来る。
3 □□（にもつ）をつめる。
4 つくえを〔はこび〕出す。
5 〔まっか〕なほのお。

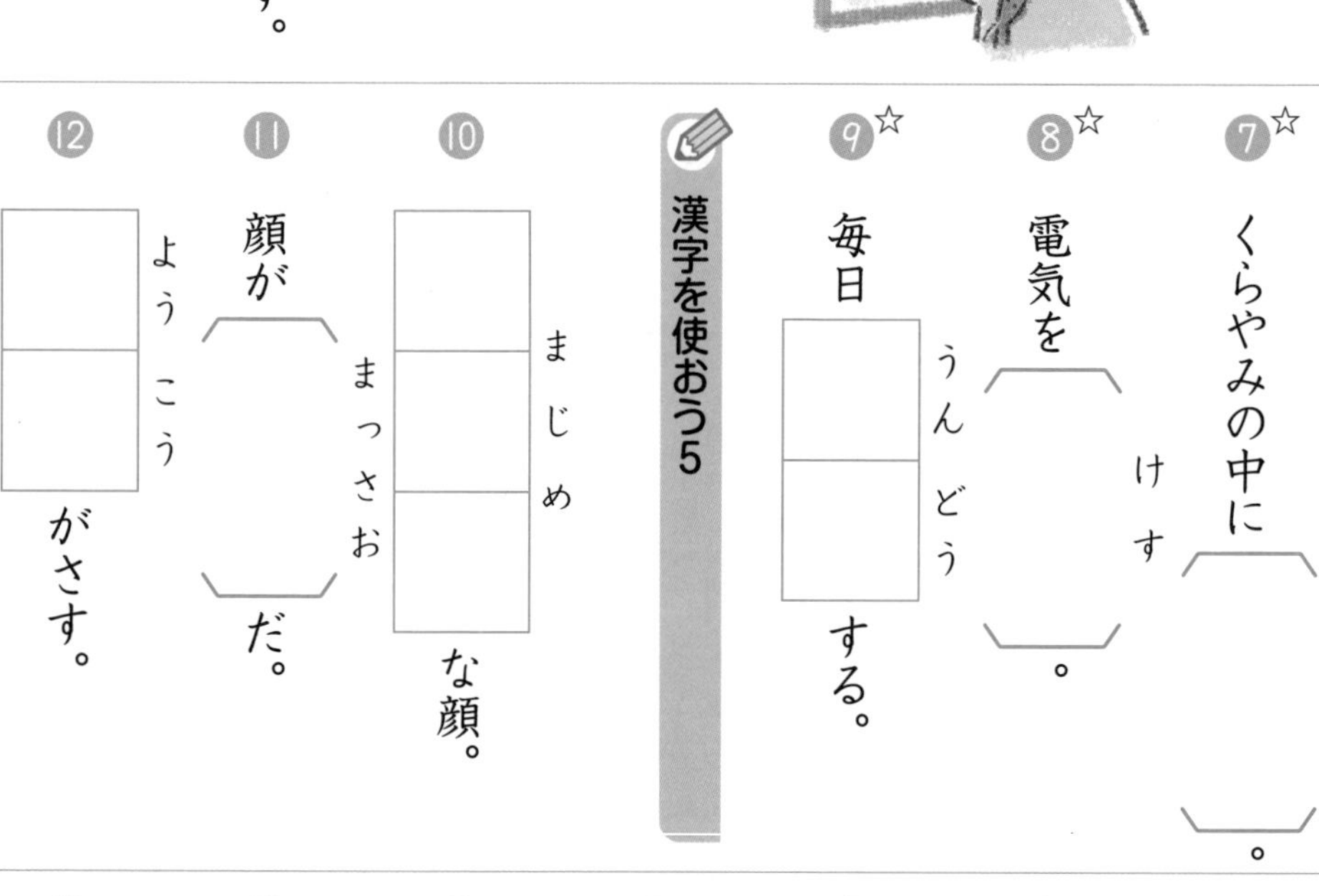

6☆ 中学を□（じゅ）験（けん）する。
7☆ くらやみの中に〔きえる〕。
8☆ 電気を〔けす〕。
9☆ 毎日□□（うんどう）する。

漢字を使おう5

10 □□□（まじめ）な顔。
11 顔が〔まっさお〕だ。
12 □□（ようこう）がさす。

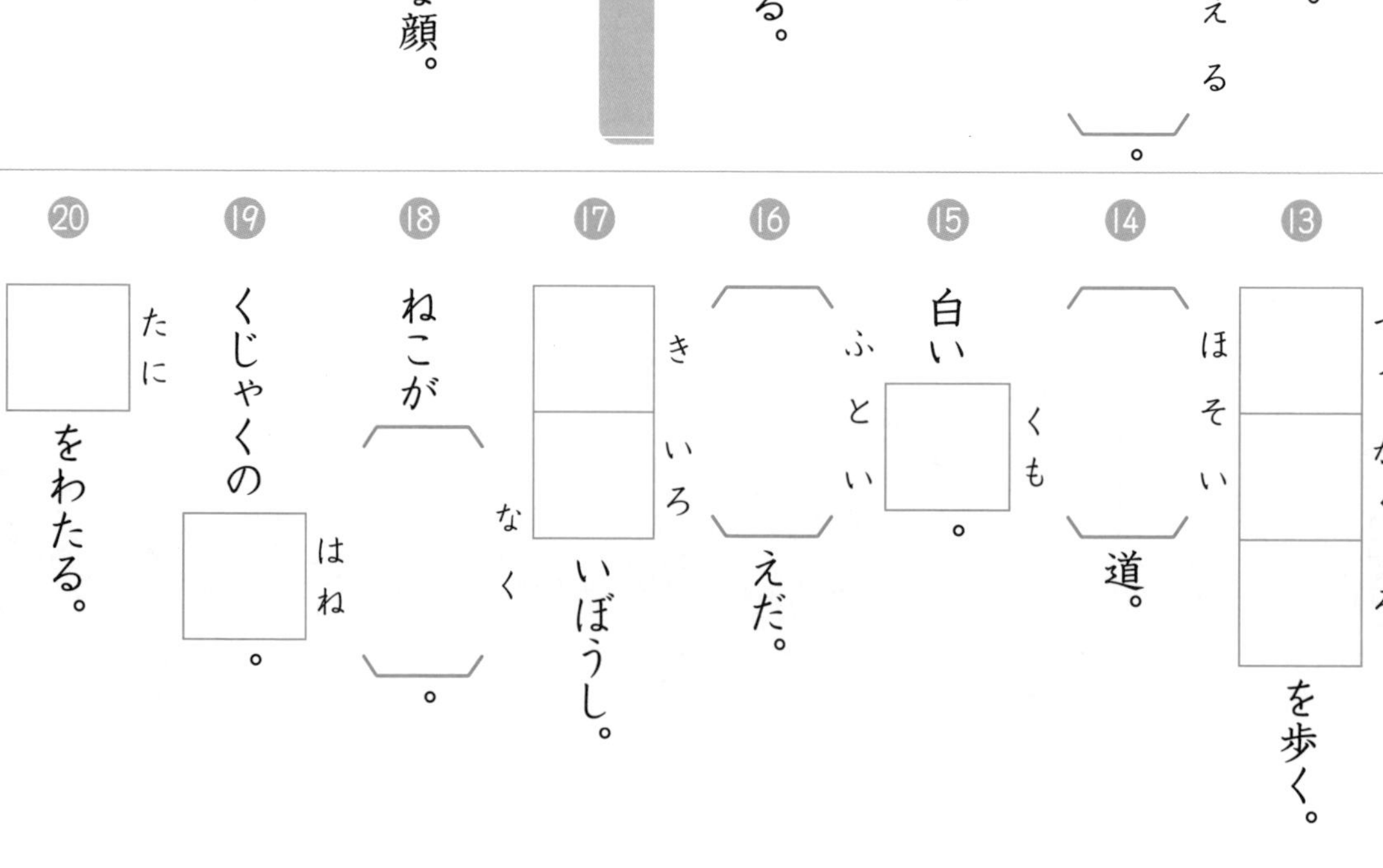

13 □□□（つうがくろ）を歩く。
14 〔ほそい〕道。
15 白い□（くも）。
16 〔ふとい〕えだ。
17 □□（きいろ）いぼうし。
18 ねこが〔なく〕。
19 くじゃくの□（はね）。
20 □（たに）をわたる。

せっちゃくざいの今と昔
道具のひみつをつたえよう
こそあど言葉

第15回　/19問

☆ □に漢字を書きましょう。〔　〕には、漢字とひらがなを書きましょう。（☆は、新しい漢字のべつの読み方です。）

せっちゃくざいの今と昔

1. □（むかし）からある話。
2. 体そう□（ふく）のゼッケン。
3. 機体や□□（しゃりょう）。
4. 機体を〔　　（かるく）〕する。
5. □□（かぐ）を作る。

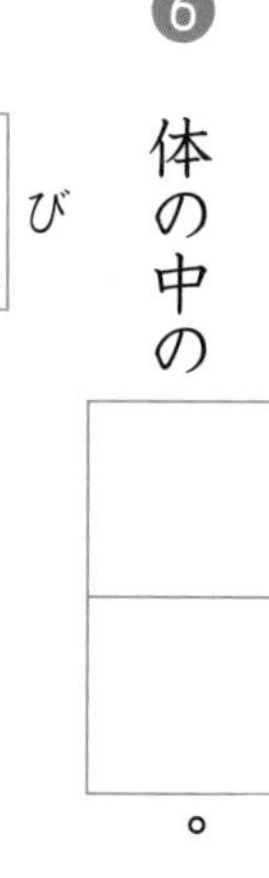

6. 体の中の□□（おんど）。
7. □（び）術品のしゅう理。
8. 〔　　（みじかく）〕まとめる。
9. ☆□□（けいしょく）をとる。
10. ☆〔　　（あたたかい）〕お茶。
11. ☆〔　　（うつくしい）〕けしき。

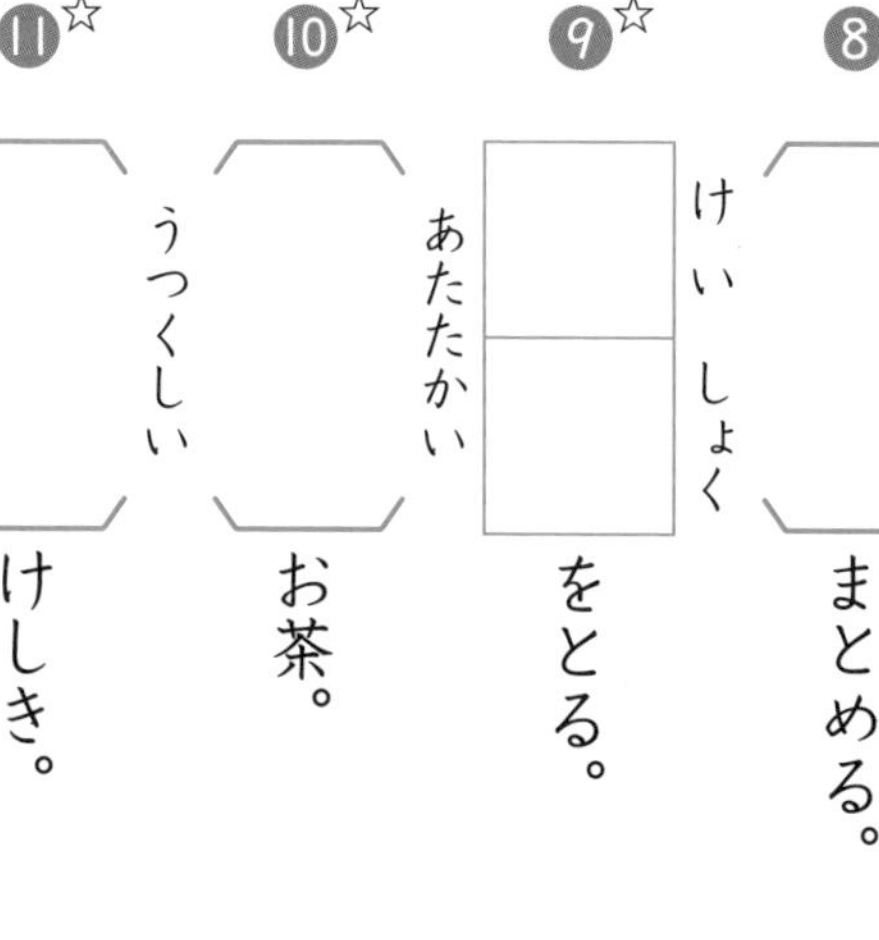

道具のひみつをつたえよう

12. 内ようを□□（せいり）する。

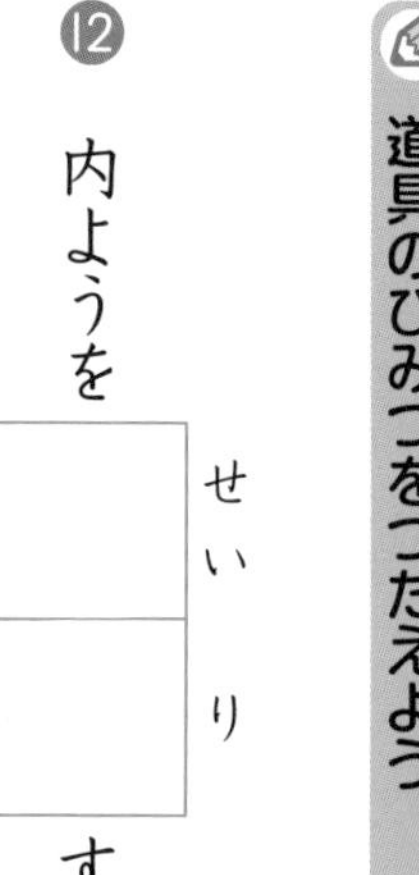

13. ☆身だしなみを〔　　（ととのえる）〕。

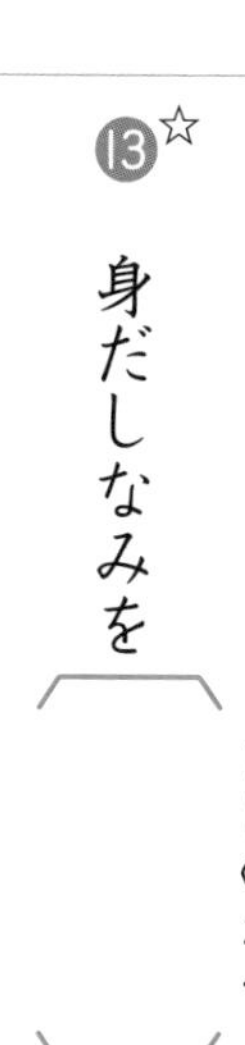

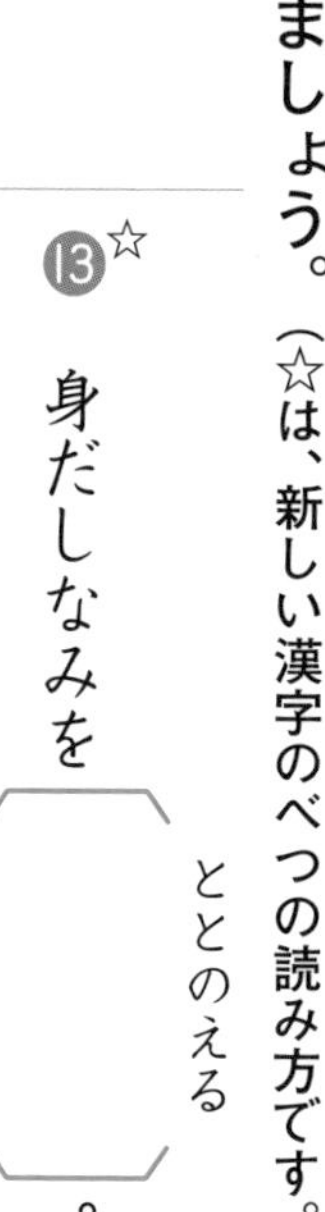

こそあど言葉

14. 遠くのものを〔　　（さす）〕。
15. □□（しょくぶつ）を育てる。
16. □□□（けんきゅうしゃ）になる。
17. きれいな□□（さいく）。
18. ☆□□（うえき）を手入れする。
19. ☆さくらの木を〔　　（うえる）〕。

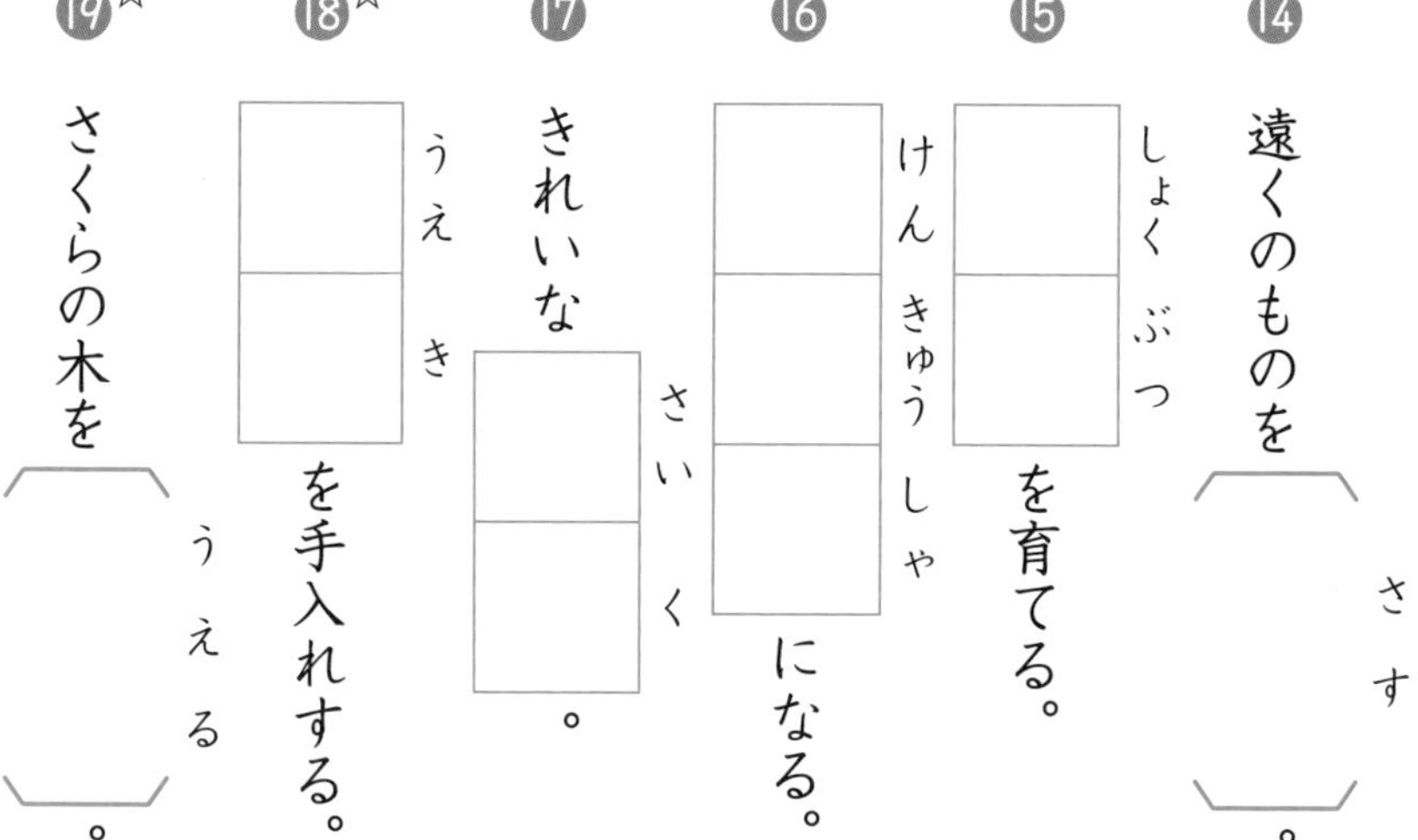

話したいな、すきな時間
漢字の読み方

/20問

第16回

□に漢字を書きましょう。〔　〕には、漢字とひらがなを書きましょう。（☆は、新しい漢字のべつの読み方です。）

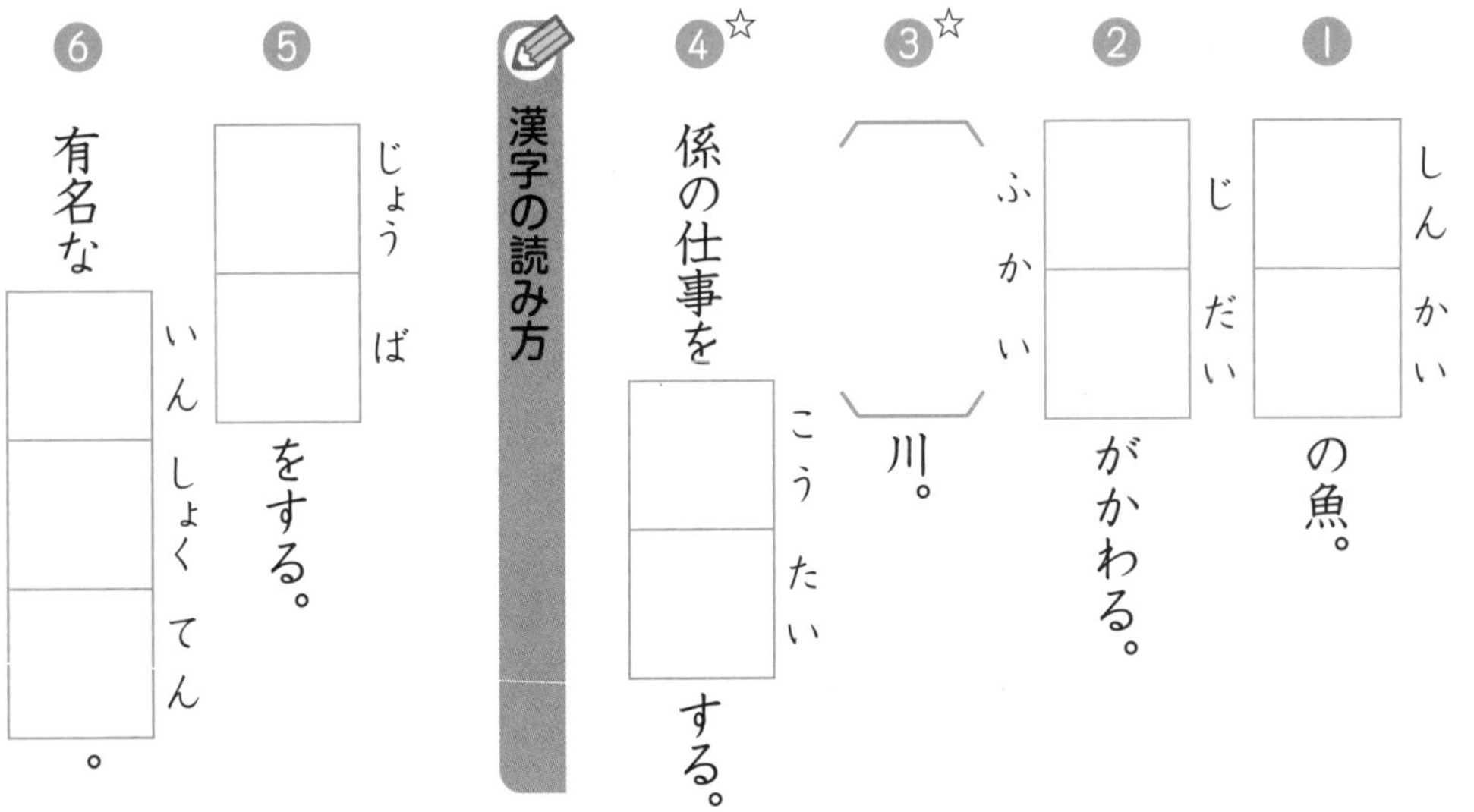

話したいな、すきな時間

① （しんかい）□□の魚。

② （じだい）□□がかわる。

③☆ 〔ふかい〕川。

④☆ 係の仕事を（こうたい）□□する。

漢字の読み方

⑤ （じょうば）□□をする。

⑥ 有名な（いんしょくてん）□□□。

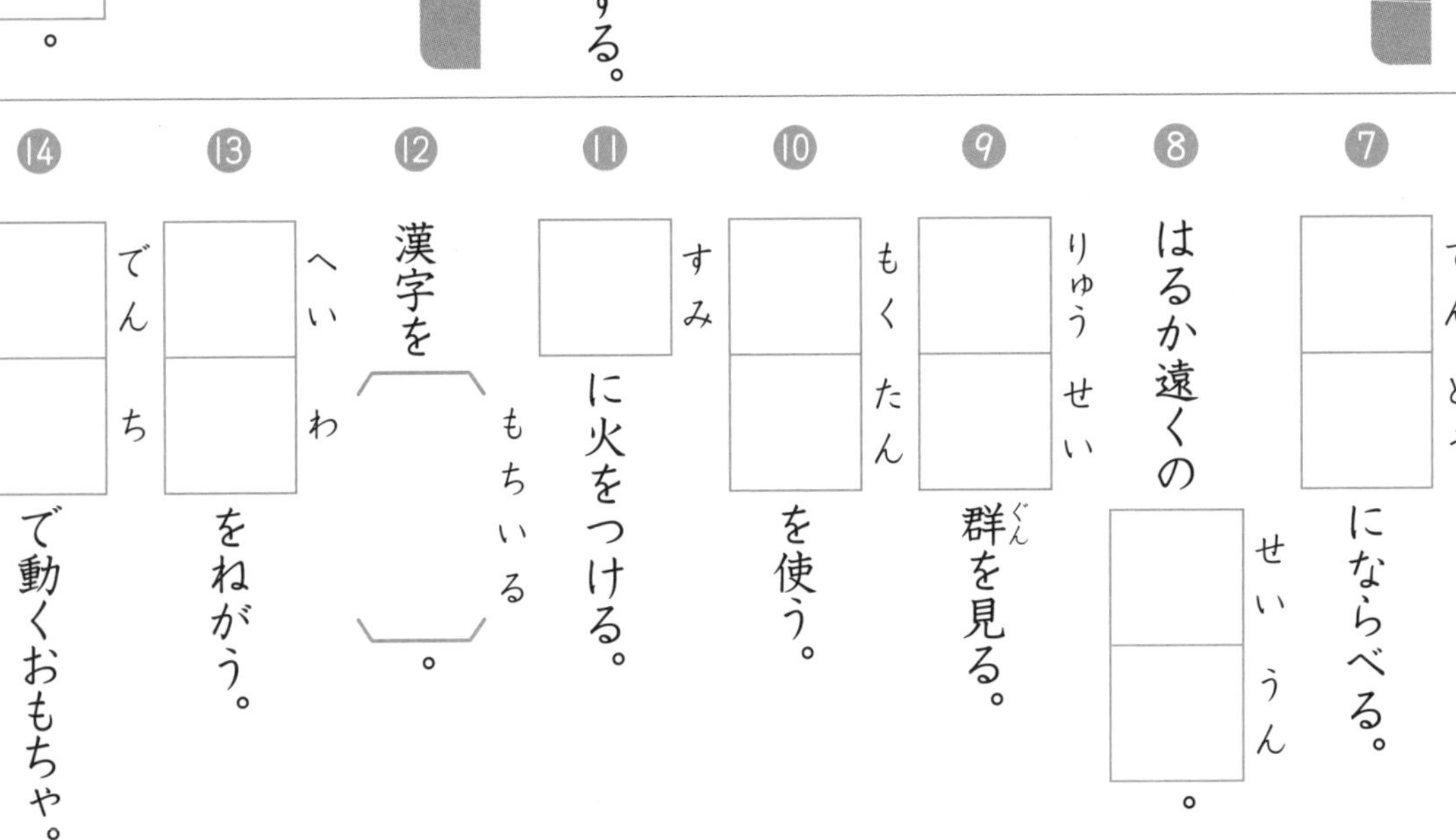

⑦ （てんとう）□□にならべる。

⑧ はるか遠くの（せいうん）□□。

⑨ （りゅうせい）□□群（ぐん）を見る。

⑩ （もくたん）□□を使う。

⑪ （すみ）□に火をつける。

⑫ 漢字を〔もちいる〕。

⑬ （へいわ）□□をねがう。

⑭ （でんち）□□で動くおもちゃ。

⑮ （ぎんこう）□□ではたらく。

⑯☆ バスに〔のる〕。

⑰☆ お茶を〔のむ〕。

⑱☆ 川が〔ながれる〕。

⑲☆ （ひら）□泳ぎをする。

⑳☆ 〔たいら〕なところにおく。

モチモチの木

第17回

/18問

☆ □に漢字を書きましょう。〔 〕には、漢字とひらがなを書きましょう。（☆は、新しい漢字のべつの読み方です。）

① □□（はな）ぢょうちんを出す。
② 山の□□（かみさま）。
③ お〔　〕（まつり）に出かける。
④ □（は）を食いしばる。
⑤ □□（いしゃ）をよぶ。
⑥ 下りの□□（さかみち）。

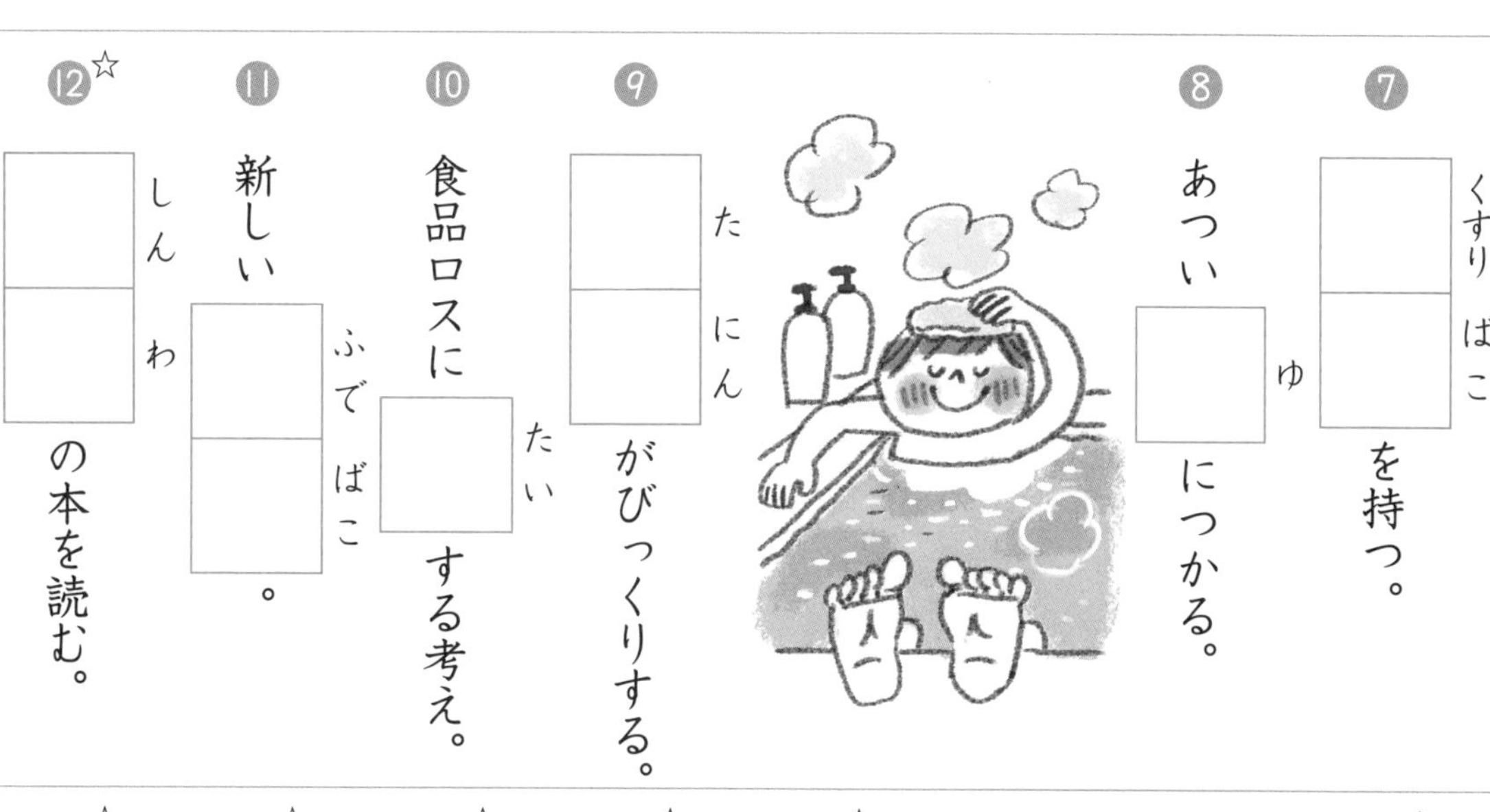

⑦ □□（くすりばこ）を持つ。
⑧ あつい□（ゆ）につかる。
⑨ □□（たにん）がびっくりする。
⑩ 食品ロスに□（たい）する考え。
⑪ 新しい□□（ふでばこ）。
⑫☆ □□（しんわ）の本を読む。

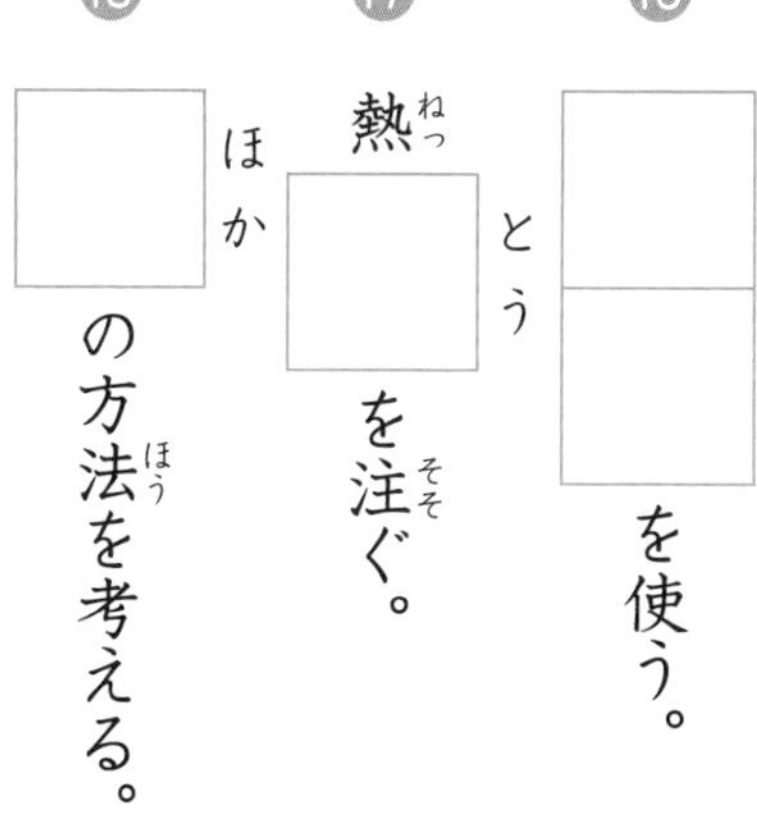

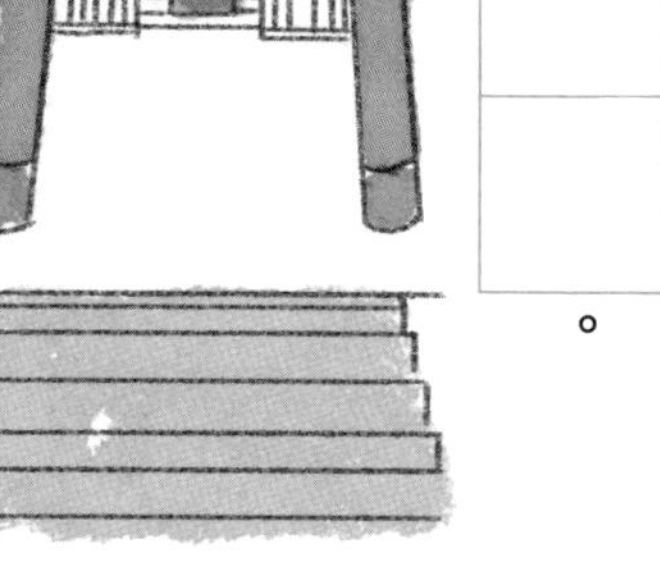

⑬☆ 近くの□□（じんじゃ）。
⑭☆ 学校の□□□（ぶんかさい）。
⑮☆ 近所の□□□（しかい）。
⑯☆ □□（やくそう）を使う。
⑰☆ 熱（ねっ）□（とう）を注（そそ）ぐ。
⑱☆ □（ほか）の方法（ほう）を考える。

漢字を使おう６

/20問　第18回

☆ □に漢字を書きましょう。

1. お気に入りの□□（ようふく）。
2. □（みずうみ）のまわりを歩く。
3. お□（さけ）を飲む。
4. □□□（にほんしゅ）をつくる。
5. フライパンに□（あぶら）を引く。 
6. □□（せきゆ）ストーブ。

〔　〕には、漢字とひらがなを書きましょう。

7. 母のきょう□（り）。
8. 落とし物を〔　〕（ひろう）。
9. ☆ □□（こめん）にうかぶ船。
10. ☆ □□（さかや）で買い物をする。
11. 来週の□□□（にちようび）。
12. お□（とう）さんのとくい料理（りょうり）。
13. しょうぎの□□（てんさい）。
14. □□（じぶん）の長所。
15. 気が〔　〕（よわい）。
16. 意見を〔　〕（いう）。
17. 〔　〕（つよい）風がふく。
18. □（いえ）のやねをしゅう理する。 
19. □□（ごご）から外出する。
20. ラジオを〔　〕（きく）。

（☆は、新しい漢字のべつの読み方です。）

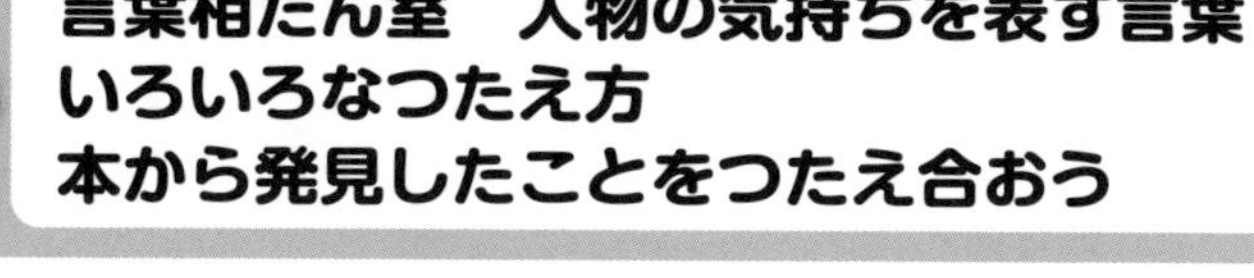

言葉相だん室　人物の気持ちを表す言葉
いろいろなつたえ方
本から発見したことをつたえ合おう

/15問

第19回

□に漢字を書きましょう。（☆は、新しい漢字のべつの読み方です。）

言葉相だん室　人物の気持ちを表す言葉

① □（ひつじ）にえさをやる。

②☆ □（よう）毛（もう）をかる。

いろいろなつたえ方

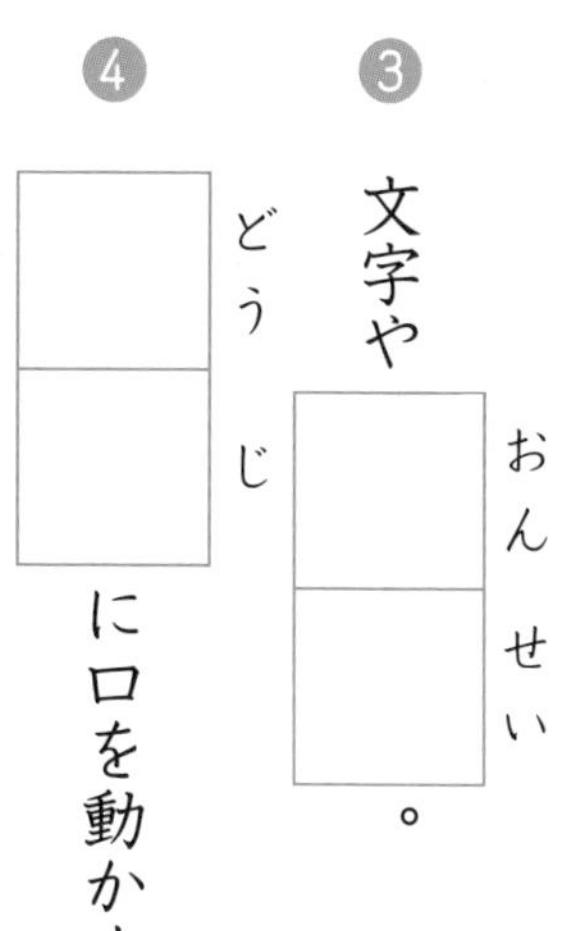

③ 文字や□□（おんせい）。

④ □□（どうじ）に口を動かす。

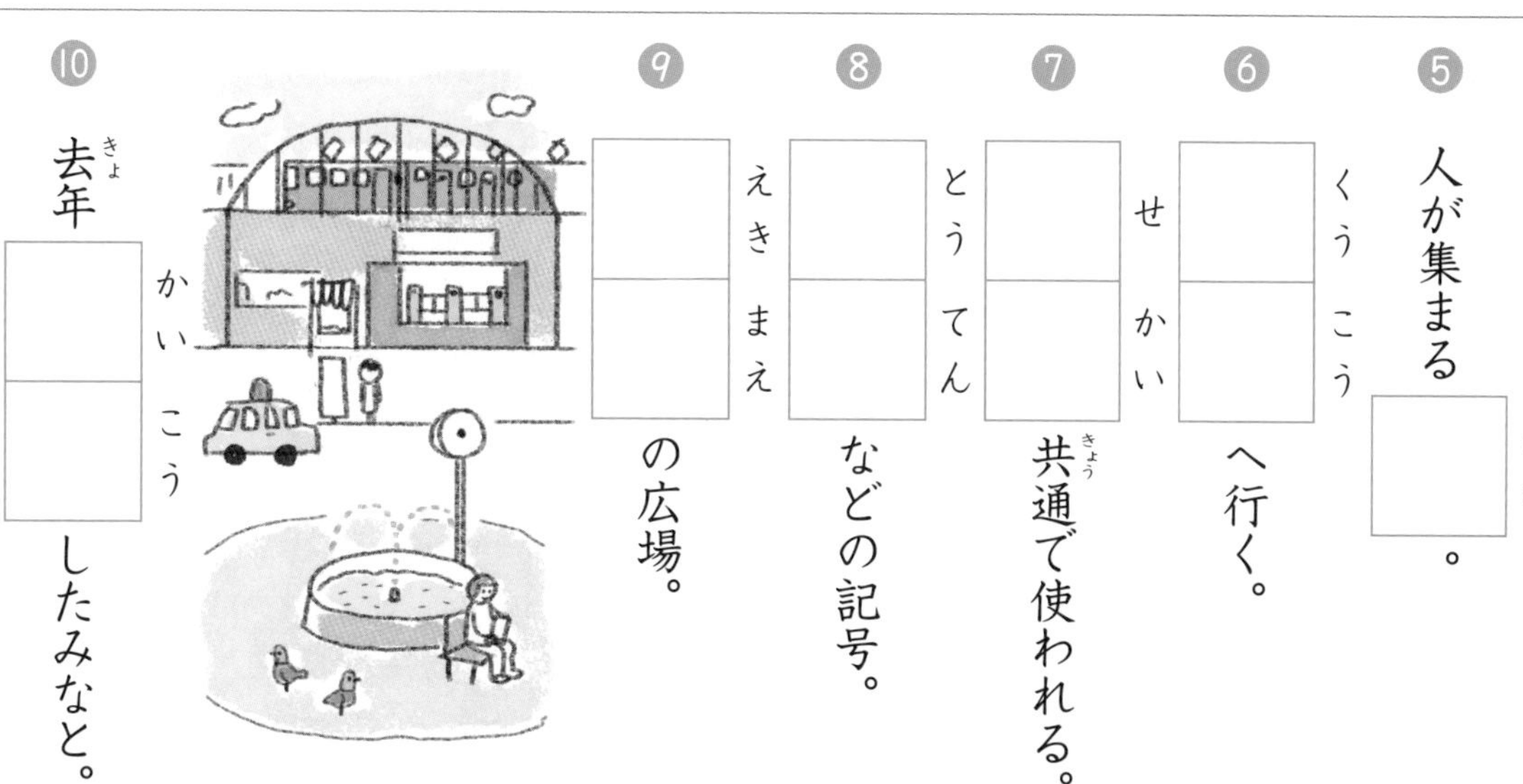

⑤ 人が集まる□（えき）。

⑥ □□（くうこう）へ行く。

⑦ □□（せかい）共通（きょう）で使われる。

⑧ □□（とうてん）などの記号。

⑨ □□（えきまえ）の広場。

⑩ 去年（きょ）□□（かいこう）したみなと。

本から発見したことをつたえ合おう

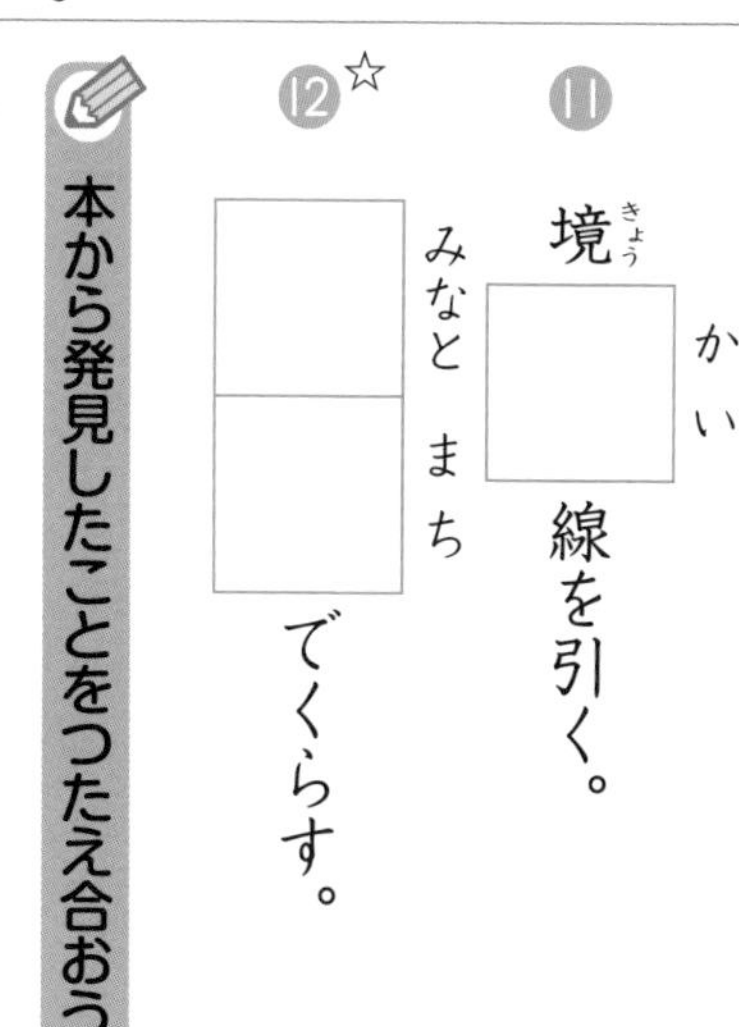

⑪ 境（きょう）□（かい）線を引く。

⑫☆ □□（みなとまち）でくらす。

⑬ □□□（にがっき）の思い出。

⑭ 一生けん命□□（べんきょう）する。

⑮ 田植えの□□（じき）。

漢字を使おう７

だい第20回

/18問

☆ □に漢字を書きましょう。〔　〕には、漢字とひらがなを書きましょう。（☆は、新しい漢字のべつの読み方です。）

① 四月に□□（しんきゅう）する。

② 弟の□□□（にゅうがくしき）。

③ 運動場に□□（せいれつ）する。

④ じゅ業の□□（よしゅう）をする。

⑤ 友だちに□□（そうだん）される。

⑥ □□（はんたい）の意味の言葉。

⑦ □□□（かきゅうせい）と遊ぶ。

⑧ □□（ぎょうれつ）にならぶ。

⑨☆ 体を〔　　〕（そらす）。

⑩ □□（りか）の時間。

⑪ 草花が□（かぜ）にゆれる。

⑫ □□（こくご）の勉強。

⑬ ふだんの□□（せいかつ）。

⑭ 本を〔　　〕（よむ）。

⑮ □□（さんすう）の問題。

⑯ □□□（さんかくけい）におる。

⑰ テストの〔　　〕（こたえ）。

⑱ お金を□□（けいさん）する。

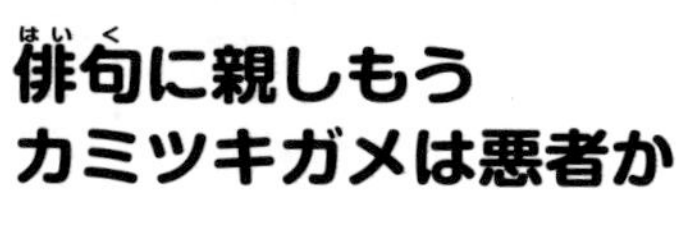

俳句に親しもう カミツキガメは悪者か

第21回 /15問

★ □に漢字を書きましょう。〔 〕には、漢字とひらがなを書きましょう。（☆は、あたらしい漢字のべつの読み方です。）

俳句に親しもう

❶ □□（ちゅうい）して読む。

❷ □□（ちくりん）のおくのほう。

❸ 俳句を□（あん）唱する。

❹☆ 水を〔 〕（そそぐ）。

❺☆ 外はもう〔 〕（くらい）。

カミツキガメは悪者か

❻ □□（わるもの）をたいじする。

❼ □（きし）からはなれた所。

❽ □□（しんぶん）を読む。

❾ そのまま〔 〕（ほうって）おく。

❿ 〔 〕（しあわせ）になる。

⓫ 〔 〕（かなしい）ことが起こる。

⓬☆ □□（かいがん）ぞいの道。

⓭☆ お昼の□□（ほうそう）。

⓮☆ 生き物を〔 〕（はなす）。

⓯☆ □□（こううん）をいのる。

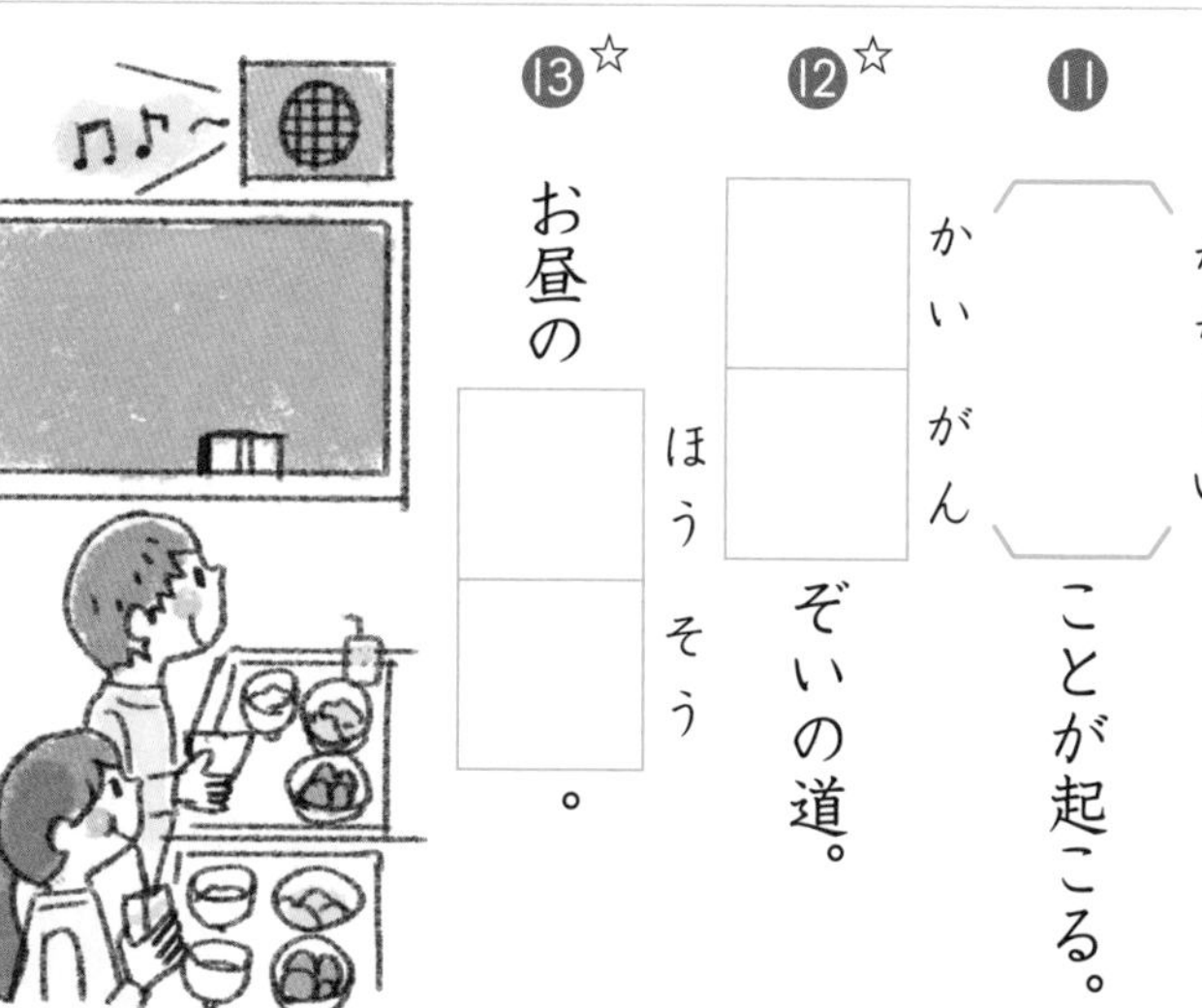

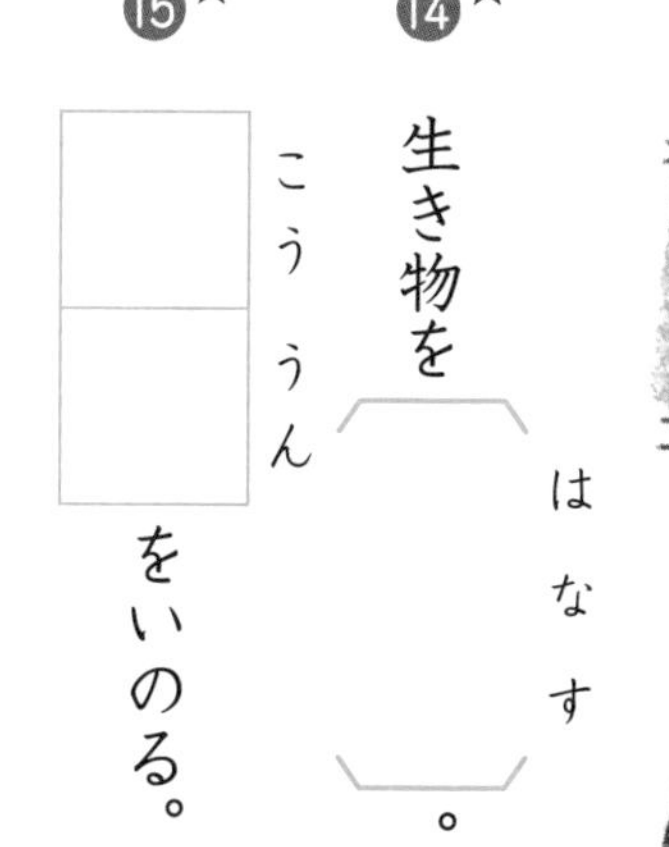

漢字を使おう8

/18問

第(だい)22回

☆ □に漢字を書きましょう。〔 〕には、漢字とひらがなを書きましょう。

① 駅前の□□(しょうてん)街(がい)。

② □□(しょうわ)の日。

③ □□□(やおや)さん。

④ □□□(ちずちょう)で調べる。

⑤ □□(ひめい)を上げる。

⑥ □□(しょうひん)をならべる。

⑦ □□(てちょう)に書き記す。

⑧ □□(おやこ)で話し合う。

⑨ □(ゆき)がつもる。

⑩ □(あに)と買い物に行く。

⑪ □(かお)をあらう。

⑫ □(おとうと)の世話をする。

⑬ □(ふゆ)は寒い。

⑭ □(と)だなにしまう。

⑮ 学校から〔(かえる)〕。

⑯ 〔(あかるい)〕光。

⑰ 真っ白な□□(けいと)。

⑱ 〔(まるい)〕地球。

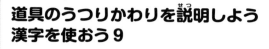

道具のうつりかわりを説明しよう
漢字を使おう９

第23回

/18問

☆ □に漢字を書きましょう。〔　〕には、漢字とひらがなを書きましょう。（☆は、新しい漢字のべつの読み方です。）

道具のうつりかわりを説明しよう

① れいぞう□（こ）を開ける。

② □□□（じてんしゃ）に乗る。

③☆ つまずいて〔　　〕（ころぶ）。

漢字を使おう９

④ □□□□（あんぜんだいいち）。

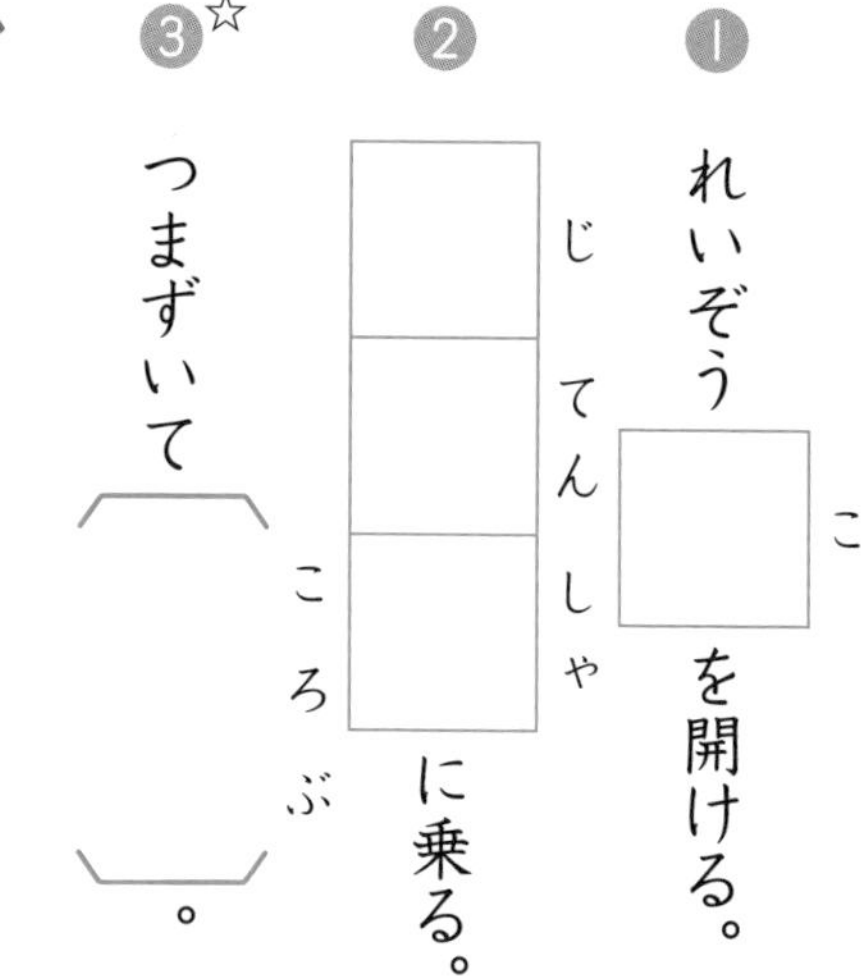

⑤ □（ふく）引きを行う。

⑥ □□（いっとう）になる。

⑦ 春休みの□□（よてい）。

⑧ お□（みや）にまいる。

⑨ □□（こだい）の文明。

⑩ りっぱな□□（おうきゅう）。

⑪ 島の□（やど）にとまる。

⑫☆ □□（しゅくだい）を終える。

⑬ 大きな□□□（がようし）。

⑭ みんなで〔　　〕（うたう）。

⑮ 犬が〔　　〕（はしる）。

⑯ □□（ちょくせん）を引く。

⑰ □□□□（ずがこうさく）。

⑱ はさみで〔　　〕（きる）。

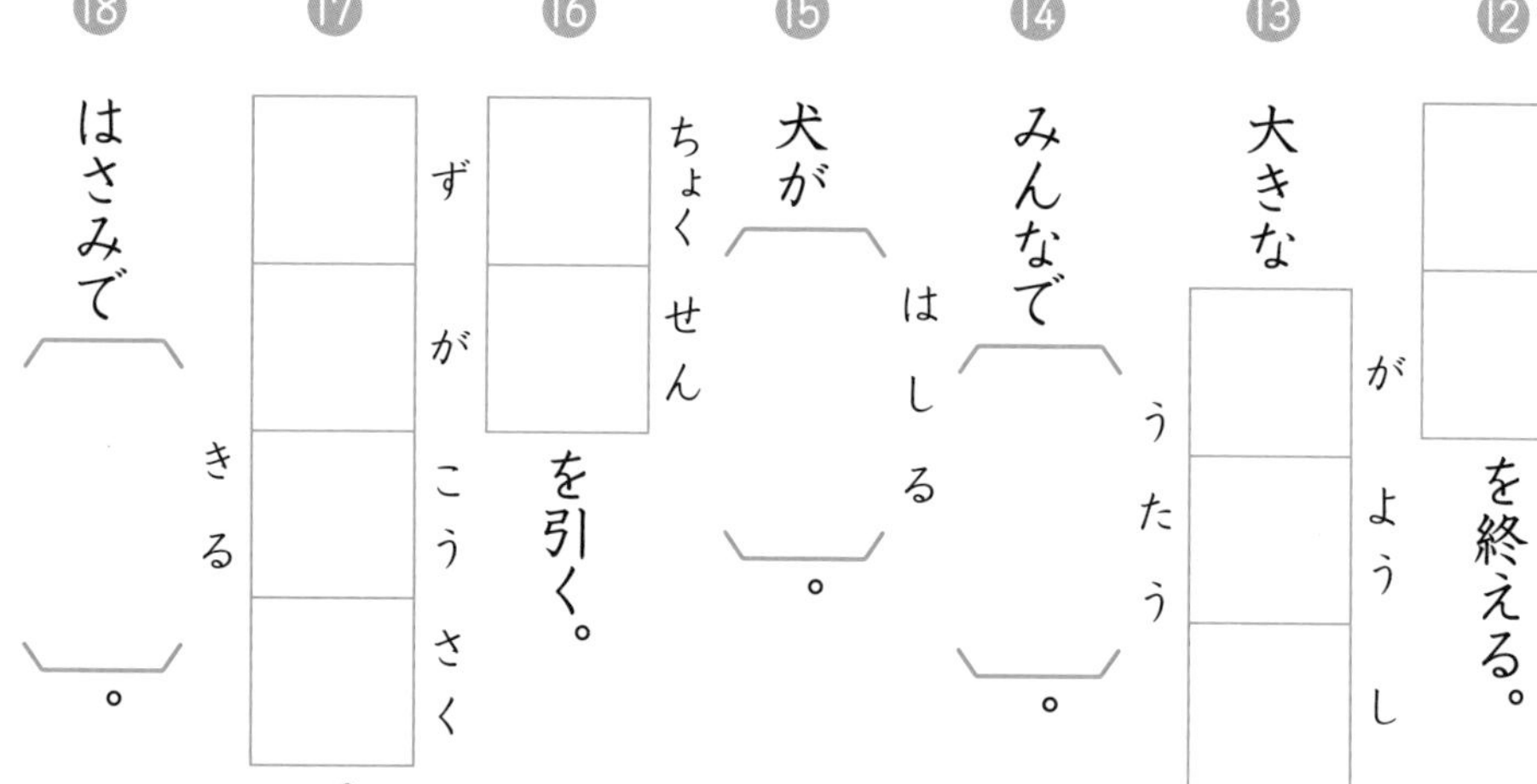

くわしく表す言葉 ゆうすげ村の小さな旅館 ——ウサギのダイコン (1)

/16問

第24回

☆ □に漢字を書きましょう。〔 〕には、漢字とひらがなを書きましょう。(☆は、新しい漢字のべつの読み方です。)

くわしく表す言葉

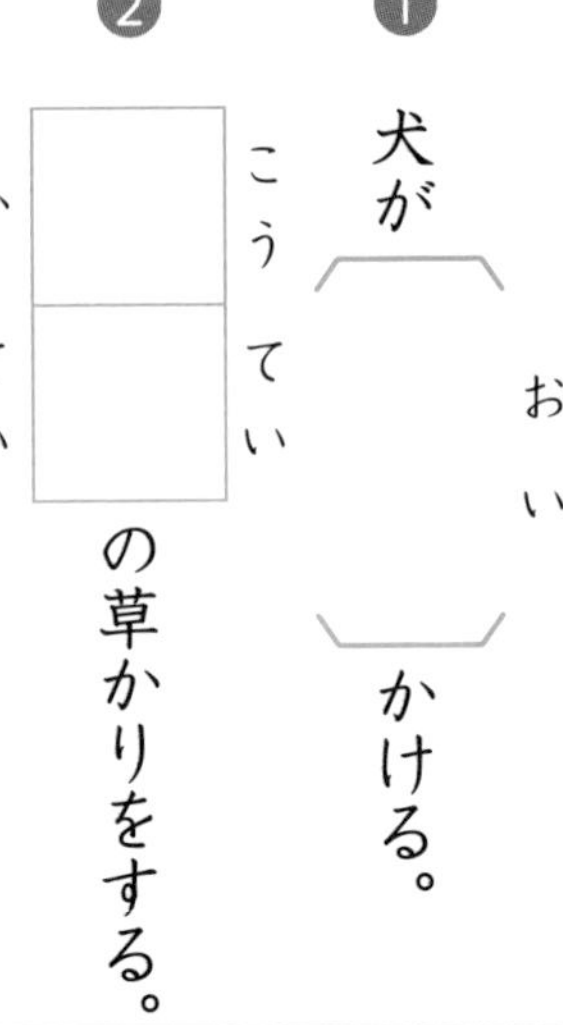
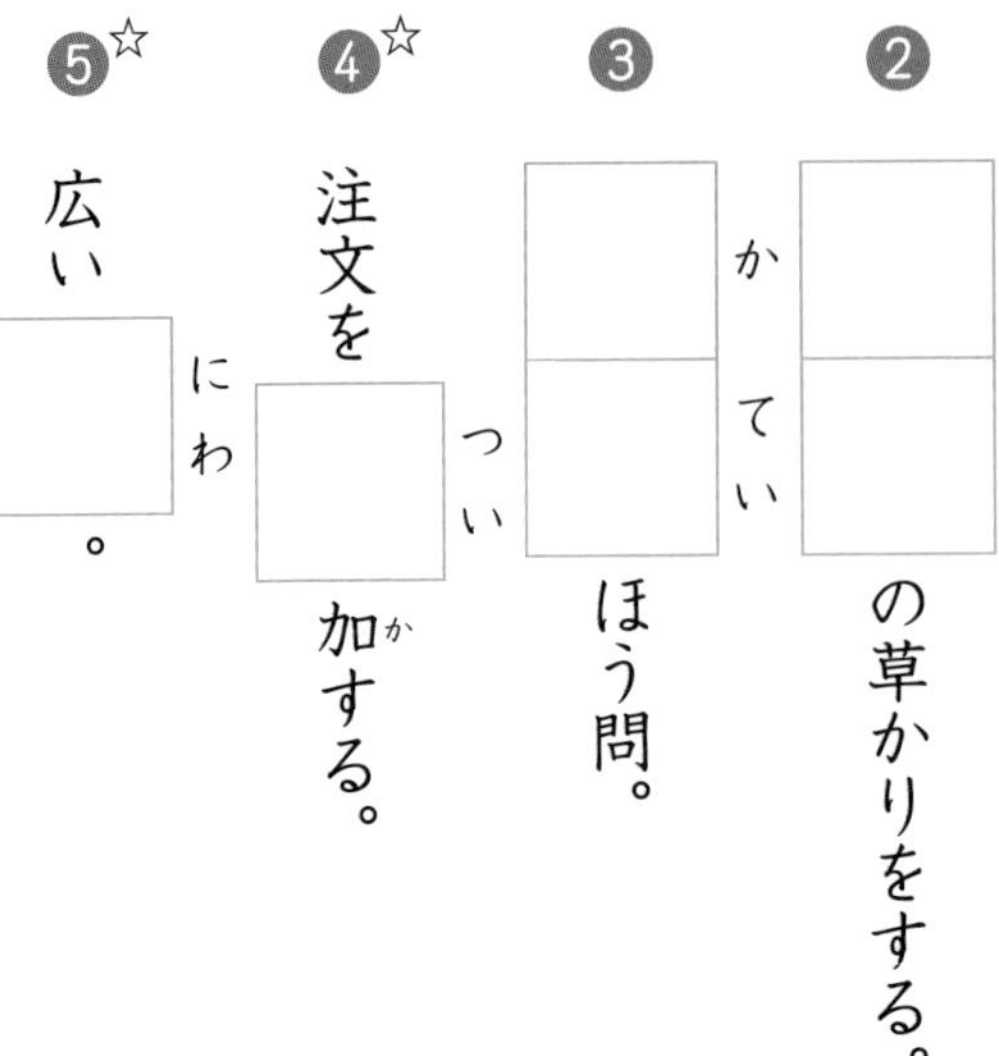

① 犬が〔おい〕かける。

② □□(こうてい)の草かりをする。

③ □□(かてい)ほう問。

④☆ 注文を□(つい)加(か)する。

⑤☆ 広い□(にわ)。

ゆうすげ村の小さな旅館——ウサギのダイコン (1)

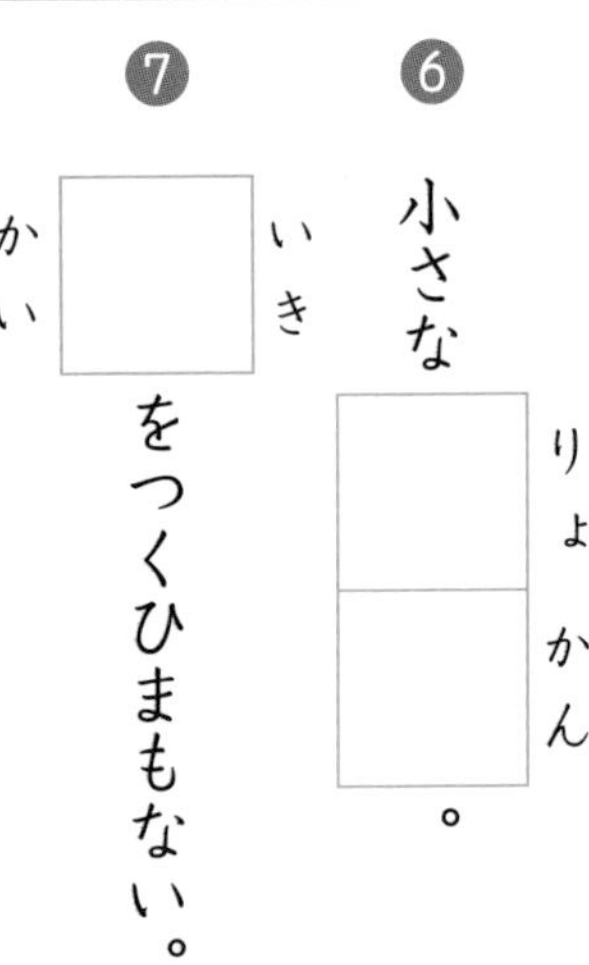
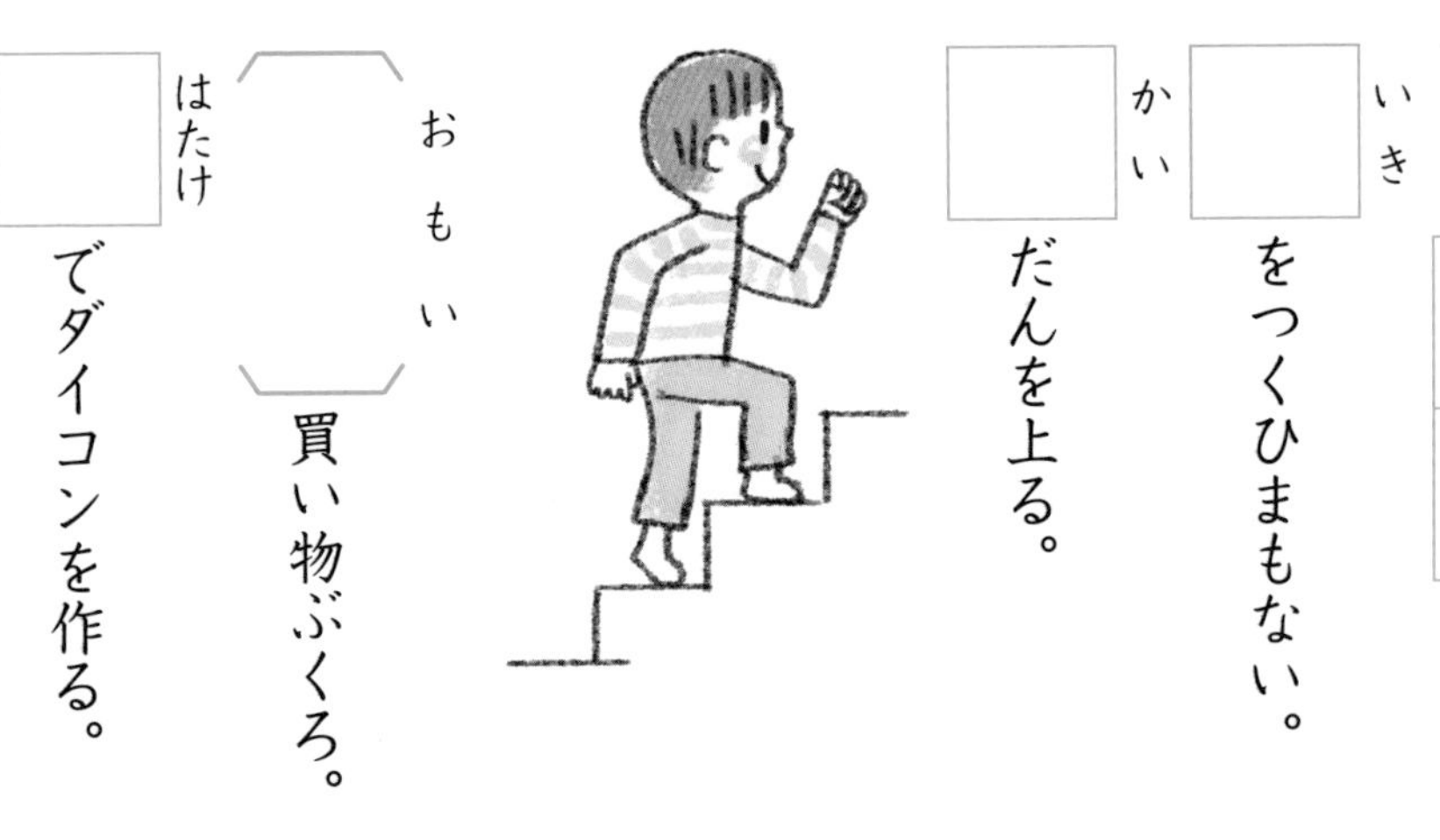

⑥ 小さな□□(りょかん)。

⑦ □(いき)をつくひまもない。

⑧ □(かい)だんを上る。

⑨ 〔おもい〕買い物ぶくろ。

⑩ □(はたけ)でダイコンを作る。

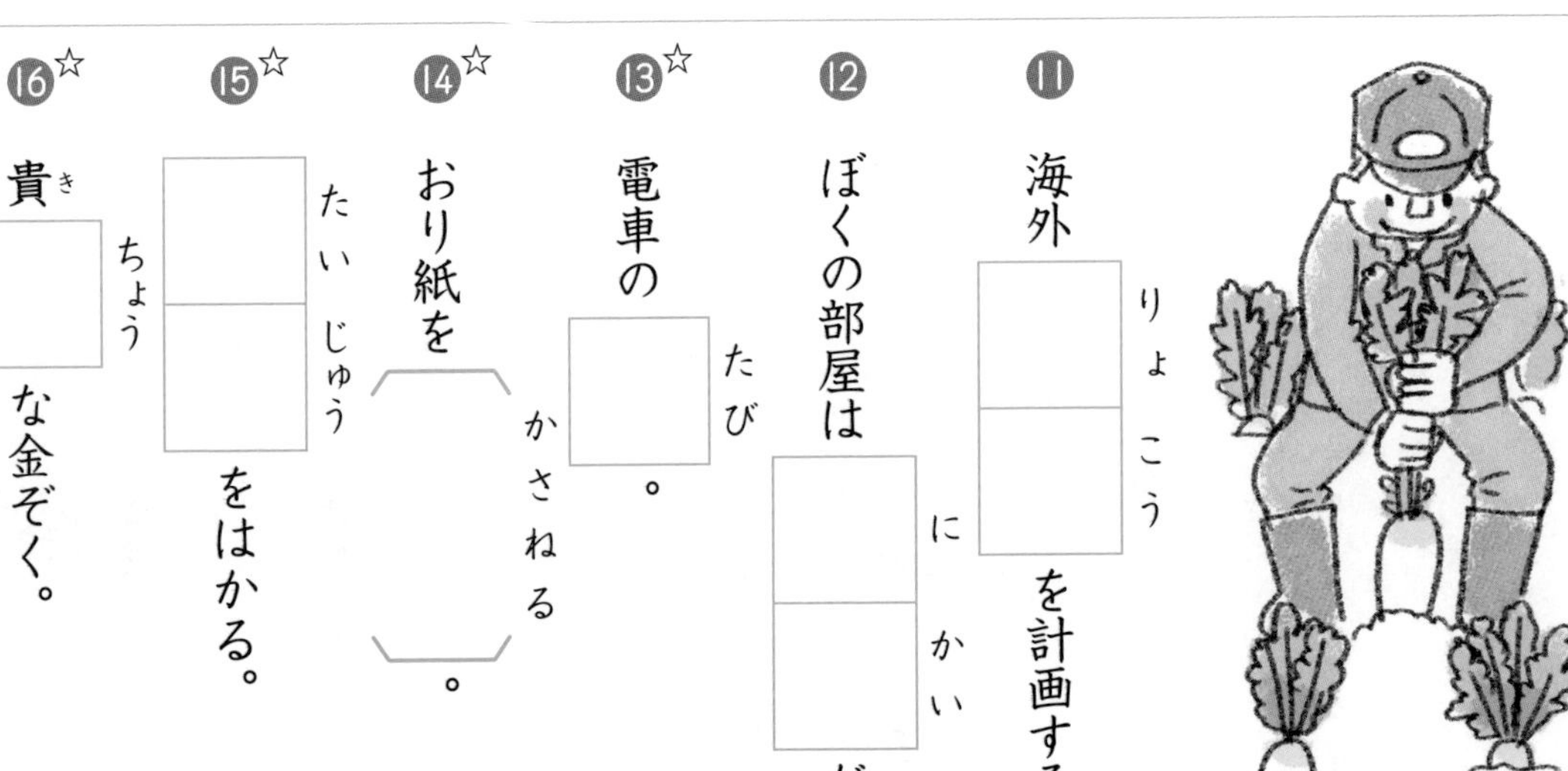

⑪ 海外□□(りょこう)を計画する。

⑫ ぼくの部屋は□□(にかい)だ。

⑬☆ 電車の□(たび)。

⑭☆ おり紙を〔かさねる〕。

⑮☆ □□(たいじゅう)をはかる。

⑯☆ 貴(き)□(ちょう)な金ぞく。

ゆうすげ村の小さな旅館 ——ウサギのダイコン (2) 漢字を使おう10 (1)

第25回　/16問

☆ □に漢字を書きましょう。〔　〕には、漢字とひらがなを書きましょう。（☆は、新しい漢字のべつの読み方です。）

ゆうすげ村の小さな旅館——ウサギのダイコン (2)

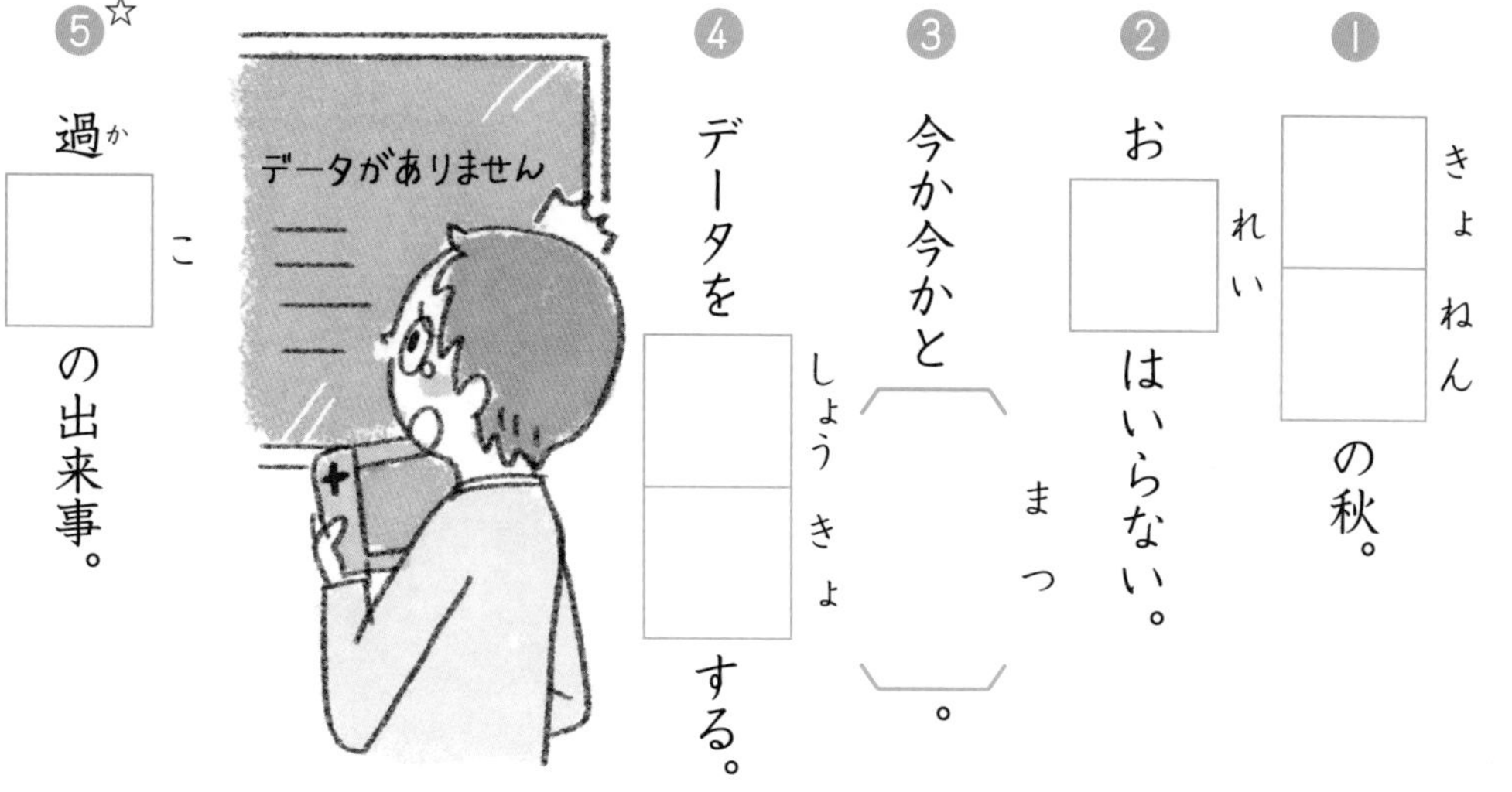

1. □□（きょねん）の秋。
2. お□（れい）はいらない。
3. 今か今かと〔　〕（まつ）。
4. データを□□（しょうきょ）する。
5. ☆ 過（か）□（こ）の出来事。

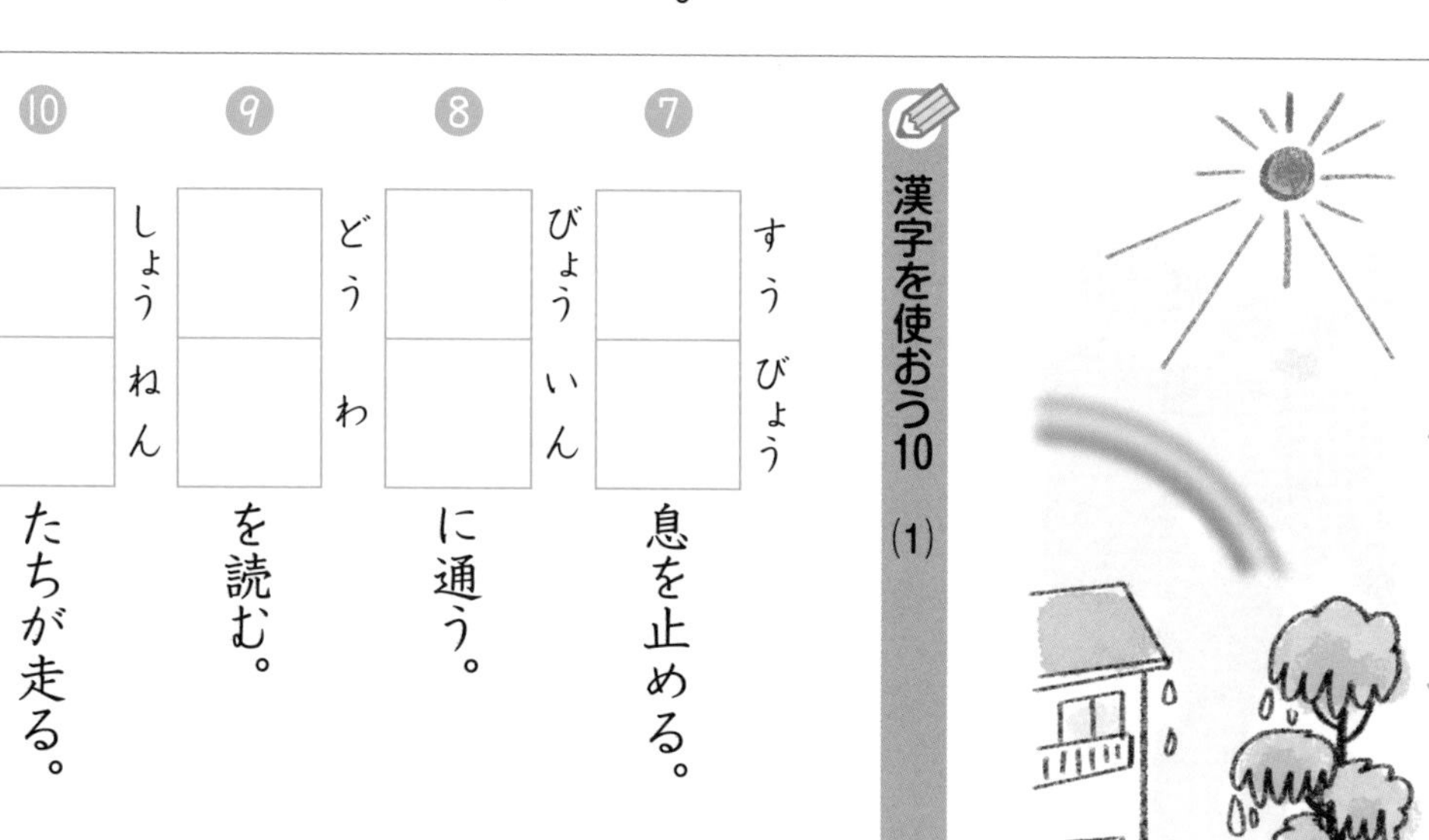

6. ☆ あらしが〔　〕（さる）。

漢字を使おう10 (1)

7. □□（すうびょう）息を止める。
8. □□（びょういん）に通う。
9. □□（どうわ）を読む。
10. □□（しょうねん）たちが走る。

11. □□（たよう）な生物。
12. □□（やちょう）のかんさつ。
13. 広い□□（とち）。
14. □□（じりき）で作り上げる。
15. やさしい□□（くちょう）。
16. ☆ □（やまい）は気から

漢字を使おう10 (2)
漢字の組み立てと意味

第26回

/18問

☆ □に漢字を書きましょう。〔　〕には、漢字とひらがなを書きましょう。（☆は、新しい漢字のべつの読み方です。）

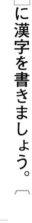

漢字を使おう10 (2)

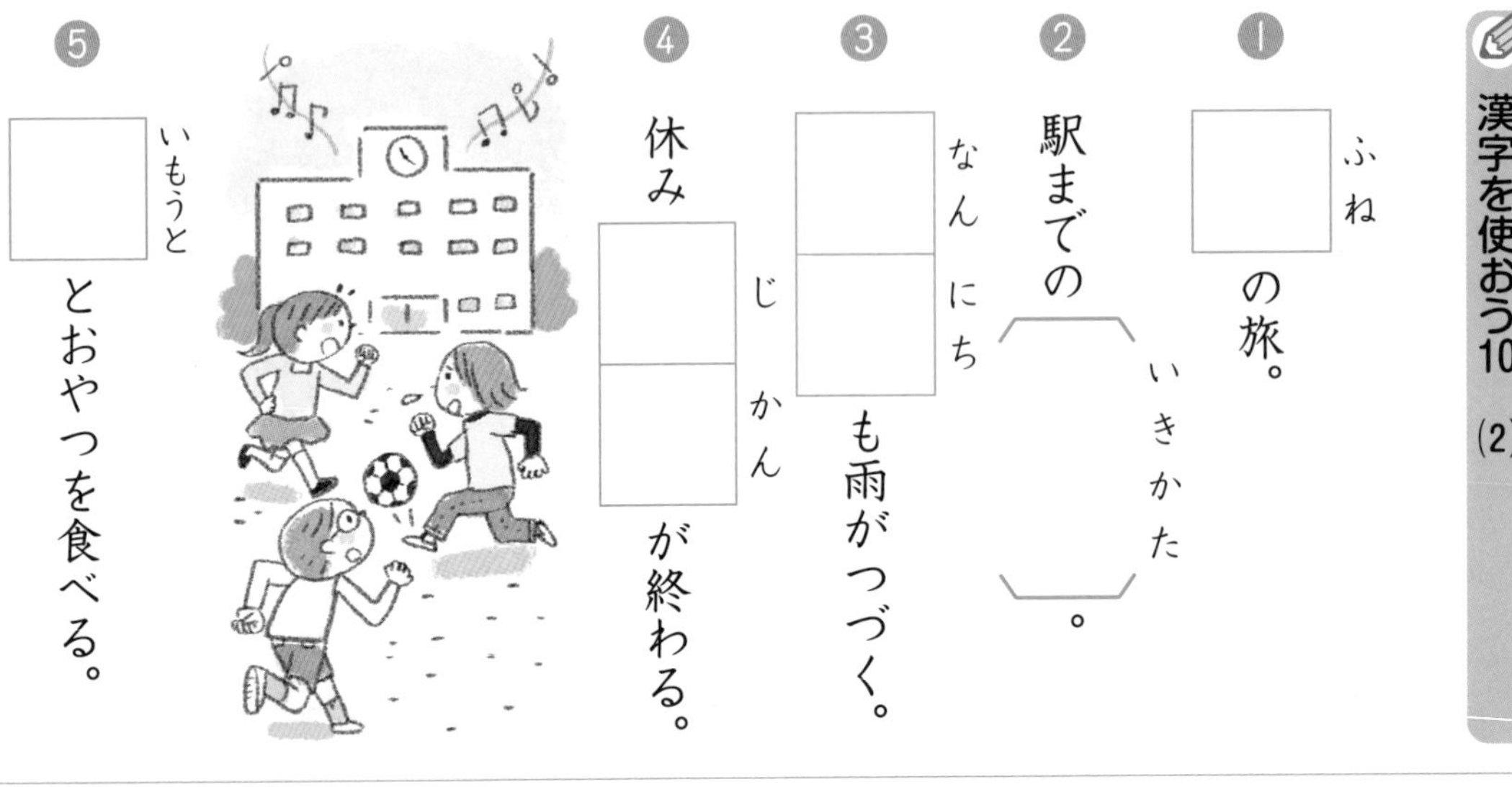

1 □（ふね）の旅。

2 駅までの〔いきかた〕。

3 □□（なんにち）も雨がつづく。

4 休み□□（じかん）が終わる。

5 □（いもうと）とおやつを食べる。

6 理由を〔かんがえる〕。

7 □□（やせい）の動物。

8 □□□（だいそうげん）が広がる。

9 □□（きしゃ）に乗る。

10 □（あね）に勉強を教わる。

11 市役所までは〔とおい〕。

12 □□（とうきょう）に遊びにいく。

13 家が〔ちかい〕友だち。

漢字の組み立てと意味

14 漢字の□□（ぶしゅ）。

15 □（ふえ）をふく。

16 □（なみ）の音。

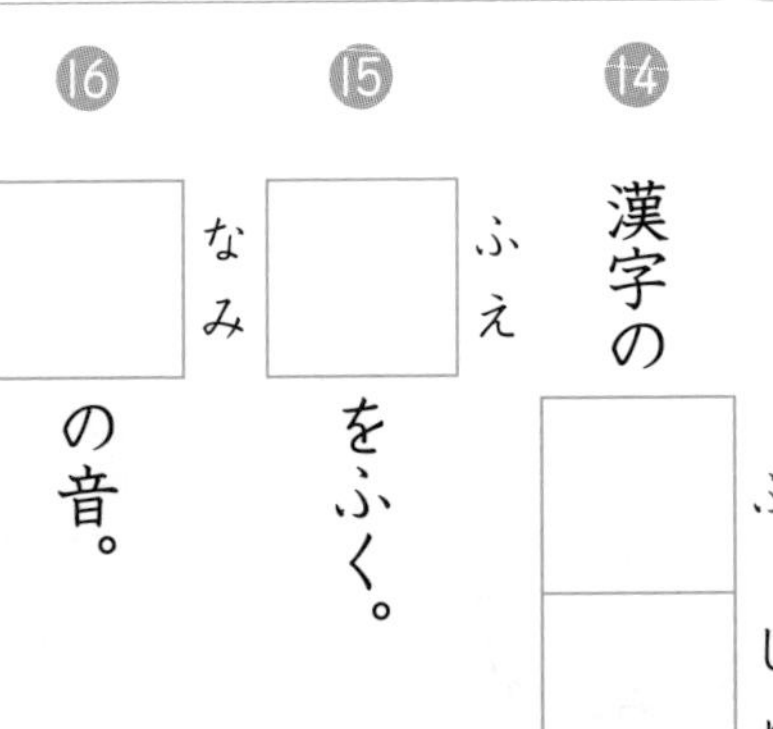

17☆ □□（きてき）が鳴る。

18☆ テレビの□□（でんぱ）。

答え

第1回

①葉 ②起きる ③速さ
④一面 ⑤向こう ⑥緑色
⑦感心 ⑧豆 ⑨人物
⑩様子 ⑪仕方 ⑫会話
⑬物語 ⑭起 ⑮速
⑯方向 ⑰緑茶 ⑱大豆
⑲豆 ⑳書物 ㉑王様
㉒仕える

第2回

①早朝 ②練習 ③九州
④中央 ⑤横 ⑥歩道
⑦合計 ⑧二倍 ⑨練る
⑩習う ⑪横 ⑫黒
⑬話し合う ⑭友 ⑮春
⑯同じ ⑰教室 ⑱元気
⑲心 ⑳知る

第3回

①図書館 ②事 ③目
④引 ⑤内 ⑥記号
⑦館 ⑧出来事
⑨使う ⑩意味 ⑪漢字
⑫表す ⑬調べる ⑭柱
⑮場所 ⑯使用 ⑰味
⑱表 ⑲調子 ⑳電柱

第4回

①取る ②局 ③配
④住所 ⑤配る ⑥住む
⑦自 ⑧身 ⑨育つ
⑩守る ⑪決まった
⑫活動 ⑬動作 ⑭持つ
⑮問い ⑯部分 ⑰筆者
⑱身長 ⑲体育

第5回

①都 ②氷 ③氷山
④形 ⑤泳ぐ ⑥有名
⑦水泳 ⑧返事 ⑨返す
⑩遊ぶ ⑪遊 ⑫開く
⑬開会 ⑭都会 ⑮開ける
⑯古い ⑰長い ⑱首
⑲池 ⑳西

第6回

①全体 ②高 ③明らか
④全て ⑤全く
⑥全力 ⑦始める
⑧係 ⑨世話
⑩終わり ⑪考 ⑫苦手
⑬家族 ⑭文章 ⑮始
⑯係 ⑰世 ⑱終点
⑲苦しい ⑳苦

第7回

①校歌 ②作曲 ③黒板
④作品 ⑤皿 ⑥空白
⑦委員長 ⑧発表 ⑨島
⑩曲線 ⑪食品 ⑫全員
⑬発音 ⑭曲がる ⑮板
⑯板 ⑰品物 ⑱島

第8回

①寒そう ②相当
③死んで ④君 ⑤安心
⑥急 ⑦記す ⑧橋
⑨登場人物 ⑩行動
⑪急行 ⑫登校 ⑬寒気
⑭相手 ⑮君 ⑯安い
⑰急ぐ ⑱歩道橋 ⑲登る
⑳登山

第9回

①金物 ②血 ③血色
④申し ⑤由来 ⑥理由
⑦白鳥 ⑧夏 ⑨昼
⑩海 ⑪来る ⑫光
⑬台 ⑭麦茶 ⑮夜
⑯岩 ⑰半分 ⑱朝
⑲思い ⑳日記

第10回

①想 ②感想文
③詩 ④出発 ⑤集める
⑥集合
⑦次 ⑧暑い ⑨作業
⑩実 ⑪行う ⑫農家
⑬命 ⑭写 ⑮次回
⑯暑中 ⑰実る ⑱事実
⑲命

第11回

①太
②合 ③通う
④助け ⑤落とす ⑥助手
⑦落語
⑧進行 ⑨役 ⑩負ける
⑪勝つ ⑫区 ⑬進める
⑭負う ⑮勝負

答え

第12回

①県 ②市区町村 ③丁目
④屋根 ⑤投げる ⑥投球
⑦打つ ⑧打
⑨屋上 ⑩球根 ⑪魚
⑫毎週 ⑬一万円
⑭少ない ⑮米 ⑯市場
⑰食べる ⑱店 ⑲当たる
⑳多い

第13回

①主語 ②主 ③主
④化け ⑤鉄 ⑥真
⑦円い ⑧客 ⑨着る
⑩送る ⑪入院 ⑫楽
⑬毛皮 ⑭部屋 ⑮化石
⑯真実 ⑰着く ⑱着目
⑲発送 ⑳皮

第14回

①受け ②消 ③荷物
④運び ⑤真っ赤 ⑥受
⑦消える ⑧消す ⑨運動
⑩真面目 ⑪真っ青
⑫陽光 ⑬通学路 ⑭細い
⑮雲 ⑯太い ⑰黄色
⑱鳴く ⑲羽 ⑳谷

第15回

①昔 ②服 ③車両
④軽く ⑤家具 ⑥温度
⑦美 ⑧短く ⑨軽食
⑩温かい ⑪美しい
⑫整理 ⑬整える
⑭指す ⑮植物 ⑯研究者
⑰細工 ⑱植木 ⑲植える

第16回

①深海 ②時代 ③深い
④交代
⑤乗馬 ⑥飲食店 ⑦店頭
⑧星雲 ⑨流星 ⑩木炭
⑪炭 ⑫用いる ⑬平和
⑭電池 ⑮銀行 ⑯乗る
⑰飲む ⑱流れる ⑲平
⑳平ら

第17回

①鼻 ②神様 ③祭り
④歯 ⑤医者 ⑥坂道
⑦薬箱 ⑧湯 ⑨他人
⑩対 ⑪筆箱 ⑫神話
⑬神社 ⑭文化祭
⑮歯科医 ⑯薬草 ⑰湯
⑱他

第18回

①洋服 ②湖 ③酒
④日本酒 ⑤油 ⑥石油
⑦里 ⑧拾う ⑨湖面
⑩酒屋 ⑪日曜日 ⑫父
⑬天才 ⑭自分 ⑮弱い
⑯言う ⑰強い ⑱家
⑲午後 ⑳聞く

第19回

①羊 ②羊
③音声 ④同時 ⑤駅
⑥空港 ⑦世界 ⑧読点
⑨駅前 ⑩開港 ⑪界
⑫港町
⑬二学期 ⑭勉強 ⑮時期

第20回

①進級 ②入学式 ③整列
④予習 ⑤相談 ⑥反対
⑦下級生 ⑧行列
⑨反らす ⑩理科 ⑪風
⑫国語 ⑬生活 ⑭読む
⑮算数 ⑯三角形 ⑰答え
⑱計算

第21回

①注意 ②竹林 ③暗
④注ぐ ⑤暗い
⑥悪者 ⑦岸
⑧新聞 ⑨放って ⑩幸せ
⑪悲しい ⑫海岸 ⑬放送
⑭放す ⑮幸運

第22回

①商店 ②昭和 ③八百屋
④地図帳 ⑤悲鳴 ⑥商品
⑦手帳 ⑧親子 ⑨雪
⑩兄 ⑪顔 ⑫弟
⑬冬 ⑭戸 ⑮帰る
⑯明るい ⑰毛糸 ⑱丸い

第23回

①庫　②自転車　③転ぶ
④安全第一　⑤福　⑥一等
⑦予定　⑧宮　⑨古代
⑩王宮　⑪宿　⑫宿題
⑬画用紙　⑭歌う　⑮走る
⑯直線　⑰図画工作
⑱切る

第24回

①追い　②校庭　③家庭
④追　⑤庭
⑥旅館　⑦息　⑧階
⑨重い　⑩畑　⑪旅行
⑫二階　⑬旅　⑭重ねる
⑮体重　⑯重

第25回

①去年　②礼　③待つ
④消去　⑤去　⑥去る
⑦数秒　⑧病院　⑨童話
⑩少年　⑪多様　⑫野鳥
⑬土地　⑭自力　⑮口調
⑯病

第26回

①船　②行き方　③何日
④時間　⑤妹　⑥考える
⑦野生　⑧大草原　⑨汽車
⑩姉　⑪遠い　⑫東京
⑬近い
⑭部首　⑮笛　⑯波
⑰汽笛　⑱電波

国語 3年

ローマ字

教科書ワーク

大文字／小文字	ア段 A/a	イ段 I/i	ウ段 U/u	エ段 E/e	オ段 O/o	★	★	★
ア行	a あ	i い	u う	e え	o お	★	★	★
カ行 K/k	ka か	ki き	ku く	ke け	ko こ	kya きゃ	kyu きゅ	kyo きょ
サ行 S/s	sa さ	si [shi] し	su す	se せ	so そ	sya [sha] しゃ	syu [shu] しゅ	syo [sho] しょ
タ行 T/t	ta た	ti [chi] ち	tu [tsu] つ	te て	to と	tya [cha] ちゃ	tyu [chu] ちゅ	tyo [cho] ちょ
ナ行 N/n	na な	ni に	nu ぬ	ne ね	no の	nya にゃ	nyu にゅ	nyo にょ
ハ行 H/h	ha は	hi ひ	hu [fu] ふ	he へ	ho ほ	hya ひゃ	hyu ひゅ	hyo ひょ
マ行 M/m	ma ま	mi み	mu む	me め	mo も	mya みゃ	myu みゅ	myo みょ
ヤ行 Y/y	ya や	(i) (い)	yu ゆ	(e) (え)	yo よ	★	★	★
ラ行 R/r	ra ら	ri り	ru る	re れ	ro ろ	rya りゃ	ryu りゅ	ryo りょ
ワ行 W/w	wa わ	(i) (い)	(u) (う)	(e) (え)	(o) [wo] を	★	★	★
ン	n ん	★	★	★	★	★	★	★

大文字／小文字	ア段 A/a	イ段 I/i	ウ段 U/u	エ段 E/e	オ段 O/o	★	★	★
ガ行 G/g	ga が	gi ぎ	gu ぐ	ge げ	go ご	gya ぎゃ	gyu ぎゅ	gyo ぎょ
ザ行 Z/z	za ざ	zi [ji] じ	zu ず	ze ぜ	zo ぞ	zya [ja] じゃ	zyu [ju] じゅ	zyo [jo] じょ
ダ行 D/d	da だ	(zi) [di] ぢ	(zu) [du] づ	de で	do ど	(zya) [dya] ぢゃ	(zyu) [dyu] ぢゅ	(zyo) [dyo] ぢょ
バ行 B/b	ba ば	bi び	bu ぶ	be べ	bo ぼ	bya びゃ	byu びゅ	byo びょ
パ行 P/p	pa ぱ	pi ぴ	pu ぷ	pe ぺ	po ぽ	pya ぴゃ	pyu ぴゅ	pyo ぴょ

★★★★★★★★★★★★ ローマ字のきまり ★★★★★★★★★★★★★

- のばす音は，a・i・u・e・oの上に「^」をつけて書き表します。

  れい otôsan  okâsan  imôto 

- つまる音「っ」は，次に来る音の最初の文字を重ねて書き表します。

  れい kippu gakkô

- はねる音「ん」の次にa・i・u・e・oやyがくるときは，読みまちがえないようにnの後に「'」をつけます。

  れい kin'iro 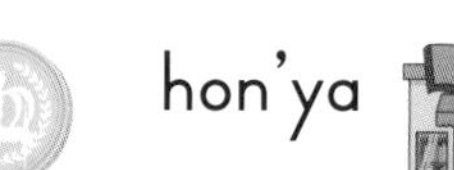 hon'ya

- 人名や地名を書くとき，ふつうは，はじめの文字を大文字で書きます。「-」は言葉をつなぐしるしです。

  れい Tôkyô Hokkaidô Yamada Satoshi Shin-Ôsaka

- [ ] にしめしたようにローマ字での書き方が二つあるものもあります。

  れい susi/sushi  tizu/chizu 

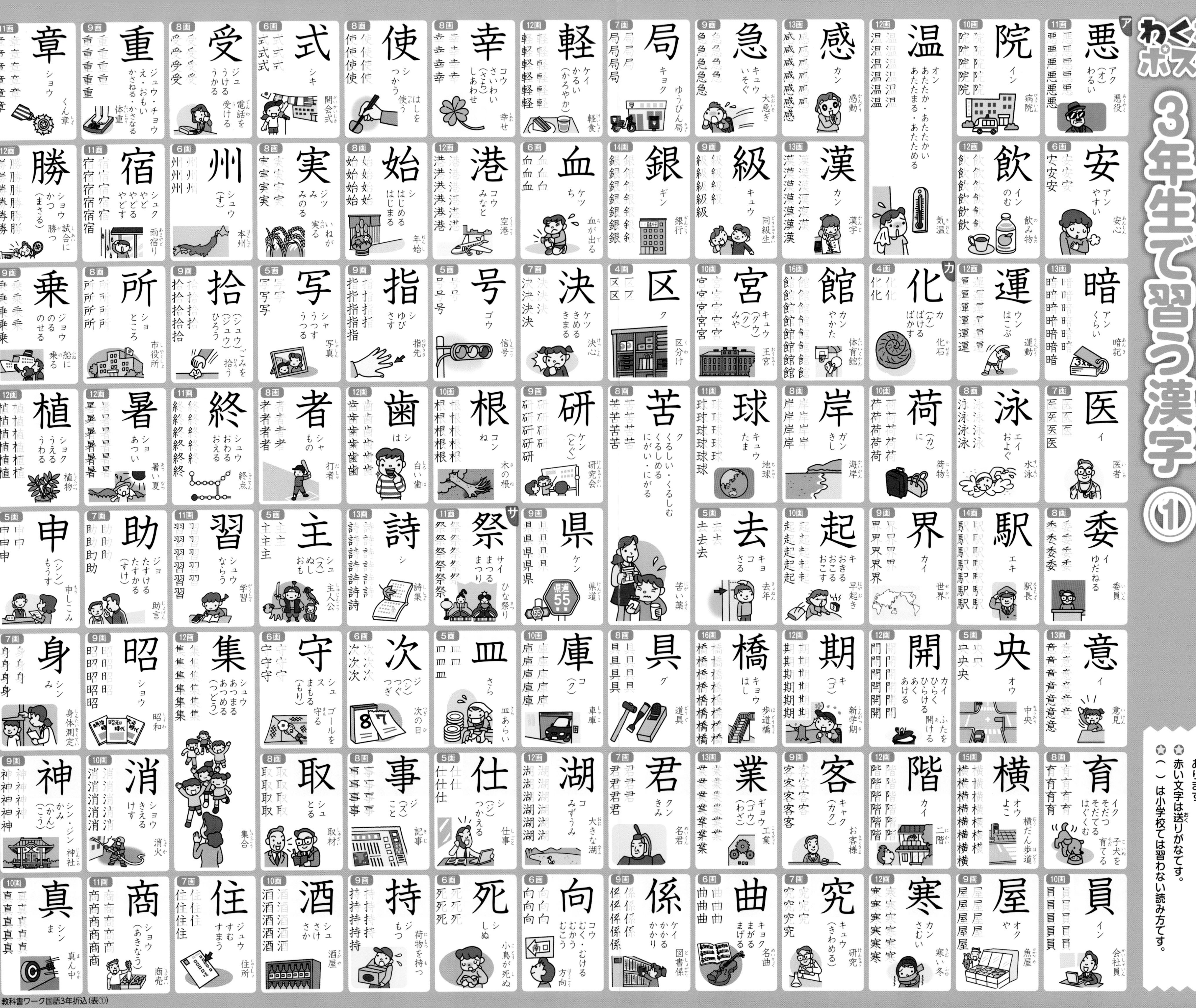

わくわくポスター

3年 国語 教科書ワーク

3年生で習う漢字 ①

- 3年生で習う漢字を五十音じゅんにならべてあります。
- 赤い文字は送りがなです。
- ( ) は小学校では習わない読み方です。

きせつの俳句

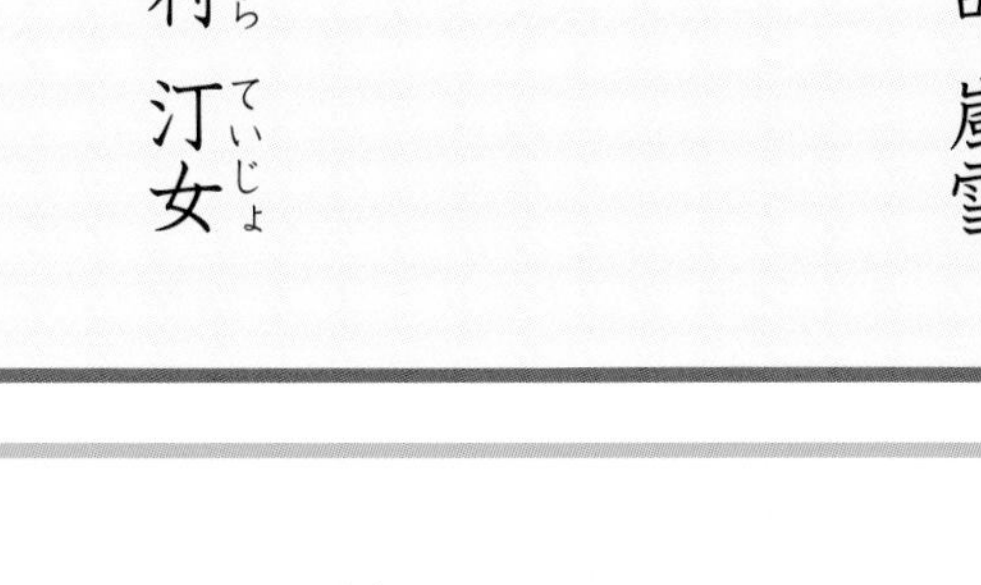

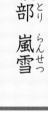

梅一輪一輪ほどのあたたかさ　服部　嵐雪

たんぽぽや日はいつまでも大空に　中村　汀女

春の海ひねもすのたりのたりかな　与謝　蕪村

日やけ顔見合いてうまし氷水　水原　秋櫻子

閑かさや岩にしみ入る蝉の声　松尾　芭蕉

青蛙おのれもペンキぬりたてか　芥川　龍之介

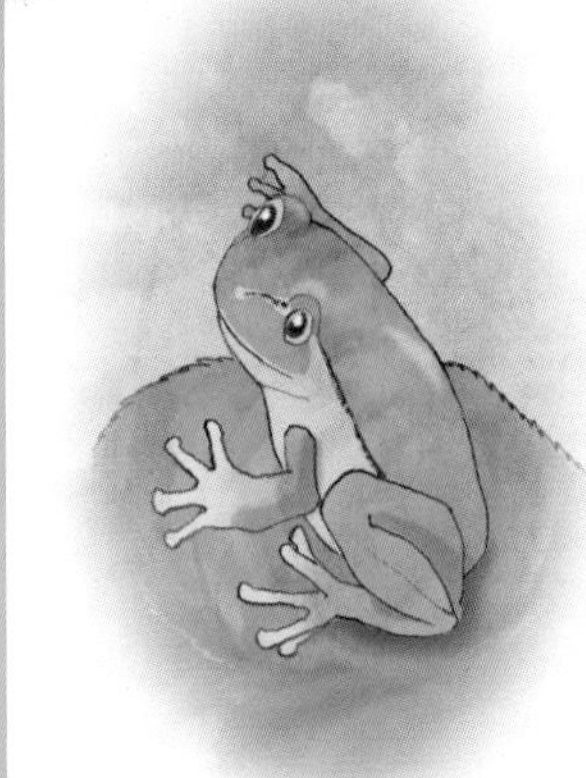

赤とんぼ筑波に雲もなかりけり　正岡　子規

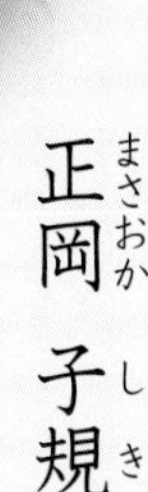

をりとりてはらりとおもきすすきかな　飯田　蛇笏

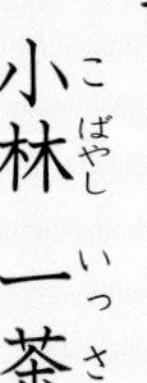

名月を取つてくれろとなく子かな　小林　一茶

遠山に日の当たりたる枯野かな　高浜　虚子

スケートのひもむすぶ間もはやりつつ　山口　誓子

雪の朝二の字二の字の下駄の跡　田　捨女

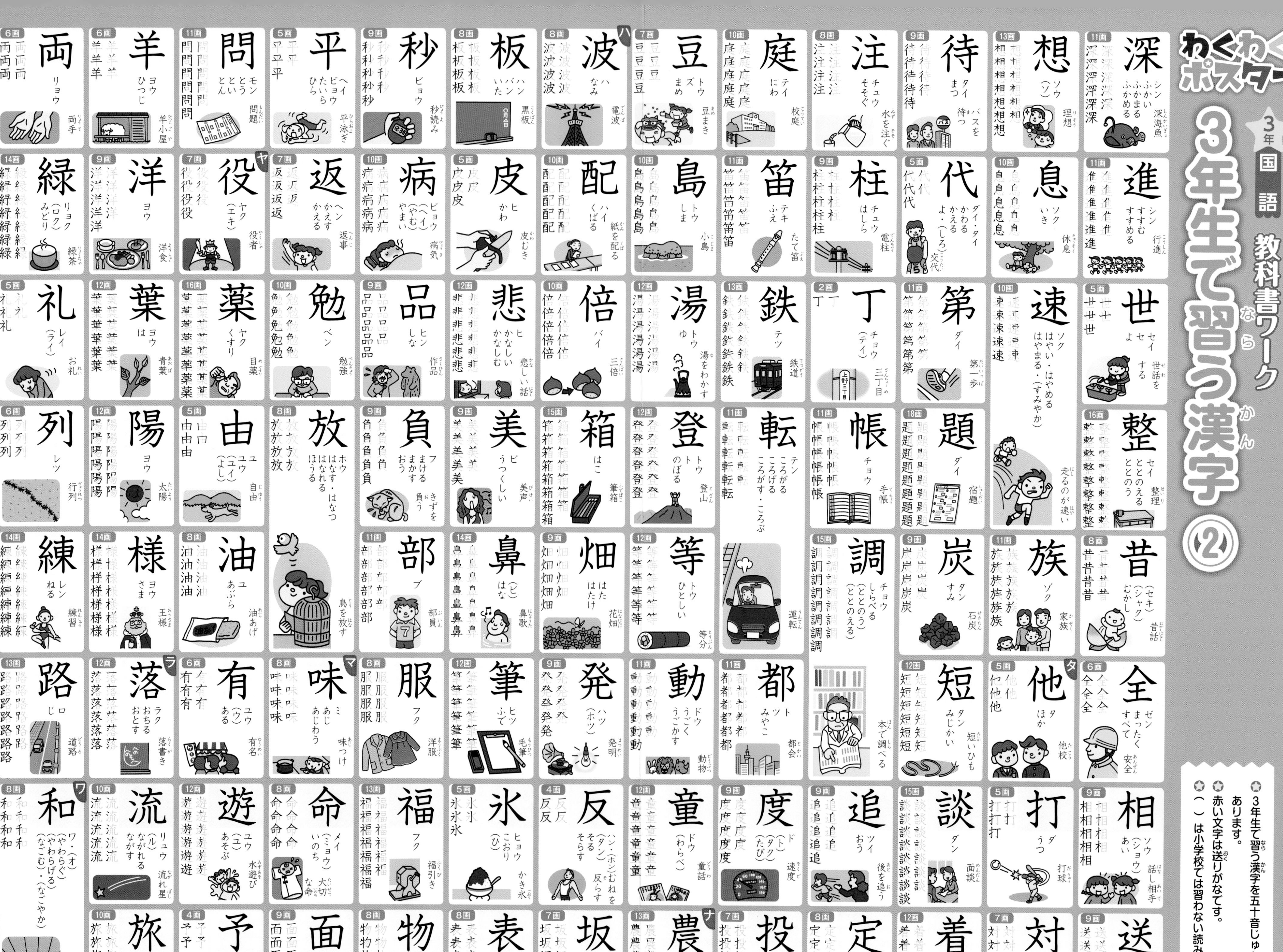
わくわくポスター
3年 国語
教科書ワーク
3年生で習う漢字 ②
深 シン ふかい ふかまる ふかめる 深海魚
想 ソウ (ソ) 理想
待 タイ まつ バスを待つ
注 チュウ そそぐ 水を注ぐ
庭 テイ にわ 校庭
豆 トウ ズ まめ 豆まき
波 ハ なみ 電波
板 ハン バン いた 黒板
秒 ビョウ 秒読み
平 ヘイ ビョウ たいら ひら 平泳ぎ
問 モン とう とい とん 問題
羊 ヨウ ひつじ 羊小屋
両 リョウ 両手
進 シン すすむ すすめる 行進
息 ソク いき 休息
代 ダイ・タイ かわる かえる よ・(しろ) 交代
柱 チュウ はしら 電柱
笛 テキ ふえ たて笛
島 トウ しま 小島
配 ハイ くばる 紙を配る
皮 ヒ かわ 皮むき
病 ビョウ (ヘイ) (やむ) やまい 病気
返 ヘン かえす かえる 返事
役 ヤク (エキ) 役者
洋 ヨウ 洋食
緑 リョク (ロク) みどり 緑茶
世 セイ セ よ 世話をする
速 ソク はやい・はやめる はやまる・(すみやか) 走るのが速い
第 ダイ 第一歩
丁 チョウ (テイ) 三丁目
鉄 テツ 鉄道
湯 トウ ゆ 湯をわかす
倍 バイ 三倍
悲 ヒ かなしい かなしむ 悲しい話
品 ヒン しな 作品
勉 ベン 勉強
薬 ヤク くすり 目薬
葉 ヨウ は 青葉
礼 レイ (ライ) お礼
整 セイ ととのえる ととのう 整理
題 ダイ 宿題
帳 チョウ 手帳
転 テン ころがる ころげる ころがす・ころぶ 運転
登 トウ ト のぼる 登山
箱 はこ 筆箱
美 ビ うつくしい 美声
負 フ まける まかす おう きずを負う
放 ホウ はなす・はなつ はなれる ほうる 鳥を放す
由 ユ ユウ (ユイ) (よし) 自由
陽 ヨウ 太陽
列 レツ 行列
昔 (セキ) (シャク) むかし 昔話
族 ゾク 家族
炭 タン すみ 石炭
調 チョウ しらべる (ととのう) (ととのえる) 本で調べる
等 トウ ひとしい 等分
畑 はた はたけ 花畑
鼻 (ビ) はな 鼻歌
部 ブ 部員
油 ユ あぶら 油あげ
様 ヨウ さま 王様
練 レン ねる 練習
全 ゼン まったく すべて 安全
他 タ ほか 他校
短 タン みじかい 短いひも
都 ト ツ みやこ 都会
動 ドウ うごく うごかす 動物
発 ハツ (ホツ) 発明
筆 ヒツ ふで 毛筆
服 フク 洋服
味 ミ あじ あじわう 味つけ
有 ユウ (ウ) ある 有名
落 ラク おちる おとす 落書き
路 ロ じ 道路
相 ソウ (ショウ) あい 話し相手
打 ダ うつ 打球
談 ダン 面談
追 ツイ おう 後を追う
度 ド (ト) (タク) (たび) 速度
童 ドウ (わらべ) 童話
反 ハン・(ホン)・(タン) そる そらす むねを反らす
氷 ヒョウ こおり (ひ) かき氷
福 フク 福引き
命 メイ (ミョウ) いのち 大切な命
遊 ユウ (ユ) あそぶ 水遊び
流 リュウ (ル) ながれる ながす 流れ星
和 ワ・(オ) (やわらぐ) (やわらげる) (なごむ)・(なごやか) 和室
送 ソウ おくる 運送
対 タイ (ツイ) 対決
着 チャク・(ジャク) きる・きせる つく・つける 着物
定 テイ・ジョウ さだめる さだまる (さだか) 定休日
投 トウ なげる 投手
農 ノウ 農業
坂 (ハン) さか 上り坂
表 ヒョウ おもて あらわす あらわれる 表紙
物 ブツ モツ もの 買い物
面 メン (おも) (おもて) (つら) 画面
予 ヨ 予定
旅 リョ たび 旅人
☆ 3年生で習う漢字を五十音じゅんにならべてあります。
☆ 赤い文字は送りがなです。
☆ (　) は小学校では習わない読み方です。

東京書籍版 国語3年

動画 コードを読み取って、下の番号の動画を見てみよう。

【イラスト】artbox、植木美江、クリエイティブ・ノア、陽菜ひよ子 【写真提供】アフロ、東京書籍

きほんのワーク

春の子ども
あなたのこと、教えて

教科書 上見返し～15
答え 1ページ

もくひょう
- 詩のようすを思いうかべ、気もちがつたわるように声に出して読もう。
- しつもんをするときにつかうことばを学ぼう。

勉強した日　月　日

おわったらシールをはろう

春の子ども

1 つぎの詩を読んで、もんだいに答えましょう。

春の子ども

門倉　訣

ふきのとうが芽を出した
ぴくりっ　ぴくぴくっ
雪のぼうしが　あったかい
ぴくぴく　ぴくくくっ
風のゆびが　あったかい

つくしんぼうが目をさます
ぴくりっ　ぴくぴくっ
雪どけ水が　あったかい
ぴくぴく　ぴくくくっ

2 「春の子ども」とは、何ですか。三つ書きましょう。

春になったら生まれるものを「春の子ども」と言っているよ。

①
②
③

3 よく出る 三つの「ぴくぴく　ぴくくくっ」を声を出して読むとき、どのように読むとよいですか。一つに○をつけましょう。

ア（　）大きな声で、おこったように。
イ（　）小さい声で、しんぱいそうに。
ウ（　）明るい声で、うれしそうに。

さむかった冬がおわって、あったかい春が来たとき、どんな気もちになるか考えよう。

言葉の意味プラス
1行 ふきのとう…ふきのわかいめ。春になると、地面から顔を出すように生えてくる。
6行 つくしんぼう…つくしのこと。　8行 雪どけ水…つもった雪がとけた水。

川の背中が　あったかい
風の子どもがとびおきた
ぴくりっ　ぴくぴくっ
あさのひかりが　あったかい
ぴくぴく　ぴくくくっ
あおい空が　あったかい

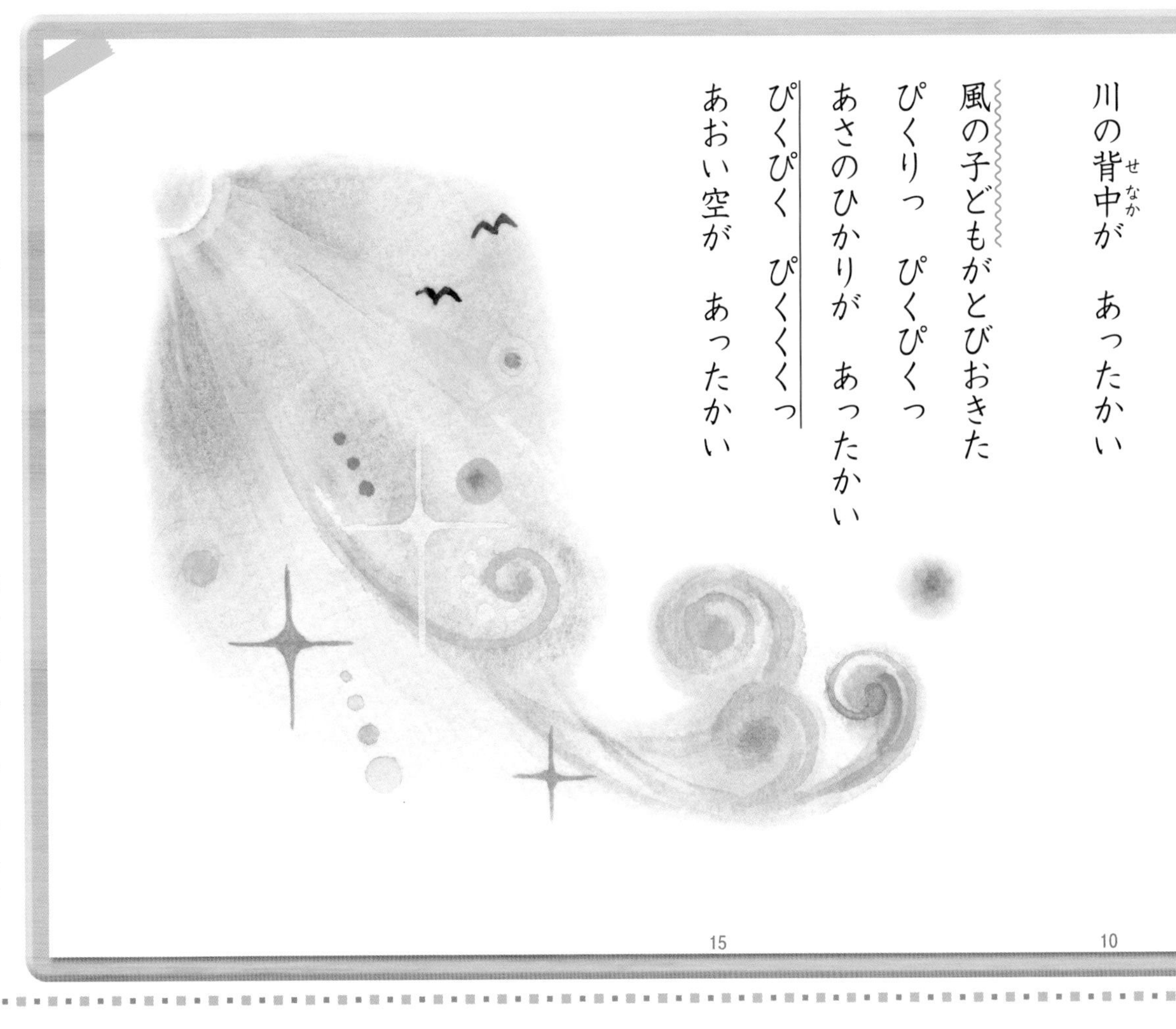

1 この詩は、どのきせつのようすが書かれていますか。

［　　　］のはじめ。

4 「風の子ども」は、何を「あったかい」と思いましたか。二つ書きましょう。

「〜が　あったかい」という言い方にちゅうもくしよう。

（　　　　　　）

（　　　　　　）

2 あなたのこと、教えて

つぎの会話を読んで、もんだいに答えましょう。

ぼくがすきなのは、たからさがしゲームだよ。

そうなんだね。それは、［　　　］。

一人がたからをどこかにかくして、ほかの人がヒントをもとに、かくしたたからものをさがすんだよ。

● ［　　　］に合う言葉はどれですか。一つに○をつけましょう。

ア（　）どんなことをするの
イ（　）どうしてすきなの
ウ（　）どこでするの

ものしりメモ　「つくし」は、かん字で「土筆」と書くよ。つくしの形が筆ににているから、この字で書かれるようになったんだよ。

音読を聞き合おう

きほんのワーク

すいせんのラッパ

教科書 ㊤16～28ページ

答え 1ページ

もくひょう
●場面やとうじょう人物の様子を思いうかべよう。
●音や様子を思いうかべながら、声を出して読もう。

勉強した日 月 日

新しい漢字

教科書ページ	漢字	読み	画数
26	物	ブツ モツ もの	8画
26	様	ヨウ さま	14画
26	仕	シ つかえる	5画

漢字練習ノート3ページ

おわったらシールをはろう

1 漢字の読み

読みがなを横に書きましょう。

1 ○葉っぱ
2 ○起きる
3 ○速さ
4 一○面
5 ○向こう
6 ○緑色
7 ○感心
8 ○豆つぶ
9 人○物
10 ○様●子
11 ○仕方
12 会●話
13 ○物●語

○新しい漢字 ●読みかえの漢字 ◆とくべつな読み方

3 言葉の意味

○をつけましょう。

1 18ページ できるかどうかためしています。
ア（　）ていねいにやり直して。
イ（　）なんどもくりかえして。
ウ（　）じっさいにやってみて。

2 19ページ わいわいはしゃいでいました。

ないようをつかもう！

すいせんのラッパ もんだいに答えましょう。 教科書を読んで、

1 いつ、どこでのお話ですか。□に合う言葉を、[ ]からえらんで書きましょう。 教科書18ページ

いつ □のまん中。

どこ □のそば。

山　海　池　町
春　夏　秋　冬

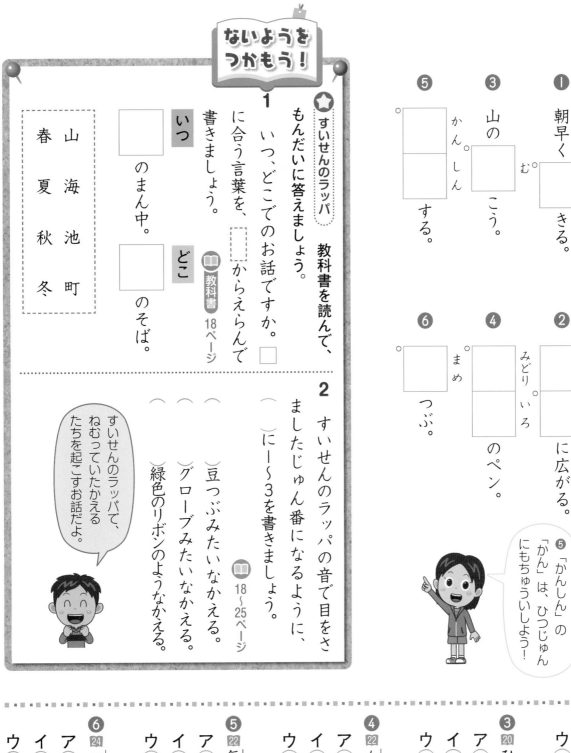

2 すいせんのラッパの音で目をさましたじゅん番になるように、（　）に１〜３を書きましょう。 18〜25ページ

（　）豆つぶみたいなかえる。
（　）グローブみたいなかえる。
（　）緑色のリボンのようなかえる。

すいせんのラッパで、ねむっていたかえるたちを起こすお話だよ。

2 漢字の書き 漢字を書きましょう。

1 朝早く□（お）きる。
2 □□（いちめん）に広がる。
3 山の□（むこう）こう。
4 □□（みどりいろ）のペン。
5 □□（かんしん）する。
6 □（まめ）つぶ。

5「かんしん」の「かん」は、ひつじゅんにもちゅういしよう！

ア（　）うきうきしてさわいで。
イ（　）けんかをしてないて。
ウ（　）ねっしんに聞いて。

3 20 ひじをついて、ささやく。
ア（　）大声でどなる。
イ（　）小さい声で話す。
ウ（　）にこにこわらう。

4 22 かきねのすみっこのおち葉。
ア（　）かきの木。
イ（　）かこい。
ウ（　）木のねっこ。

5 22 気どった声で言いました。
ア（　）かっこうつけた。
イ（　）うれしそうな。
ウ（　）がっかりした。

6 24 口をそろえて教えました。
ア（　）みんながちがうことを言って。
イ（　）一人が大きな声で言って。
ウ（　）みんなが同じことを言って。

ものしりメモ ギリシア神話には、ナルキッソスというううつくしい少年が、水にうつった自分のすがたにこいをして、そのまま水べですいせんになってしまったという話があるよ。

練習のワーク1

すいせんのラッパ

教科書 上16～28ページ　答え 2ページ

勉強した日　月　日

おわったらシールをはろう

できるナビ
すいせんのラッパの音や、かえるの様子を思いうかべながら物語を読みとろう。

つぎの文しょうを読んで、もんだいに答えましょう。


そうです。今日は、すいせんが、今年はじめてラッパをふく日なのです。

なぜラッパをふくかというとね、冬の間ねむっていたかえるたちに、春ですよ起きなさいと知らせてあげるためです。

すいせんは、お日さまの高さをはかったり、風の速さをしらべたり、ラッパをプーとふいたりして、ときどき、もうすぐだというように、うんうん、うなずきます。

ありたちは、葉っぱの上で、ゆらゆらゆれて、じっとまっています。

あたたかい風が、ささあっとふきわたり、日の光が、一面にちりました。

(うん。今だ!)

すいせんは、大きくいきをすって、金色のラッパをふ

1 すいせんがラッパをふくのは、何のためですか。

□の間ねむっていた□□□たちに、□ですよ起きなさいと知らせてあげるため。

「なぜラッパをふくかというとね」と、説明しているよ。

2 すいせんが、今年はじめてラッパをふいたのは、どんなときでしたか。

(　　)が、ささあっとふきわたり、(　　)が、一面にちったとき。

すいせんは、どんな様子を見て、(うん。今だ!)と思ったのかな?

3 すいせんのラッパは、何色ですか。

□色

色をあらわす言葉にちゅうもく!

言葉の意味プラス
12行 一面に…あたりいっぱいに。　19行 せのび…できるだけ体を上にのばすこと。
32行 あくび…ねむいときやたいくつなとき、ひとりでに口があいて大きくこきゅうすること。

き鳴らします。

プップ・パッパ・パッパラピー・プウー

すき通った音が、池をわたり、地面をゆさぶり、おかを上って、向こうの空にきえます。ありたちは、目をまん丸にして、うんとせのびをして、まわりを見ました。

……すると、池のそばのつつじのねもとがむくっ。むくっ。むくむくむくっ。

ありたちは、ひじをつついて、ささやきます。

（あ、あそこだ、あそこだ。）

グローブみたいなかえるがとび起きました。

目をぱちぱちさせてから、すいせんを見つけると、

「やあ、今年もありがとう。」

と、大きな声で言いました。

それから、

「バオーン。」

と、あくびをして、

「はらへった。はらへった。はらへった。

どっすん・ぽこ。どっすん・ぽこ。どっすん・ぽこ。」

と、林の方へとんでいきました。

〈工藤直子「すいせんのラッパ」による〉

4 「あ、あそこだ、あそこだ。」とありますが、「あそこ」とは、どこですか。

池のそばの（　　　　）のねもと。

5 よく出る すいせんがラッパをふいたとき、どんなかえるがとび起きてきましたか。

（　　　　）みたいなかえる。

6 よく出る かえるがとび起きたのは、なぜですか。一つに○をつけましょう。

ア（　）すいせんのラッパの音で、目がさめたから。
イ（　）ありたちがさわいで、うるさかったから。
ウ（　）お日さまにてらされて、あつかったから。

7 「やあ、今年もありがとう。」とありますが、かえるは、だれに「ありがとう」と言ったのですか。

（　　　　）

8 「どっすん・ぽこ。どっすん・ぽこ。どっすん・ぽこ。」を声に出して読むとき、どのように読むとよいですか。一つに○をつけましょう。

ア（　）かすれた小さな声で、ささやくように。
イ（　）高くて強い声で、早口に。
ウ（　）ひくい大きな声で、ゆっくりと。

ものしりメモ　すいせんには、いくつかしゅるいがあるよ。花の形がとくにラッパににているから、「ラッパスイセン」という名前がついたすいせんもあるよ。

練習のワーク②

すいせんのラッパ

教科書 上16～28ページ　答え 2ページ

できるナビ
●目をさましたかえるやありたちの様子を読みとろう。
●気もちがつたわるような読み方を考えよう。

勉強した日　月　日

おわったらシールをはろう

つぎの文しょうを読んで、もんだいに答えましょう。

すいせんは、いよいよ元気にラッパをふきます。

ピピピプー・ピポピポ・ピッピー

こんどは、どんなかえるが目をさますかな。

（あれ…か…な？）

すいせんのそばの土が、ちょろっとうごいて、豆つぶみたいなかえるが、ぴいんととび起きました。

「やあもう春だ。ん？　ぼく、こんなに上手に目がさめるなんて……なぜだ？　なぜだ？」

目をこすりながら、きょろきょろしています。

「ラッパですよう。すいせんのラッパで目がさめたんだよう。」

ありたちが、口をそろえて教えました。

「ラッパ？　あ、その金色のラッパ。そうだったの……。ありがとう！」

豆つぶのようなかえるは、ぴん、とおじぎをして、

「うれしいな。うれしいな。うれしいな。

1 よく出る●「ピピピプー・ピポピポ・ピッピー」という音で、どんなかえるが、どのようにとび起きましたか。

（　　　）みたいなかえるが、

（　　　　）とび起きた。

2 「なぜだ？　なぜだ？」について答えましょう。

(1) このときかえるは、どう思っていましたか。一つに○をつけましょう。

ア（　）なぜ、こんなに上手に目がさめたんだろう。

イ（　）なぜ、こんなところでねていたんだろう。

ウ（　）なぜ、ラッパの音がしているんだろう。

(2) よく出る● このときのかえるのふしぎそうな気もちは、どんな様子にあらわれていますか。

目を（　　　）ながら、

（　　　）している様子。

言葉の意味プラス
5行　豆つぶ…豆のひとつひとつ。小さなものをあらわす言葉。
9行　きょろきょろ…おちつきなく、あちこち見回す様子。

ぴこぴん・ぴこぴん・ぴこぴんぴん。」

と、林の方へとんでいきました。

「あはは、かわいいかえる。」

「今年がはじめてだったんだ。」

「ぼくたちラッパのこと教えてあげたね。」

「うん。よかったね。」

ありたちは、にこにこして見おくりました。

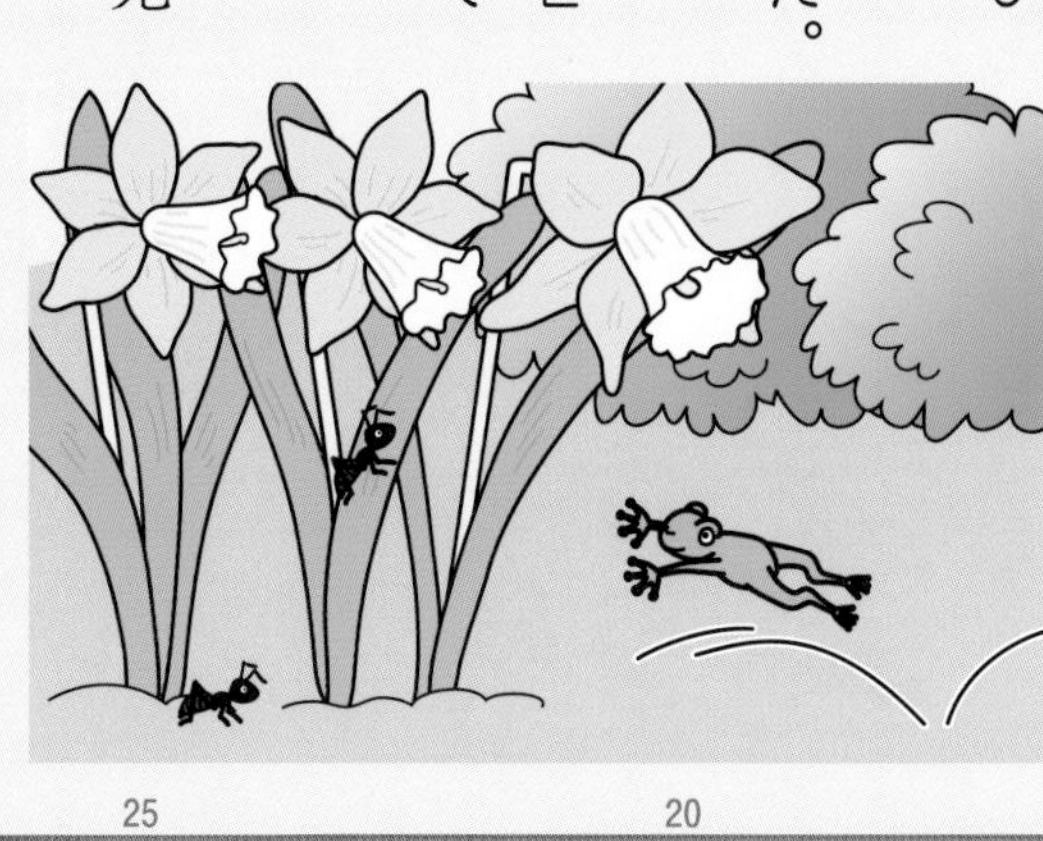

すいせんは、たくさんたくさんラッパをふきました。それに合わせて、かえるもたくさんたくさんとび起きました。

あたりは、どんどんにぎやかになり、おまつりみたいです。

ありたちは、ラッパに合わせて歌ったり、かえるのまねをしてとんだり……。

まだねむっているかえるは、いませんか？

〈工藤（くどう）直子（なおこ）「すいせんのラッパ」による〉

3 かえるに、すいせんのラッパで目がさめたことを教えたのは、だれですか。

「ラッパですよう。」と言ったのはだれ？

（　　　　　）

4 つぎの言葉は、どのように読むとよいですか。合うものを下からえらんで、•—•でむすびましょう。

① 「ラッパですよう。すいせんのラッパで目がさめたんだよう。」 •　　• **ア** 元気よく、はっきりした声で。

② 「ありがとう！」 •　　• **イ** 明るく、かるく、はずむように。

③ 「うれしいな。うれしいな。うれしいな。／ぴこぴん・ぴこぴん・ぴこぴんぴん。」 •　　• **ウ** やさしく、相手（あい）によびかけるように。

5 「あたりは、どんどんにぎやかになり」とありますが、にぎやかになったのは、なぜですか。

「にぎやか」は、声や音がたくさん聞こえる様子だよ。

（　　　　　）がたくさんラッパをふき、

（　　　　　）がたくさんとび起きたから。

ものしりメモ かえるがするように、ねむったまま冬をこすことを「とうみん」というよ。冬は食べ物が少なくなるけれど、うごかないことで、食べ物を食べなくてもすむんだよ。

まとめのテスト

すいせんのラッパ

教科書 上16〜28ページ
答え 2ページ

時間20分
とく点 /100点
おわったらシールをはろう
勉強した日 月 日

つぎの文しょうを読んで、もんだいに答えましょう。

すいせんのそばの土が、ちょろっとうごいて、豆つぶみたいなかえるが、ぴいんととび起きました。

「やあもう春だ。ん？　ぼく、こんなに上手に目がさめるなんて……

なぜだ？　なぜだ？」

目をこすりながら、きょろきょろしています。

「ラッパですよう。すいせんのラッパで目がさめたんだよう。」

ありたちが、口をそろえて教えました。

「ラッパ？　あ、その金色のラッパ。そうだったの……。ありがとう！」

豆つぶのようなかえるは、ぴん、とおじぎをして、

1 豆つぶみたいなかえるは、どこからとび起きましたか。〔10点〕

（　　　　）から。

2 「なぜだ？　なぜだ？」とありますが、とび起きたかえるは、どんなことをふしぎに思いましたか。〔10点〕

上手に□□□□□こと。

3 よく出る ありたちは、かえるにどんなことを教えましたか。〔10点〕

（　　　　）で目がさめたこと。

4 チャレンジ！ とび起きたかえるが、自分がどうして目がさめたのか、分からなかったのはなぜですか。一つに○をつけましょう。〔15点〕

ア（　）ラッパというがっきを、知らなかったから。
イ（　）春に目ざめるのは、今年がはじめてだったから。
ウ（　）春がうれしくて、まわりが目に入らなかったから。

「うれしいな。うれしいな。うれしいな。

ぴこぴん・ぴこぴん・ぴこぴんぴん。」

と、林の方へとんでいきました。

「あはは、かわいいかえる。」

「今年がはじめてだったんだ。」

「ぼくたちラッパのこと教えてあげたね。」

「うん。よかったね。」

ありたちは、にこにこして見おくりました。


すいせんは、たくさんたくさんラッパをふきました。それに合わせて、かえるもたくさんたくさんとび起きました。

あたりは、どんどんにぎやかになり、おまつりみたいです。

ありたちは、ラッパに合わせて歌ったり、かえるのまねをしてとんだり……。

まだねむっているかえるは、いませんか？

〈工藤直子「すいせんのラッパ」による〉

5 よく出る● 「ありがとう！」と言った後、かえるはどうしましたか。 一つ5〔10点〕

ぴん、と（　　　　）をして、うれしそうに林の方へ（　　　　）。

6 「ぴこぴん・ぴこぴん・ぴこぴんぴん。」とありますが、このとき、かえるはどんな様子でとんでいると考えられますか。一つに○をつけましょう。〔15点〕

ア（　）はやく、あわてたようにはねている。

イ（　）ひくく、ふあんそうにはねている。

ウ（　）かるく、楽しそうにはねている。

7 ありたちは、豆つぶみたいなかえるをどんな気もちで見おくりましたか。一つに○をつけましょう。〔15点〕

ア（　）これからを心ぱいする気もち。

イ（　）やさしく見まもる気もち。

ウ（　）おわかれがさびしい気もち。


書いてみよう！

8 「ラッパに合わせて歌ったり、かえるのまねをしてとんだり」しているとき、ありたちは、どんな気もちでしたか。ありになったつもりで書きましょう。〔15点〕

（　　　　）

ものしりメモ　「あり」は、「ありみたいに小さい」「ありのようにはたらく」というように、「小さいもの」や「はたらきもの」ということをたとえる場合につかわれることもあるよ。

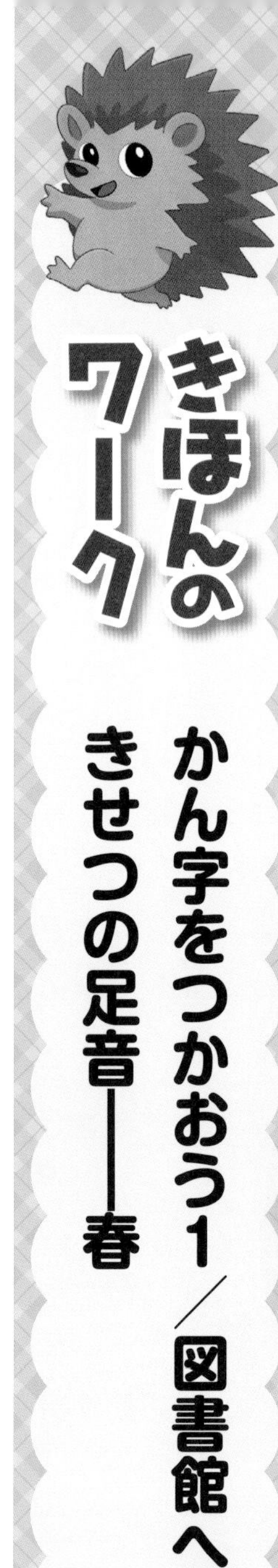

かん字をつかおう1／図書館へ行こう きせつの足音――春

教科書 上29～35ページ

答え 3ページ

もくひょう
●図書館にある本のならび方について知ろう。
●春をあらわす言葉を知ろう。

勉強した日 月 日

おわったらシールをはろう

漢字練習ノート4～5ページ

新しい漢字

教科書ページ

ひつじゅん 1 2 3 4 5 ◀練習しましょう。

教科書ページ	漢字	読み	画数
29	練	レン ねる	14画
29	習	シュウ ならう	11画
29	州	シュウ	6画
29	央	オウ	5画
29	横	オウ よこ	15画
29	倍	バイ	10画
30	館	カン やかた	16画
30	事	ジ こと	8画
32	号	ゴウ	5画

1 漢字の読み

読みがなを横に書きましょう。

○新しい漢字　●読みかえの漢字　◆とくべつな読み方

1. ●早朝
2. ○練○習
3. 九○州
4. 中○央
5. ○横だん●歩●道
6. ●合計
7. 二○倍
8. 百科○事てん
9. ●目次じ
10. さく●引
11. 記○号
12. ●内よう

2 漢字の書き

漢字を書きましょう。

1. □□（れんしゅう）する。
2. □□□（としょかん）の本。

3 二年生の漢字

漢字を書きましょう。

1. □（こく）ばんの字。
2. 新しい□□（きょうしつ）。

図書館へ行こう

4 **つぎの文は、図書館についての説明です。（　　）に合う言葉を□からえらんで、記号で答えましょう。**

図書館では「日本十進分類法（NDC）」という、本を（　　）で分ける方法でせい理している。仕事についてしらべるときは、十進分類法の（　　）のところをさがす。

ア 内ようやしゅるい　イ 本を書いた人　ウ 言語　エ 産業

きせつの足音―春

5 **つぎの詩を読んで、もんだいに答えましょう。**

野川　　武鹿 悦子

のぜり　そよがせ
なのはな　ゆらし
野川は
うたを　やめられない
あえた　よろこび
そして　さよなら
あえた　よろこび
そして
さよなら

野川…野原をながれる小川。

1 詩に出てくるしょく物を二つ書きましょう。

（　　　　）・（　　　　）

2 「うたを　やめられない」は、野川のどんな様子をあらわしていますか。一つに○をつけましょう。

ア（　）春のしょく物がゆれる横を、どんどんとながれていく様子。
イ（　）夏のひざしにまけずに、しずかにながれていく様子。
ウ（　）冬のさむさでひえながら、ゆっくりとながれていく様子。

6 **よく出る● つぎの作ひん（俳句）の「むけばかがやく」の説明として合うもの一つに、○をつけましょう。**

ゆで玉子むけばかがやく花曇　　中村 汀女

花曇…さくらがさくころに、空がぼんやりとくもる天気。

ア（　）ひょう面がわれて、中の黄みが見えている様子。
イ（　）ひょう面がでこぼこして、かげができている様子。
ウ（　）ひょう面がつるつるして、明るく見える様子。

きれいにむいたゆで玉子をそうぞうしよう。

ものしりメモ 短歌や俳句は日本にむかしからつたわる文芸で、短歌は五・七・五・七・七の三十一音、俳句は五・七・五の十七音からできている詩だよ。俳句にはきせつをあらわす言葉が入るよ。

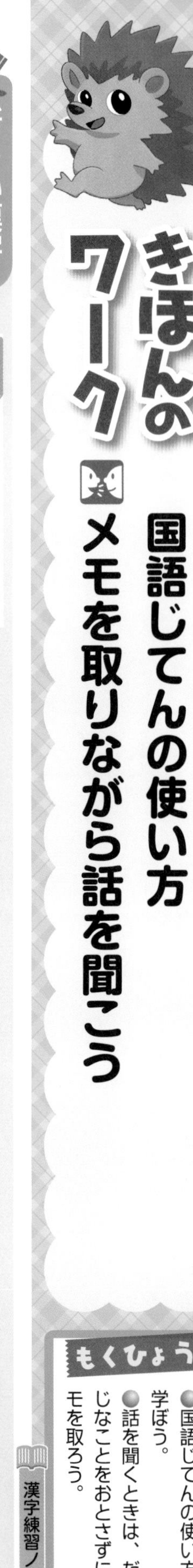

きほんのワーク

国語じてんの使い方
メモを取りながら話を聞こう

教科書 上36～41ページ

答え 3ページ

勉強した日　月　日

もくひょう
- 国語じてんの使い方を学ぼう。
- 話を聞くときは、だいじなことをおとさずにメモを取ろう。

おわったらシールをはろう

新しい漢字

教科書ページ ／ ◀練習しましょう。 ひつじゅん 1 2 3 4 5

漢字	読み	画数	教科書ページ
使	シ　つかう	8画	36
意	イ	13画	36
味	ミ　あじ　あじわう	8画	36
漢	カン	13画	36
表	ヒョウ　おもて　あらわす	8画	36
調	チョウ　しらべる	15画	36
柱	チュウ　はしら	9画	36
所	ショ　ところ	8画	37
取	シュ　とる	8画	38
局	キョク	7画	39
配	ハイ　くばる	10画	39
住	ジュウ　すむ	7画	39

漢字練習ノート5～6ページ

1 漢字の読み

読みがなを横に書きましょう。

○新しい漢字　●読みかえの漢字　◆とくべつな読み方

❶ 使い方
❷ 意味
❸ 漢字
❹ 表す
❺ 調べる
❻ 家の柱
❼ 場所
❽ 取る
❾ ゆうびん局
❿ 配達（たつ）
⓫ 住所

2 漢字の書き

漢字を書きましょう。

❶ 気もちを □（あらわ）す。
❷ 手紙を □（はい）達する。
❸ □□（じゅう　しょ）を調べる。

❶も❷も、はねるところにちゅう意しよう。

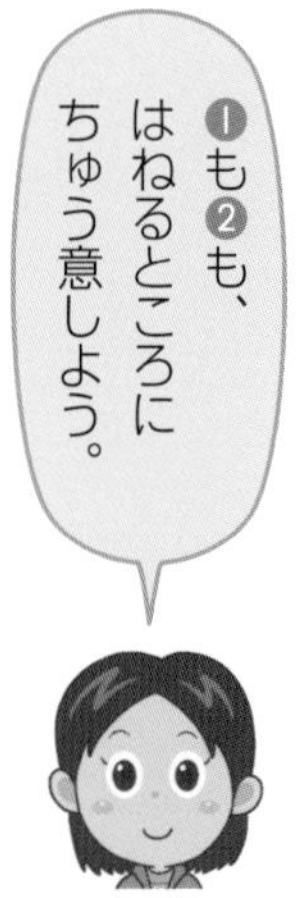

国語じてんの使い方

3 つぎの図は、国語じてんの一部です。下の1～4は、図のどこを説明していますか。ア～エの記号で答えましょう。

ウ　エ　ア　イ

あける【明ける】①朝になる。「夜が―」⇔暮れる　②新しい年になる。「年が―」⇔暮れる　③ある期間が終わる。「つゆが―」

〈「国語じてんの使い方」による〉

1 言葉の意味。（　）
2 はんたいの意味の言葉。（　）
3 漢字を使った書き表し方。（　）
4 言葉の使い方。（　）

4 つぎの言葉は、国語じてんに、どんなじゅん番で出ていますか。（　）に1～3の番号を書きましょう。

1
（　）とけい
（　）とおい
（　）とかい

2
（　）バス
（　）パス
（　）はす

5 つぎの文の――は、形をかえる言葉です。国語じてんには、どんな形でのっていますか。一つに○をつけましょう。

森は、しずかな場所だ。

ア（　）しずかだ
イ（　）しずか
ウ（　）しずかに

メモを取りながら話を聞こう

6 よく出る● ゆうびん局ではたらく人に話を聞いて、メモを取りました。このメモのよいところはどこですか。一つに○をつけましょう。

わたしたちの仕事でたいへんだなと思うことは三つあります。
一つ目は、とどけ先をまちがえずに配達することです。同じ名前やにた住所があるのでたしかめるようにしています。
二つ目は、雨や雪の日の配達です。……

インタビューメモ　5月20日
聞きたいこと
　ゆうびん配たつのしごとで、たいへんなのはどんなことか。
聞いたこと
①まちがえずにはいたつ
・同じ名まえ　にた住所がある
・たしかめる
②雨、雪の日

〈「メモを取りながら話を聞こう」による〉

ア（　）話の内ようを、そのまますべて書いている。
イ（　）だいじなことに、番号をつけて書いている。
ウ（　）話を聞いた感そうも、いっしょに書いている。

ものしりメモ 国語じてんのほかにも、いろいろなじてんがあるよ。漢字じてんは、漢字を調べるのにべんりだよ。ことわざを調べるには、ことわざじてん。人物を調べるには、人名じてんがあるよ。

読んで考えたことをつたえ合おう

きほんのワーク

自然（ぜん）のかくし絵

教科書 上42～52ページ

答え 4ページ

勉強した日　月　日

もくひょう

●だんらくごとの内ようをとらえて、文しょうぜん体の内ようを理かいしよう。

おわったら シールを はろう

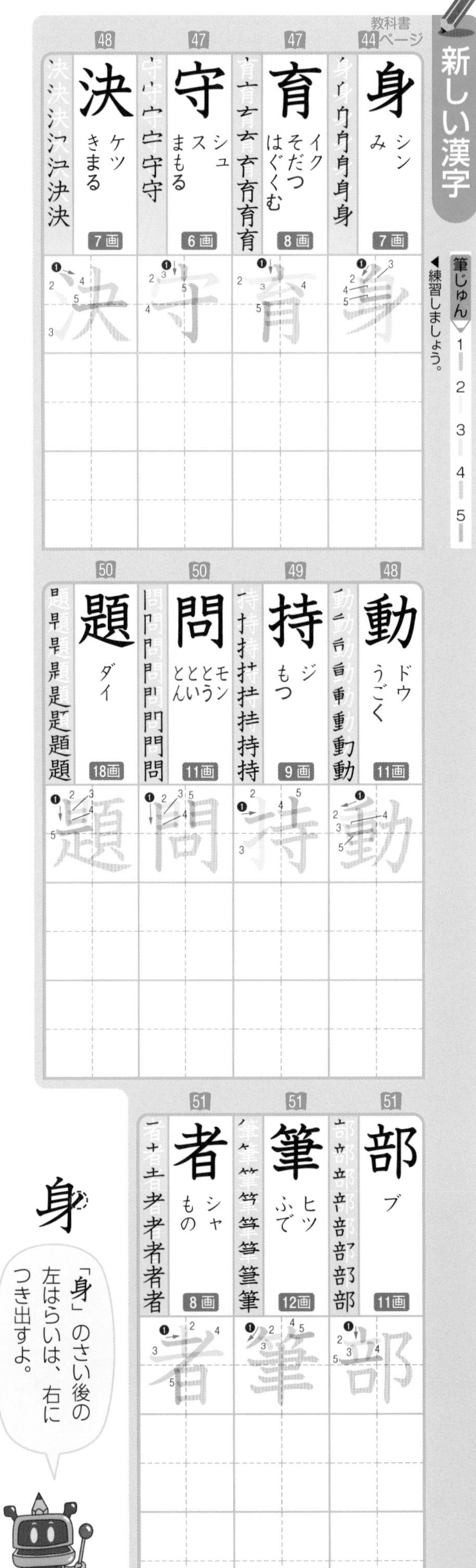

新しい漢字
教科書 ページ
筆じゅん 1 2 3 4 5
◀練習しましょう。
44 身 シン み 7画
47 育 イク そだつ はぐくむ 8画
47 守 シュ ス まもる 6画
48 決 ケツ きまる 7画
48 動 ドウ うごく 11画
49 持 ジ もつ 9画
50 問 モン とう とい とん 11画
50 題 ダイ 18画
51 部 ブ 11画
51 筆 ヒツ ふで 12画
51 者 シャ もの 8画
「身」のさい後の左はらいは、右につき出すよ。

漢字練習ノート6ページ

1 漢字の読み　読みがなを横に書きましょう。

○新しい漢字　●読みかえの漢字　◆とくべつな読み方

①自然（ぜん）
②身をかくす
③育つ
④守る
⑤決まる
⑥動作
⑦持つ
⑧問い
⑨話題
⑩部分
⑪筆者

3 言葉の意味　○をつけましょう。

① 44ページ バッタを、ふと見うしなう。

ア（　）きゅうに。
イ（　）りっぱに。
ウ（　）しずかに。

2 漢字の書き

漢字を書きましょう。

❶ □(み)を守る。

❷ すくすく□(そだ)つ。

❸ □□(かつどう)する。

❹ 本を□(も)つ。

❺ □(と)いと答え。

❻ □□(ひっしゃ)の考え。

⑥は横ぼうの数にちゅう意しよう。

ないようをつかもう！

☆ 自然(しぜん)のかくし絵　教科書を読んで、問題に答えましょう。

1 ほご色とは、どんなものですか。□に合う言葉を、[　]からえらんで書きましょう。　教科書 44ページ

まわりの色と見分けにくく、□のにやく立つ体の色。

[目立たせる　身をかくす　強く見せる]

2 こん虫のほご色がやく立つのはどんなときですか。一つに○をつけましょう。　48～49ページ

ア（　）動いているとき。

イ（　）じっとしているとき。

ウ（　）どんなときでも。

こん虫は、ほご色によっててきから身を守っているんだね。

❷ 44 草の色と見分ける。
ア（　）名前をつける。
イ（　）しるしをつける。
ウ（　）見てくべつする。

❸ 46 かっ色のトノサマバッタ。
ア（　）青色。
イ（　）こげ茶色。
ウ（　）黄色。

❹ 46 野外で調べる。
ア（　）野原。
イ（　）学校。
ウ（　）家の中。

❺ 48 人間の目をだます。
ア（　）見つめる。
イ（　）しんじる。
ウ（　）ごまかす。

❻ 48 こん虫をかんさつする。
ア（　）あみでつかまえること。
イ（　）大切に育てること。
ウ（　）様子をくわしく見ること。

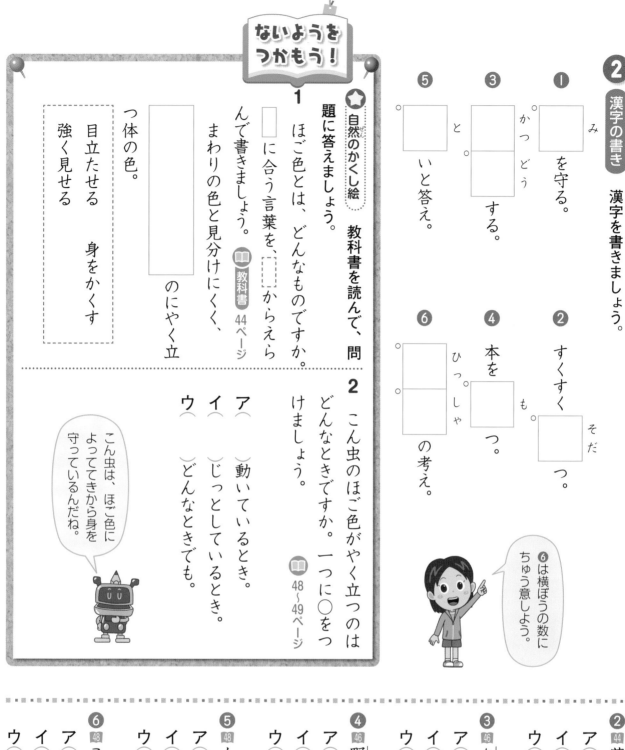

ものしりメモ　体の色がかわる生き物といえば、ゆう名なのは、カメレオン。でも、じつは、それほど自由(ゆう)に体の色をかえられるわけではないんだ。中には色がかわらないしゅるいもあるんだよ。

練習のワーク①

自然のかくし絵

教科書 ㊤42～52ページ

答え 4ページ

できるナビ
●だんらくごとの内ようをとらえて、れいとしてあげられたこん虫のとくちょうを読み取ろう。

勉強した日　月　日

おわったらシールをはろう

つぎの文しょうを読んで、問題に答えましょう。

1 こん虫は、ほご色によって、どのようにてきから身をかくしているのでしょうか。

2 たとえば、コノハチョウの羽は、表はあざやかな青とオレンジ色ですが、うらは、かれ葉のような色をしています。それに、羽をとじたときの形も木の葉そっくりです。そのため、木のえだに止まっていると、えだにのこったかれ葉と見分けがつきません。

3 また、トノサマバッタは、自分の体の色がほご色になるような場所をえらんです

2 コノハチョウの羽の表とうらは、どんな色をしていますか。また、羽をとじたときの形は、何とそっくりですか。

表の色（　　　　）

うらの色（　　　　）

形（　　　　）とそっくり。

「たとえば、コノハチョウの～」からはじまるだんらくにちゅう目しよう。羽の色の説明の後に、形の説明をしているよ。

3 コノハチョウは、木のえだに止まっていると、何と見分けがつかないのですか。一つに○をつけましょう。

ア（　）まがった形の木のえだ。

イ（　）えだに生えた緑の葉。

ウ（　）えだにのこったかれ葉。

言葉の意味プラス
1行 ほご色…身をかくすのに役立つ色のこと。
6行 かれ葉…かれた葉っぱのこと。

んでいるようです。トノサマバッタには、緑色のものとかっ色のものがいます。野外で調べてみると、緑色の草むらにいるのは、ほとんどが緑色のバッタで、かっ色のかれ草やおち葉の上にいるのは、ほとんどがかっ色のバッタです。

〈矢島（やじま） 稔（みのる）「自然（ぜん）のかくし絵」による〉

20

1 「問い」が書かれているのは、どのだんらくですか。だんらくの番号を書きましょう。

□

4 トノサマバッタは、どんな場所をえらんですんでいますか。

「また、トノサマバッタは〜」と、トノサマバッタについて説明しているだんらくから読み取ろう。

（　　　）の色が（　　　）になるような場所。

5 トノサマバッタを、どこで調べましたか。

□□

6 よく出る トノサマバッタの体の色と、すんでいる場所を表にまとめました。□に合う言葉を書きましょう。

自分の体の色とまわりの色が、同じになる場所をえらんでいるよ。

体の色	すんでいる場所
❶□色	緑色の草むら
かっ色	かっ色の❷□□□や❸□□□の上

ものしりメモ どくや強いにおいを持った動物の体は、目立つ色であることが多いよ。その目立つ色で自分が強いことをあい手に知らせて、なるべく、どくやにおいを使わないようにしているんだよ。

練習のワーク②

自然(ぜん)のかくし絵

教科書 上42～52ページ
答え 4ページ

できるナビ
●だんらくの内ようをとらえて、ゴマダラチョウのとくちょうとほご色のはたらきを読み取ろう。

勉強した日　月　日

おわったらシールをはろう

つぎの文しょうを読んで、問題に答えましょう。

[1]さらに、まわりの色がへんかするにつれて、体の色がかわっていくこん虫もいます。ゴマダラチョウのよう虫は、エノキの葉を食べて育ちます。秋になり、エノキの葉が黄色くなるにつれて、この虫の体の色も、だんだん黄色にかわっていきます。

[2]このほかにも、ほご色によって上手に身をかくして、てきから身を守っているこん虫はたくさんいます。

[3]では、こん虫は、どんなときでもてきから身を守ることができるのでしょうか。

2 ゴマダラチョウのよう虫は、何を食べて育ちますか。

（　　　　）

3 秋になると、ゴマダラチョウの体の色は、どうなりますか。合うほうに○をつけましょう。

エノキの葉が黄色くなるのに合わせて、体の色がだんだん｛ア（　）緑色　イ（　）黄色｝にかわっていく。

4 よく出る●「問い」の文が書かれているだんらくの番号を書きましょう。

□

5 よく出る●「てきから身を守る」とありますが、こん虫の「てき」とは何ですか。

こん虫を食べる□や□□□など。

言葉の意味プラス
17行 トカゲ…細長い体で、四本の小さな足としっぽを持つ小動物のこと。
22行 活動…元気に動くこと。　24行 ～かぎり…～のときだけは。～の間だけは。

4 こん虫を食べる鳥やトカゲなどが色を見分ける力は、人間と同じくらいです。ですから、こん虫のほご色は、人間の目をだますのと同じくらいに、これらのてきの目をだまして身をかくすのにやく立っていると考えられます。

5 こん虫をかんさつしてみると、一日のうちの決まった時間だけ活動し、ほかの時間はじっと休んでいます。多くのこん虫は、この長い時間休む場所の色に、にた色をしています。じっとしているかぎり、ほご色は、身をかくすのにやく立ちます。

〈矢島(やじま) 稔(みのる)「自然(しぜん)のかくし絵」による〉

1 **よく出る** ゴマダラチョウのよう虫は、どんなこん虫ですか。一つに○をつけましょう。

ア（　）自分の体の色がほご色になるような場所をえらんですむこん虫。

イ（　）まわりの色がへんかするにつれて、体の色がかわっていくこん虫。

ウ（　）じっとしていると、えだにのこったかれ葉に見えるこん虫。

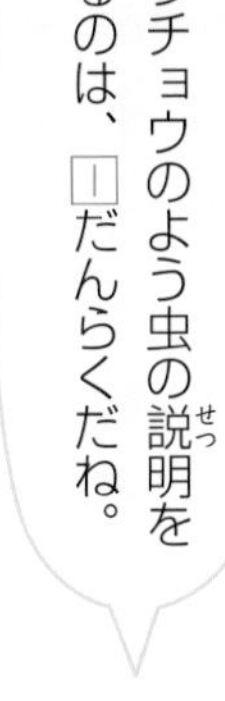

ゴマダラチョウのよう虫の説明(せつめい)をしているのは、1だんらくだね。

6 「こん虫を食べる鳥やトカゲなどが色を見分ける力」は、何と同じくらいですか。

（　　　　）がこん虫の色を見分ける力。

7 こん虫のほご色は、どんなことにやく立っていると考えられますか。（　）に合う言葉を、[　]からえらんで書きましょう。

人間の目はこん虫のほご色にだまされるけれど、てきの目はどうかな？

こん虫を食べるてきが、（　　　　）を見分ける力は、人間と同じくらいなので、人間の目をだますのと同じくらいに、てきの目をだまして（　　　　）のにやく立っていると考えられる。

[こん虫　色　てき　身をかくす　にげる]

8 こん虫の説明(せつめい)として合うものには○、合わないものには×をつけましょう。

ア（　）一日のうち、決まった時間だけ活動する。

イ（　）活動時間のほかは、じっと休んでいる。

ウ（　）活動する場所の色ににた色をしている。

エ（　）じっとしていないときでも、ほご色は身をかくす。

ものしりメモ トカゲは、てきにおそわれたとき、自分で自分のしっぽを切りおとすんだ。切れたしっぽは、しばらく動くようになっていて、てきがびっくりしているすきに、さっとにげるんだよ。

まとめのテスト 自然のかくし絵

教科書 上42～52ページ　答え 5ページ

時間 20分

とく点 /100点

おわったら シールを はろう

勉強した日 月 日

✿ つぎの文しょうを読んで、問題に答えましょう。

1 こん虫は、ほご色によって、どのようにてきから身をかくしているのでしょうか。

2 たとえば、コノハチョウの羽は、表はあざやかな青とオレンジ色ですが、うらは、かれ葉のような色をしています。それに、羽をとじたときの形も木の葉そっくりです。そのため、木のえだに止まっていると、えだにのこったかれ葉と見分けがつきません。

3 また、トノサマバッタは、自分の体の色がほご色になるような場所をえらんですんでいるようです。トノサマバッタには、緑色のものとかっ色のものがいます。野外で調べてみると、緑色の草むらにいるのは、ほとんどが緑色のバッタで、かっ色のかれ草やおち葉の上にいるのは、ほとんどがかっ色のバッタです。

4 さらに、まわりの色がへんかするにつれて、体の色がかわっていくこん虫もいます。ゴマダラチョウのよう虫は、エノキの葉を食べて育ちます。秋になり、エノキの

1 よく出る● つぎの説明に合うこん虫はどれですか。[　]からえらんで、記号で答えましょう。 一つ10〔30点〕

① 自分の体の色がほご色になるような場所をえらんですむ。（　）

② まわりの色に合わせて、体の色をかえる。（　）

③ じっとしていると、えだにのこったかれ葉に見える。（　）

ア トノサマバッタ
イ クワガタムシ
ウ ゴマダラチョウのよう虫
エ コノハチョウ

2 6・7・8のだんらくで、「問い」が書かれているのはどのだんらくですか。だんらくの番号を書きましょう。〔10点〕

言葉の意味プラス　3行 あざやか…色がはっきりしている様子。

葉が黄色くなるにつれて、この虫の体の色も、だんだん黄色にかわっていきます。

5 このほかにも、ほご色によって上手に身をかくして、てきから身を守っているこん虫はたくさんいます。

6 では、こん虫は、どんなときでもてきから身を守ることができるのでしょうか。

7 こん虫を食べる鳥やトカゲなどが色を見分ける力は、人間と同じくらいです。ですから、こん虫のほご色は、人間の目をだますのと同じくらいに、これらのてきの目をだまして身をかくすのにやく立っていると考えられます。

8 こん虫をかんさつしてみると、一日のうちの決まった時間だけ活動し、ほかの時間はじっと休んでいます。多くのこん虫は、この長い時間休む場所の色に、にた色をしています。じっとしているかぎり、ほご色は、身をかくすのにやく立ちます。

〈矢島稔「自然のかくし絵」による〉

3 「これらのてき」とは何ですか。〔15点〕

（　　　　）

チャレンジ!

4 ほご色は、どんなことにやく立っていると考えられますか。〔10点〕

てきの目をだまして（　　　　）のにやく立っている。

5 こん虫をかんさつして、どんなことが分かりましたか。一つ5〔15点〕

● 一日のうちの（　　　　）時間だけ活動し、ほかの時間は（　　　　）いること。

● 体の色は、長い時間（　　　　）の色に、にているものが多いこと。

書いてみよう!

6 こん虫が、ほご色によっててきから身を守ることができるのは、どんなときですか。〔20点〕

（　　　　）

ものしりメモ

トノサマバッタに「トノサマ」とつくのは、日本でいちばん大きくて、りっぱに見えるバッタだから。小さいこん虫の場合は、「ヒメカマキリ」のように「ヒメ」がつくことがあるよ。

きほんのワーク

漢字を使おう2／じょうほうのとびら　全体と中心
「わたし」の説明文を書こう

教科書 上53～61ページ

答え 5ページ

勉強した日　月　日

もくひょう
- つたえたいことの中心を決めて、文章を書く方法を知ろう。
- 二年生で習った漢字のおさらいをしよう。

おわったらシールをはろう

漢字練習ノート7～8ページ

新しい漢字

教科書ページ	漢字	読み	画数
53	都	ト／ツ／みやこ	11画
53	氷	ヒョウ／こおり	5画
53	泳	エイ／およぐ	8画
53	有	ユウ／ある	6画
53	返	ヘン／かえす	7画
53	遊	ユウ／あそぶ	12画
53	開	カイ／ひらく／あく	12画
54	全	ゼン／すべて／まったく	6画
57	始	シ／はじめる	8画
57	係	ケイ／かかる／かかり	9画
57	世	セイ／セ／よ	5画
57	終	シュウ／おわる	11画
58	苦	ク／くるしい／くるしむ／にがい／にがる	8画
58	族	ゾク	11画
59	章	ショウ	11画

◀筆じゅん　練習しましょう。

1 漢字の読み

読みがなを横に書きましょう。

○新しい漢字　●読みかえの漢字　◆とくべつな読み方

1. 水の○都
2. ○氷●山
3. 自ゆう●形
4. ○泳ぐ
5. ○有名
6. ○返事
7. ○遊ぶ
8. 戸が○開く
9. 最（さい）●高
10. ●明らか
11. ○全●力
12. ○始め
13. ○世話
14. ○終わり
15. 参（さん）●考
16. ○苦手

2 漢字の書き　漢字を書きましょう。

❶ 生き物□（ががり）になる。

❷ □□（にがて）な教科。

❸ □□（かぞく）とすごす。

❹ □□（ぶんしょう）を書く。

❶は三画目の「丿」をわすれないようにしよう。

3 二年生の漢字　漢字を書きましょう。

❶ □（あたら）しいびじゅつ館。

❷ □□（こうえん）で遊ぶ。

4 ☆じょうほうのとびら　全体と中心

よく出る● つぎの❶・❷のようなとき、何をつたえるとよいですか。一つに○をつけましょう。

❶ 遠足のおやつとしてバナナを持っていこうと言いたいとき。

ア（　）黄色い色をしている。

イ（　）かんたんに持ちはこべる。

ウ（　）あつい国で育てられている。

❷ お店の人になったつもりで、バナナを売りたいとき。

ア（　）一年中売っているので、いつでも買える。

イ（　）かわをむくので、ごみが出る。

ウ（　）やわらかく、あまくておいしい。

5 ☆「わたし」の説明文を書こう

よく出る● つぎは、木村さんが書いた組み立てメモの一部です。これを読んで、（　）に合う言葉を、□からえらんで書きましょう。

始め	・わたしは、「全力で取り組む人」だ。
中	・二年生のときの配り係。プリントやノートを毎日きちんと配った。 ・三年生では、生き物係。クラスでかっている金魚の世話を毎日している。 ・ときどき、まわりが見えていないと言われる。

〈「『わたし』の説明文を書こう」による〉

❶ 「始め」には、つたえたいことの（　　）を書いている。

❷ 「中」では、「始め」で書いたことが分かりやすくつたわるよう、出来事を（　　）説明している。

一部　中心　くわしく

ものしりメモ　考えたいことを紙の中心に書き、かんれんした言葉を書き出して線でつないでいくやり方を「マッピング」や「コンセプトマップ」というよ。考えを広げていくときに使うよ。

きほんのワーク

漢字の表す意味

教科書 ㊤62〜63ページ

答え 5ページ

勉強した日　月　日

もくひょう
● 漢字の表す意味を考え、正しく使えるようになろう。

おわったら シールを はろう

漢字練習ノート9ページ

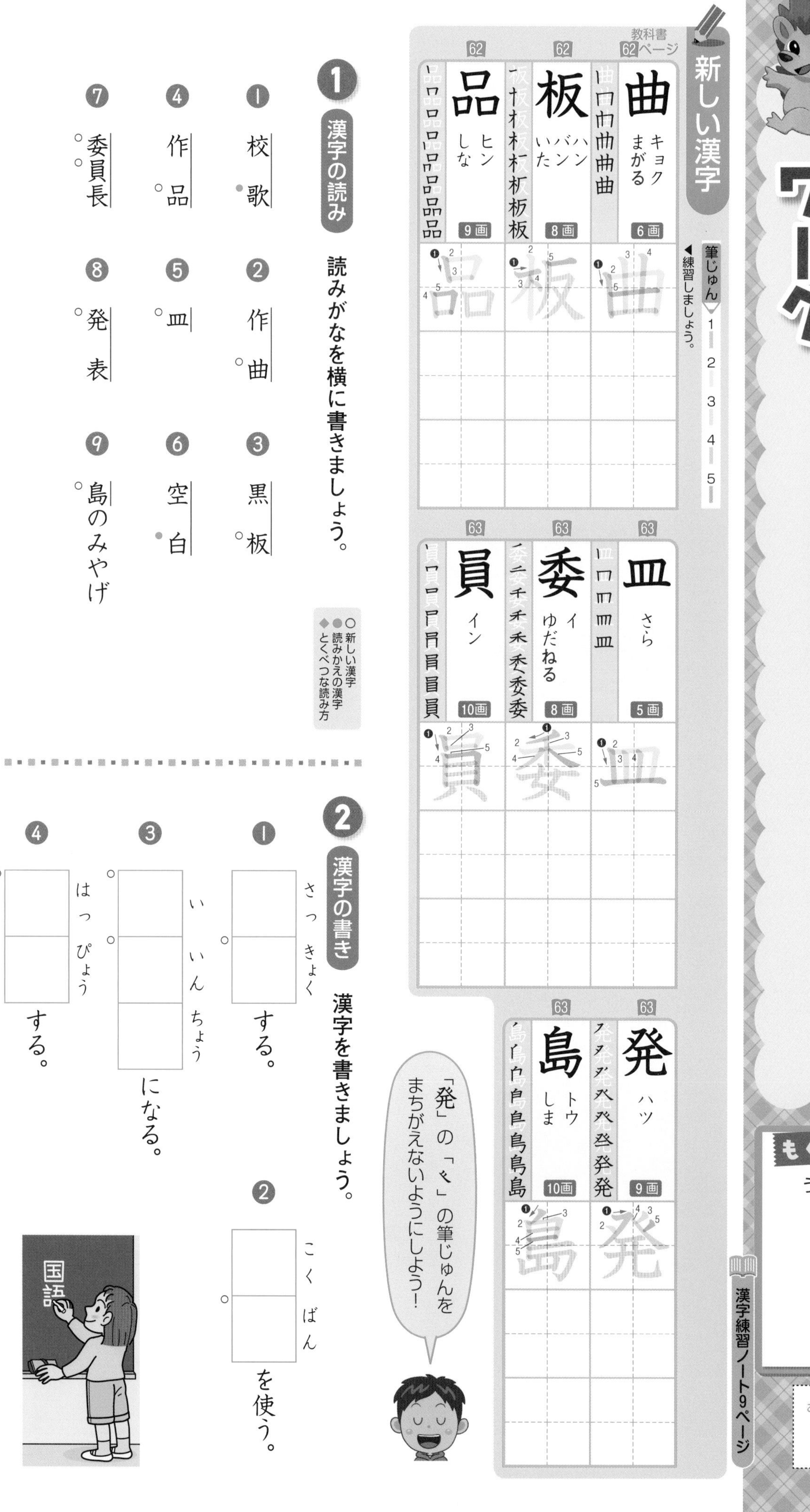

新しい漢字

教科書ページ

62 曲 キョク まがる 6画
62 板 ハン バン いた 8画
62 品 ヒン しな 9画
63 皿 さら 5画
63 委 イ ゆだねる 8画
63 員 イン 10画
63 発 ハツ 9画
63 島 トウ しま 10画

筆じゅん 1 2 3 4 5
◀練習しましょう。

「発」の「癶」の筆じゅんをまちがえないようにしよう！

1 漢字の読み　読みがなを横に書きましょう。

○新しい漢字　●読みかえの漢字　◆とくべつな読み方

❶ 校歌　❷ 作曲　❸ 黒板
❹ 作品　❺ 皿　❻ 空白
❼ 委員長　❽ 発表　❾ 島のみやげ

2 漢字の書き　漢字を書きましょう。

❶ □□（さっきょく）する。
❷ □□（こくばん）を使う。
❸ □□□（いいんちょう）になる。
❹ □□（はっぴょう）する。

3 同じところやちがうところに気をつけて、漢字を書きましょう。

(1)
❶ □（はしら）を立てる。
❷ □（じゅう）所を書く。

(2)
❶ ルールを□（き）める。
❷ プールで□（およ）ぐ。

4 つぎの――の漢字は、どんな意味で使われていますか。下からえらんで、・――・でむすびましょう。

(1)
❶ 図表・　・ア 物の外がわ。
❷ 発表・　・イ 物事をせい理して表したもの。
❸ 表紙・　・ウ 考えを表に出す。

(2)
❶ 人家・　・ア 親子や兄弟しまい。
❷ 一家・　・イ それを仕事にする人。
❸ 画家・　・ウ 人が住むたて物。

(3)
❶ 会話・　・ア 数えること。
❷ 会社・　・イ 顔を合わせること。
❸ 会計・　・ウ 人のあつまり。

言葉の意味を手がかりにして考えよう。

5 よく出る ――の漢字の意味がほかとちがうものを一つえらんで、○をつけましょう。

❶
ア（　）題名
イ（　）問題
ウ（　）宿（しゅく）題

❷
ア（　）番犬（けん）
イ（　）当番
ウ（　）番人

❸
ア（　）正面
イ（　）方面
ウ（　）画面

❹
ア（　）本物
イ（　）絵本
ウ（　）本気

6 ――の漢字が❶～❸の意味で使われているものを□から二つずつえらんで、記号で答えましょう。

❶ なまえ。（　）（　）
❷ すぐれている。（　）（　）
❸ 人を数える言葉。（　）（　）

ア 名作と言われる絵を見る。
イ 書名をたしかめて本を買う。
ウ 六名がさんせいした。
エ ぼくの兄はけん玉の名人だ。
オ 手をあげた人が数名いた。
カ 地名の由（ゆ）来を調べる。

ものしりメモ　人を数える言葉には、「名」のほかに「人」もあるね。「名」は、「人」よりもあらたまった場面で使われることが多いよ。場面に合わせて使い分けよう。

きほんのワーク

ワニのおじいさんのたから物

教科書 上64〜76ページ　答え 6ページ

勉強した日　月　日

もくひょう
●登場人物の言葉や行動から、せいかくを考えよう。
●場面ごとに出来事をおさえ、物語のあらすじをつかもう。

おわったらシールをはろう

漢字練習ノート10ページ

新しい漢字

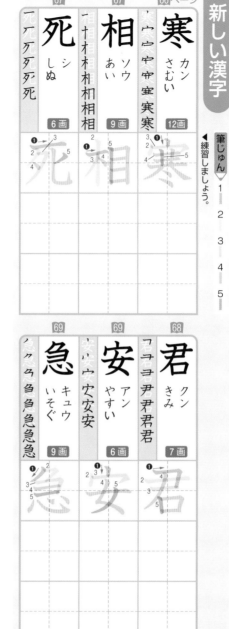

教科書66ページ

筆じゅん　1 2 3 4 5　◀練習しましょう。

教科書ページ	漢字	読み	画数	筆じゅん
66	寒	カン　さむい	12画	寒宀宀宀宇宙宙実実寒
67	相	ソウ　あい	9画	相一十木木相相相相
67	死	シ　しぬ	6画	死一ア歹歹死
68	君	クン　きみ	7画	君フヨ尹尹君君
69	安	アン　やすい	6画	安丶宀宀安安
69	急	キュウ　いそぐ	9画	急ノク刍刍刍急急急
71	橋	キョウ　はし	16画	橋木杧杧桥橋橋橋
74	登	トウ　ト　のぼる	12画	登フヌ癶癶癶登登

1 漢字の読み　読みがなを横に書きましょう。

○新しい漢字
●読みかえの漢字
◆とくべつな読み方

①外が寒い
②相当
③死ぬ
④君の名前
⑤安心
⑥急な道
⑦記す
⑧つり橋
⑨登場人物
⑩行動

3 言葉の意味　○をつけましょう。

①（67ページ）しげしげとながめる。
ア（　）細かい点までよく見ようと。
イ（　）どきどきしながら。
ウ（　）しげった葉の間から。

②（68）つぶやきながら目を開ける。

2 漢字の書き

漢字を書きましょう。

① 夕べは［さむ］かった。

② ［きゅう］にかけ出す。

③ 物語にねこが［とう］［じょう］する。

③の「とう」は筆じゅんにちゅう意しよう。

ないようをつかもう！

ワニのおじいさんのたから物

教科書 66～72ページ

★（　）に合う言葉を［　］からえらんで、記号で答えましょう。

① ある天気のいい日、おにの子は（　）に出会う。動かないワニを見て死んだんだ、と思う。

② （　）が、ワニの体のまわりに大きな葉っぱをつみ上げる。すると、ワニが目を開け、長いたびでつかれて、ねむっていたと言う。

③ （　）は、（　）にたから物をあげようと言い、せなかのしわ地図を見せる。

④ （　）は、道にまよいそうになりながら、やっと地図の×(ばつ)じるしの場所にたどりつく。そこには、口で言えないほどうつくしい夕やけが広がっていた。

ア　おにの子
イ　ワニのおじいさん

心のやさしいおにの子と、百三十さいくらいのワニのおじいさんとのお話だよ。

ア（　）言葉をえらびながら。
イ（　）小さな声で言いながら。
ウ（　）大きな声で言いながら。

③ 69 すっかりつかれる。
ア（　）ずっと長い間。
イ（　）いきおいよく。
ウ（　）完全(かん)に。

④ 70 まじまじと顔を見る。
ア（　）目と目を合わせる様子。
イ（　）じっと見つめる様子。
ウ（　）まじめな様子。

⑤ 70 心おきなく遠くへ行ける。
ア（　）心配しないで。
イ（　）もうしわけない気持ちで。
ウ（　）気がかりなまま。

⑥ 72 思わず、ぼうしを取る。
ア（　）考えをかえて。
イ（　）心にかたく決めて。
ウ（　）何も考えないで。

ものしりメモ　ワニのオス・メスは、たまごがかえるときのおんどによって決まるよ。ミシシッピーワニのじっけんでは、33.5どだと全てオス、30どだと全てメスになったそうだよ。

物語をみじかくまとめてしょうかいしよう

練習のワーク①

ワニのおじいさんのたから物

教科書 上64～76ページ　答え 6ページ

勉強した日　月　日

できるナビ
●だれが、いつ、何をしたのかを読み取ろう。
●おにの子がどんな人物かを、行動や会話から読み取ろう。

おわったらシールをはろう

✤ つぎの文章を読んで、問題に答えましょう。

やっぱり、ワニはぴくりとも動きません。

死んだんだ――と、おにの子は思いました。

おにの子は、そのあたりの野山を歩いて、地面におちているホオノキの大きな葉っぱをひろっては、ワニの所にはこび、体のまわりにつみ上げていきました。

朝だったのが昼になり、やがて夕方近くなって、ワニの体は、半分ほどホオノキの葉っぱでうまりました。すると、

「ああ、いい気持ちだ。」

と、ワニはつぶやきながら目を開けたのです。

1 おにの子は、なぜ、ホオノキの葉っぱを、ワニの体のまわりにつみ上げていったのですか。

ワニが□□□と思ったから。

2 おにの子は、いつからいつまでホオノキの葉っぱをワニの体のまわりにつみ上げましたか。

（　　）から（　　）まで。

3 「君かい、葉っぱをこんなにたくさんかけてくれたのは。」と言ったとき、ワニはどんな気持ちでしたか。一つに○をつけましょう。

すぐ前で、ワニは「ああ、いい気持ちだ。」と言っているよ。

ア（　）この子は、かわいそうな子どもだなあ。
イ（　）この子は、よけいなことをする子どもだなあ。
ウ（　）この子は、とても親切な子どもだなあ。

4 よく出る● 「死んでおいでかと思ったのです。」とありますが、この言葉づかいから、おにの子のどんなたいどが分かりますか。一つに○をつけましょう。

言葉の意味プラス　6行 ホオノキ…秋・冬になると葉のおちる木のひとつ。葉の大きさは30センチメートルにもなり、みそやおにぎりをつつむのに使われる。　23行 ずいぶん…とても。かなり。

「君かい、葉っぱをこんなにたくさんかけてくれたのは。」

「ぼくは、あなたがじっとして動かないから、死んでおいでかと思ったのです。」

「遠い所から、長い長いたびをしてきたものだから、すっかりつかれてしまってね、もうここまで来れば安心だと思ったら、急にねむくなってしまってさ。ずいぶん何時間もねむっていたらしいな。ゆめを九つも見たんだから。」

そう言うと、ワニは、むああっと長い口をいっぱいに開けて、あくびをしました。

「あの、ワニのおじいさん？　それとも、おばあさんですか？」

「わしは、おじいさんだよ。」

「ワニのおじいさんは、どうして、長い長いたびをして、ここまでおいでになったのですか？」

「わしをころして、わしのたから物を取ろうとするやつがいるのでね、にげてきたってわけさ。」

おにの子は、たから物というものが、どんなものなのだか知りません。たから物という言葉さえ知りません。

〈川崎洋「ワニのおじいさんのたから物」による〉

ア（　）ふざけてからかうたいど。
イ（　）とてもていねいなたいど。
ウ（　）つめたくしつれいなたいど。

5 ワニが長い間ねむっていたのは、なぜですか。

長い長い（　　　）をしてきて、
すっかり（　　　）しまい、ここまで来れば
（　　　）だと思ったから。

6 ワニが遠い所からここまでやってきたのは、なぜですか。

自分をころして、（　　　）を取ろうと
するやつから（　　　）きたから。

7 よく出る　おにの子は、どんな人物ですか。一つに○をつけましょう。

ア（　）やさしくて、思いやりがある。
イ（　）わんぱくで、気が強い。
ウ（　）気まぐれで、いいかげん。

おにの子は、はじめて会ったワニのおじいさんのために、葉っぱをつみ上げてあげたね。

ものしりメモ　ワニはもともと日本にはいない動物だよ。でもむかしの日本の物語には、「わに」が出てくるものがあるんだ。むかしの日本では、サメのことを「わに」とよんでいたんだよ。

練習のワーク②

ワニのおじいさんのたから物

教科書 ㊤64～76ページ

答え 6ページ

できるナビ
●おにの子がたから物のかくし場所にたどりつくまでの場面と、たどりついてからの気持ちを読み取ろう。

勉強した日　月　日

おわったらシールをはろう

つぎの文章を読んで、問題に答えましょう。

「君に、わしのたから物をあげよう。うん、そうしよう。これで、わしも、心おきなくあの世へ行ける。」

ワニのおじいさんのせなかのしわが、じつは、たから物のかくし場所を記した地図になっていたのです。

ワニのおじいさんに言われて、おにの子は、おじいさんのせなかのしわ地図を、しわのない紙にかきうつしました。

「では、行っておいで。わしは、この葉っぱのふとんでもうひとねむりする。たから物ってどういうものか、君の目でたしかめるといい。」

そう言って、ワニのおじいさんは目をつぶりました。

おにの子は、地図を見ながら、とうげをこえ、けもの道を横切り、つり橋をわたり、谷川にそって上り、岩あなをくぐりぬけ、森の中

2 「せなかのしわ地図」の説明として合うもの一つに○をつけましょう。

ア（　）せなかの上にのったはっぱが、たから物がどういうものかを記している。

イ（　）せなかのしわが、たから物のかくし場所を記している。

ウ（　）しわのある紙に、あの世へ行くための近道が書いてある。

「じつは」の前後に「せなかのしわ地図」の説明があるよ。

3 「地図の×じるしの場所」について答えましょう。

(1) おにの子は、その場所へどのように行きましたか。

地図を見ながら、（　　）をこえたり、（　　）をわたったり、森の中で何ども道に（　　）そうになりながら、ようやくたどりついた。

言葉の意味プラス
2行 あの世…死んでから行くといわれている世かい。　14行 とうげ…山を登りきって、そこから下りになるところ。　15行 谷川…山と山の間の、ひくくくぼんだ谷の中を流れる川。

で何ども道にまよいそうになりながら、やっと地図の×（ばつ）じるしの場所へたどりつきました。

そこは、切り立つようながけの上の岩場でした。

そこに立ったとき、おにの子は目を丸くしました。口で言えないほどうつくしい夕やけが、いっぱいに広がっていたのです。

思わず、おにの子はぼうしを取りました。

これがたから物なのだ――と、おにの子はうなずきました。

ここは、世かい中でいちばんすてきな夕やけが見られる場所なんだ――と思いました。

〈川崎（かわさき）洋（ひろし）「ワニのおじいさんのたから物」による〉

1 よく出る 「君に、わしのたから物をあげよう。」とありますが、このときのワニのおじいさんは、どんな気持ちでしたか。一つに○をつけましょう。

「葉っぱのふとん」（8行目）は、おにの子がつみ上げた葉っぱのことだね。ワニはおにの子をどんな子と思っていたかな。

ア（　）葉っぱを山のようにつみ上げるなんて、いたずらっ子だな。少したいへんな思いをさせてみよう。

イ（　）この子は、自分のいのちにかえて、わしをすくってくれた子だ。たから物でおれいをしよう。

ウ（　）この子は、気持ちのやさしい、じゅんすいな子だな。よし、この子にたから物をゆずろう。

(2) その場所は、どんな場所でしたか。

□□□□ようながけの上の□□。

4 よく出る 「おにの子は目を丸くしました。」とありますが、なぜ目を丸くしたのですか。一つに○をつけましょう。

ア（　）がけの上の岩場があまりに高すぎて、こわかったから。

イ（　）がけの上の岩場から見た夕やけが、今までに見たことがないほどきれいだったから。

ウ（　）がけの上の岩場の足もとがでこぼこで、ころびそうになったから。

5 おにの子は、たどりついた場所のことを、どんな場所だと思いましたか。

ワニのおじいさんの□□□□で、世かい中でいちばん□□□□□□が見られる場所。

ものしりメモ　こだいエジプトをはじめ、インドやアフリカでは、ワニはせいなる動物とされ、そせんや神（かみ）様の生まれかわりであるとしんじられていたよ。

まとめのテスト

ワニのおじいさんのたから物

教科書 ㊤64〜76ページ
答え 7ページ
時間 20分
とく点 /100点
おわったらシールをはろう
勉強した日 月 日

つぎの文章を読んで、問題に答えましょう。

「君に、わしのたから物をあげよう。うん、そうしよう。これで、わしも、心おきなくあの世へ行ける。」

ワニのおじいさんのせなかのしわが、じつは、たから物のかくし場所を記した地図になっていたのです。

ワニのおじいさんに言われて、おにの子は、おじいさんのせなかのしわ地図を、しわのない紙にかきうつしました。

「では、行っておいで。わしは、この葉っぱのふとんでもうひとねむりする。たから物ってどういうものか、君の目でたしかめるといい。」

そう言って、ワニのおじいさんは目をつぶりました。

おにの子は、地図を見ながら、とうげをこえ、けもの道を横切り、つり橋をわたり、谷川にそって上り、岩あなをくぐりぬけ、森の中で何ども道にまよいそうになりながら、やっと地図の×（ばつ）じるしの場所へたどりつきました。

1 「心おきなくあの世へ行ける。」とありますが、ワニのおじいさんは、なぜそう言ったのですか。一つに○をつけましょう。〔10点〕

ア（　）すきなだけねむれるようになったから。
イ（　）たから物をあげる人が見つかったから。
ウ（　）たから物の地図をすててもよくなったから。

2 たから物のかくし場所の地図を、おにの子はどうやって手に入れましたか。一つ5〔15点〕

ワニのおじいさんのせなかの（　　）が、じつは、（　　）のかくし場所を記した地図になっていたので、それを、しわのない（　　）にかきうつして手に入れた。

3 おにの子が、たから物のある場所にたどりつくまでの道のりは、どんなものでしたか。一つに○をつけましょう。

言葉の意味プラス
13行 岩あな…岩にできたあな。　14行 くぐりぬける…物の下やすき間などを通りぬける。
17行 切り立つ…岩などが、切ったようにするどく立っている。

そこは、切り立つようながけの上の岩場でした。

そこに立ったとき、おにの子は目を丸くしました。口で言えないほどうつくしい夕やけが、いっぱいに広がっていたのです。

思わず、おにの子はぼうしを取りました。

これがたから物なのだ――と、おにの子はうなずきました。

ここは、世かい中でいちばんすてきな夕やけが見られる場所なんだ――と思いました。

その立っている足もとに、たから物を入れたはこがうまっているのを、おにの子は知りません。

おにの子は、いつまでも夕やけを見ていました。

〈川崎（かわさき）洋（ひろし）「ワニのおじいさんのたから物」による〉

ア（　）いろいろと苦ろうの多い、長い道のり。

イ（　）あっという間に行ける、らくな道のり。

ウ（　）と中におもしろいものがある道のり。

〔10点〕

4 よく出る● 「思わず、おにの子はぼうしを取りました。」とありますが、なぜ、ぼうしを取ったのですか。一つに○をつけましょう
〔15点〕
ア（　）光が強すぎて、顔にあせをかいたから。
イ（　）夕やけのうつくしさに心のそこから感動したから。
ウ（　）夕やけが本当のたから物ではないと気づいたから。

5 チャレンジ! がけの上の岩場で、おにの子が見つけたたから物は何ですか。二通りの言い方で書きましょう。
一つ15〔30点〕

6 書いてみよう! 「おにの子は知りません」とありますが、どんなことを知らないのですか。
〔20点〕

ものしりメモ　いろいろなしゅるいのワニがいるけれど、東南アジアやオーストラリアにすむイリエワニは、大きいものだと、体長が6メートル、体重も1トンをこえるそうだよ。

きほんのワーク

漢字を使おう3
言葉相だん室　人物やものの様子を表す言葉
心が動いたことを詩で表そう

教科書 上77〜83ページ
答え 7ページ

もくひょう
●様子を表す言葉の、意味のちがいを考えよう。
●気づいたことや感じたことの表し方を学ぼう。

勉強した日　月　日

おわったらシールをはろう

漢字練習ノート11〜12ページ

新しい漢字

教科書ページ

筆じゅん　1 2 3 4 5　◀練習しましょう。

教科書ページ	漢字	読み	画数	筆じゅん
77	血	ケツ　ち	6画	血血血血血血
77	申	もうす	5画	申申申申申
77	由	ユ　ユウ	5画	由由由由由
78	想	ソウ	13画	想想想想想想想
80	詩	シ	13画	詩詩詩詩詩詩詩
82	集	シュウ　あつめる	12画	集集集集集集集

1 漢字の読み　読みがなを横に書きましょう。

○新しい漢字
●読みかえの漢字
◆とくべつな読み方

1 金物
2 申す
3 由来
4 野鳥
5 想ぞう
6 詩を作る
7 出発
8 集める

2 漢字の書き　漢字を書きましょう。

1 □(ち)が止まる。
2 意見を□(もう)しあげる。
3 名前の□□(ゆらい)。

3 二年生の漢字　漢字を書きましょう。

1 □(なつ)になる。
2 □(うみ)で泳ぐ。
3 明るい□(ひる)。
4 くらい□(よる)。
5 □(いわ)かげで休む。
6 □□(むぎちゃ)をのむ。

「申」と「由」は、形がにているのでちゅう意しよう。

言葉相だん室　人物やものの様子を表す言葉

4 つぎの言葉を・――・でむすんで文を作りましょう。

❶ 遠足が楽しくて　・　　・とぼとぼ歩く。

❷ 時間におくれそうで　・　　・すたすた歩く。

❸ かなしいことがあって　・　　・うきうき歩く。

「すたすた」は、急いでいる様子を表す言葉だね。

5 （　）に合う言葉を、［　］からえらんで書きましょう。

❶ 夜空に星が（　　）かがやく。

❷ 真夏（まなつ）のたいようが（　　）てりつける。

❸ さくらの花びらが（　　）ちる。

❹ 大つぶのひょうが（　　）ふってくる。

［ぎらぎら　きらきら　ばらばら　はらはら］

心が動いたことを詩で表そう

6 つぎは小学生が書いた詩の一部と、詩の表現（ひょうげん）のくふうをせい理したメモです。メモの❶〜❸に合う言葉を［　］からえらんで、記号で答えましょう（記号は一回しか使えません）。

なぜ　鳴くの

藤田（ふじた）　壮志（そうし）

ミンミンミンミンなぜ鳴くの
こんな早くなぜ鳴くの
目ざまし時計になりたいの
ミンミンミンミンなぜ鳴くの
こんな早くなぜ鳴くの
家出る時間を知らせたい
朝日がのぼって出発だ
……

〈「心が動いたことを詩で表そう」による〉

<メモ>○言葉のくふう
・「ミンミンミンミン」→（❶）言葉を使っている。
・「目ざまし時計」→にているものに（❷）いる。
・「なぜ鳴くの」「こんな早くなぜ鳴くの」
　→同じ言葉や文を（❸）いる。

［ア　たとえて　イ　くり返して　ウ　音や様子を表す］

❶（　　）　❷（　　）　❸（　　）

7 心の動きを詩で表すには、どうするとよいですか。一つに○をつけましょう。

ア（　）自分が考えたことをじゅんじょ立てて説明（せつめい）する。

イ（　）自分が感じたことにいちばん合う言葉を考える。

ウ（　）自分が感じたことをなるべく長い文章にする。

ものしりメモ　人物やものの様子を表す「てきぱき」「ぽかぽか」などの言葉や、音や声などをまねた「ザーザー」「ワンワン」などの言葉は、「オノマトペ」ともいうよ。

きほんのワーク

ローマ字①

教科書 上84〜89ページ

答え 8ページ

もくひょう
●ローマ字の書き方や決まりをおぼえよう。

勉強した日 月 日

おわったらシールをはろう

1 つぎのローマ字をなぞって、それぞれの行につく文字の形をおぼえましょう。

あ Aa　い Ii　う Uu　え Ee　お Oo

「か」の行 Kk　「さ」の行 Ss　「た」の行 Tt

「な」の行 Nn　「は」の行 Hh　「ま」の行 Mm

「や」の行 Yy　「ら」の行 Rr　「わ」の行 Ww

「が」の行 Gg　「ざ」の行 Zz　「だ」の行 Dd

「ば」の行 Bb　「ぱ」の行 Pp

＊ち(chi)などにつく字 Cc　＊ふ(fu)などにつく字 Ff　＊じ(ji)などにつく字 Jj

＊「ち」は（ti）、「ふ」は（hu）、「じ」は（zi）とも書き表します。

2 つぎのローマ字の読み方を、ひらがなで書きましょう。

❶ ame（　　）　❷ nezumi（　　）

❸ otôsan（　　）　❹ syasin（　　）

❺ nikki（　　）　❻ kin'iro（　　）

3 つぎのローマ字の書き方が正しいほうに、○をつけましょう。

❶は北海道（ほっかいどう）（＝地名）、❷はやまだたろう（＝人の名前）だよ。

❶ ア（　）Hokkaidô
　イ（　）hokkaidô

❷ ア（　）yamada tarô
　イ（　）Yamada Tarô

4 つぎの言葉を、ローマ字で書きましょう。

❶ めがね

❷ お母さん

❸ きっぷ

❹ 旅行

❺ 本や

❻ びょういん

❼ 金曜日

❽ 小学校

❾ きむら まゆ

❿ 東京

5 つぎの言葉を、二つの書き方で書きましょう。

❶「ふ」❷「し」❸「ちゃ」の書き方にちゅう意！

❶ ふね

❷ すし

❸ ちゃわん

ものしりメモ ローマ字は、はじめ「日本式ローマ字」と「ヘボン式ローマ字」の2しゅるいがあったよ。今は、その両方を合わせた形になっているよ。

書き手のくふうを考えよう

きほんのワーク

「給食(きゅう)だより」を読みくらべよう
きせつの足音——夏／三年生の本だな

教科書 上90〜105ページ

答え 8ページ

勉強した日 月 日

もくひょう
- 文章を読むときに気をつけることを学ぼう。
- 二つの文章を読みくらべるとき、どんな点に気をつけるか学習しよう。

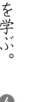

おわったらシールをはろう

漢字練習ノート12ページ

新しい漢字

教科書ページ

ページ	漢字	読み	画数
92	次	ジ・つぎ・つぐ	6画
94	暑	ショ・あつい	12画
95	業	ギョウ	13画
95	実	ジツ・み・みのる	8画
95	農	ノウ	13画
95	命	メイ・いのち	8画
97	写	シャ・うつす	5画

筆じゅん 1 2 3 4 5

◀練習しましょう。

1 漢字の読み　読みがなを横に書きましょう。

○新しい漢字　●読みかえの漢字　◆とくべつな読み方

1. ○次の人
2. ○暑い
3. ○作業
4. ○トマトの実
5. ●行う
6. ○農家
7. 一生けん○命
8. ○写しん

2 漢字の書き　漢字を書きましょう。

1. ○［あつ］い夏。
2. くりの○［み］をひろう。
3. ○［のう］○［ぎょう］を学ぶ。
4. けん○［めい］に練習する。

「給食だより」を読みくらべよう

3 文章を読むときに、気をつけることについてまとめました。次の文の（　）に合う言葉を、[　]からえらんで書きましょう。

❶ 書き手がいちばん（　　　）は何かを考えながら読む。

❷ 書き手がどんな（　　　）を取り上げているか、それらをどのように（　　　）いるかを考えながら読む。

図表や絵、写しんなどがある場合は、文章とのつながりを考えながら読もう。

組み合わせて	しょうりゃくして	内よう
つたえたいこと	知りたいこと	つながり

4 二つの文章を読みくらべるとき、どんなことを考えながら読むとよいですか。一つに○をつけましょう。

ア（　）自分がすきな文章はどちらかということ。

イ（　）おもしろいことが書いてあるかどうかということ。

ウ（　）同じところやちがうところはどこかということ。

三年生の本だな

5 次の文章を読んで、問題に答えましょう。

すきな本を何ども読みかえすのは、どこか知らない国へたびをして、そこにすんでいる人たちと友だちになり、かれらに会いたくなって、その後、何どもたずねていくのににています。友だちになったかれらは、いつも、そこにすんでいて、わたしたちが行くのをまっていてくれます。……

（茂市久美子「心の養分」による）

1 本を読むことを、何にたとえていますか。

知らない国へ（　　　）をすること。

2 「友だちになったかれら」とはだれのことですか。一つに○をつけましょう。

ア（　）実さいに、たび先で出会った人たち。

イ（　）自分の想ぞうでつくりあげた人たち。

ウ（　）本の中の世かいに登場する人たち。

3 「わたしたちが行くのをまっていてくれます」とありますが、どういうことですか。合うほうに○をつけましょう。

わたしたちが｛ア（　）夢を見る／イ（　）本を読む｝のをまっているということ。

ものしりメモ 次に何の本を読もうかとまようときは、すきな本の作者や筆者が書いたほかの本をさがしたり、すきな動物や食べ物が入っている表紙や題名にちゅう目したりするのもいいよ。

まとめのテスト

「給食だより」を読みくらべよう
きせつの足音——夏

教科書 上90〜105ページ　答え 9ページ　勉強した日 月 日

時間 20分　とく点 /100点　おわったらシールをはろう

1 『給食だより』を読みくらべよう」の「たより①」と「たより②」を読んで、問題に答えましょう。

教科書 94ページ1行（たより①）〜95ページ24行（たより②）

1 同じことが書かれているところをまとめました。（　）に合う言葉を[　]からえらんで、記号で答えましょう。 一つ7〔14点〕

● 「しっかりと野菜を食べよう」↓（❶　）が同じ。

● 「給食で出した野菜が毎日のこっています。……野菜を食べてほしいと思っています。」↓文章の始まりが同じ。

● 「しっかりと野菜を食べましょう。」↓文章の（❷　）が同じ。

ア 終わり　イ 中　ウ 題名　エ 図表や絵

チャレンジ！ **2** 1から、どんなことが分かりますか。合うほうに○をつけましょう。〔7点〕

2 夏の食べ物を表す言葉は、どれですか。五つに○をつけましょう。 一つ2〔10点〕

ア（　）すいか　イ（　）かつお
ウ（　）みかん　エ（　）ひややっこ
オ（　）きゅうり　カ（　）さんま
キ（　）にんじん　ク（　）かき氷

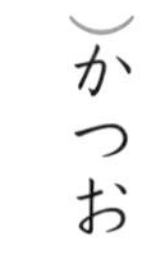

3 次の短歌（作者の感動をみじかい言葉で表した詩）の説明として、（　）に合う言葉を書きましょう。

「この味がいいね」と君が言ったから
七月六日はサラダ記念日

俵 万智

言葉の意味プラス 初鰹…４月ごろにいちばん早くとれるかつお。かつおは、初夏には初がつお、秋にはもどりがつおとして親しまれている。日本の近くでは、寒くなると、かつおは南下してとれなくなる。

二つの文章は｛ア（　）ちがうこと／イ（　）同じこと｝をつたえるために書かれた文章だということ。

3 よく出る● 二つの文章では、それぞれどんな内ようを取り上げていますか。二つずつえらんで、記号で答えましょう。　一つ8〔16点〕

たより①（　・　）　たより②（　・　）

ア 食品ロスの問題につながっていること。
イ 夏のつかれをふせぐ野菜の大切さ。
ウ 野菜を育てている人の苦ろうと思い。
エ 野菜にはたくさんのえいようがあること。

4 二つの文章の絵や写しんのくふうについて、（　）に合う言葉を書きましょう。　一つ8〔16点〕

たより① にっこりわらった野菜の絵と、ふきだしを入れることで、読み手が親しみを持ちやすく、野菜には（　　）があることがひと目で分かるようにくふうしている。

たより② 野菜を育てている人の写しんを入れることで、野菜には、農家のかたの（　　）がこめられていることが分かりやすくつたわるようにくふうしている。

七月六日に（　　）を作ったら、「君」が「（　　）」と言ってくれてうれしかった。だから、その日は「（　　）」ということにしよう。　一つ9〔27点〕

4 次の俳句（作者の感動をみじかい言葉で表した詩）から、夏を表す言葉を三つ書きましょう。（習っていない漢字は、ひらがなで書きましょう。）　〔全てできて10点〕

目には青葉山ほととぎす初鰹　山口　素堂

（　　）（　　）（　　）

ものしりメモ　俵万智さんがサラダ記念日の短歌をよむきっかけの出来事は、本当はサラダではなくて、カレー味のとりのからあげだったんだって。つたえたい思いに合った言葉をさがしたそうだよ。

詩を読もう

きほんのワーク

紙ひこうき
夕日がせなかをおしてくる

教科書 上108～111ページ
答え 9ページ

勉強した日　月　日

もくひょう
●詩に書かれている様子を読み取ろう。
●詩の言葉を味わい、作者(しゃ)がつたえたいことを考えよう。

漢字練習ノート13ページ

おわったらシールをはろう

1 漢字の読み 読みがなを横に書きましょう。

○新しい漢字
●読みかえの漢字
◆とくべつな読み方

1 ●太陽(よう)

2 言葉の意味 ○をつけましょう。

1 108ページ ヘリコプターがちゃくりりくする。
ア（　）ひこうきなどが、地上におりること。
イ（　）ひこうきなどが、とびたつこと。
ウ（　）ひこうきなどが、人をのせること。

2 109 体をゆする。
ア（　）ごしごしとこする。
イ（　）ゆらゆらと動かす。
ウ（　）くるくると回る。

1「ちゃくりく」は「りりく」とセットでおぼえよう。

3 次の詩を読んで、問題に答えましょう。

紙ひこうき

神沢(かんざわ) 利子(としこ)

ぼくの　とばした　紙ひこうき
すういと　とんで
くるりと　まわって
まつの木の　上に　ちゃくりりく
ぼくには　とどかない　たかい枝(えだ)
おうい、おりてこいよ
かぜが　枝を　ゆすっても
おちてこない　紙ひこうき
かあさんに　だかれて　ゆうらゆら
いいきもちで　いるみたい
うまれる　まえは
森の　木だった　紙……

1 「ぼく」のとばした紙ひこうきは、どうなりましたか。

❶ [　　　] ととんだ。

❷ [　　　] とまわった。

❸ [　　　　] の上にちゃくりくした。

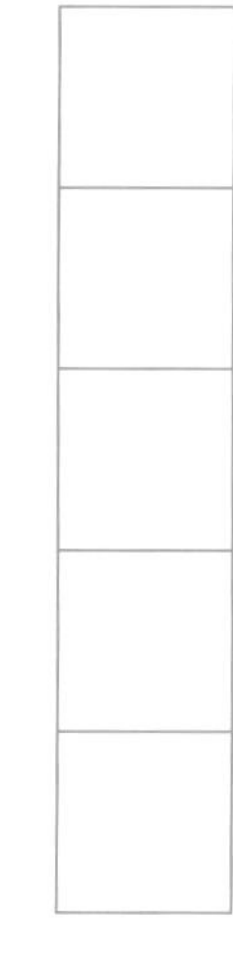

紙ひこうきがとぶ様子を表す
言葉にちゅう目しよう。

2 「ぼくには　とどかない　たかい枝」から、「ぼく」のどんな様子が分かりますか。一つに○をつけましょう。

ア（　）紙ひこうきを取りもどすためにどうすればいいか、思いついた様子。

イ（　）紙ひこうきが思っていたよりたかくとんで、まんぞくしている様子。

ウ（　）紙ひこうきを取りもどしたいけれど、どうすることもできない様子。

3 よく出る● 「おうい、おりてこいよ」は、だれがだれに言った言葉ですか。

下にいる人が上に向かって言った言葉だよ。

（　　　　）が（　　　　）に。

4 紙ひこうきが枝の上でゆられている様子を表す、詩の中の五字の言葉を書きましょう。

[　　　　　]

5 紙ひこうきが枝の上でゆられている様子を見て、「ぼく」はどのように思っていますか。

（　　　　）にだかれて、
（　　　　）でいるみたいだと思っている。

6 紙ひこうきが枝の上でゆられている様子を見た「ぼく」は、どんなことに気づきましたか。一つに○をつけましょう。

木と紙ひこうきの様子から、親子の
ようだと思ったんだね。

ア（　）紙ひこうきは、木の枝の形によくにているということ。

イ（　）紙は、もともとは森の木からできたものだということ。

ウ（　）木のゆれる音が、人の声のように聞こえるということ。

ものしりメモ　紙は、「パルプ」という、木材などのせんいをつぶしてやわらかくしたものから作られているよ。また、古紙をリサイクルしてパルプにし、新しい紙にすることもあるよ。

まとめのテスト 夕日がせなかをおしてくる

教科書 上108〜111ページ　答え 10ページ

時間20分　とく点 /100点　おわったらシールをはろう

勉強した日　月　日

❖ 次の詩を読んで、問題に答えましょう。

夕日がせなかをおしてくる

阪田(さかた) 寛夫(ひろお)

夕日がせなかをおしてくる
まっかなうでででおしてくる
歩くぼくらのうしろから
でっかい声でよびかける
さよなら　さよなら
さよなら　きみたち
ばんごはんがまってるぞ
あしたの朝ねすごすな

夕日がせなかをおしてくる
そんなにおすなあわてるな
ぐるりふりむき太陽(よう)に
ぼくらも負(ま)けずどなるんだ

5 「きみたち」とはだれのことですか。詩の中の言葉を書きましょう。〔6点〕

（　　　）

6 夕日にせなかをおされた「ぼくら」は、どうするのですか。一つ7〔14点〕

ぐるりと（　　　）、
太陽に負けず（　　　）。

7 よく出る● だい一連(れん)とだい二連の「さよなら」は、それぞれだれが言ったのですか。詩の中の言葉を書きましょう。一つ7〔14点〕

❶ だい一連の「さよなら」（　　　）

❷ だい二連の「さよなら」（　　　）

さよなら　さよなら
さよなら　太陽
ばんごはんがまってるぞ
あしたの朝ねすごすな

1 この詩は、一日のうちの、いつのことを書いた詩ですか。一つに○をつけましょう。〔7点〕

ア（　）朝　**イ**（　）昼　**ウ**（　）夕方

2 よく出る　「夕日がせなかをおしてくる」は、どんな様子を表していますか。一つに○をつけましょう。〔10点〕

ア（　）夕日の光を、前からあびている様子。
イ（　）夕日の光が、うしろからあたる様子。
ウ（　）夕日の光が、見えなくなっていく様子。

3 せなかをおしてくる夕日の光を、何と言っていますか。〔8点〕

□□□□□□

4 「夕日」は、どんな声でよびかけるのですか。〔7点〕

（　　　　）

8 「さよなら　さよなら／さよなら　太陽」は、どのように読みますか。一つに○をつけましょう。〔10点〕

ア（　）大きな声で、元気よく読む。
イ（　）小さな声で、やさしく読む。
ウ（　）ひくい声で、おこったように読む。

9 チャレンジ！　「まってるぞ」「ねすごすな」という言い方から、どんなことが分かりますか。（　）に合う言葉を□からえらんで、記号で答えましょう。〔一つ7〔14点〕〕

夕日とぼくらが、（　　）のように、（　　）を持ってよびかけ合っていること。

ア てき　**イ** 友だち　**ウ** かなしみ　**エ** 親しみ

10 この詩には、どんなとくちょうがありますか。一つに○をつけましょう。〔10点〕

ア（　）読み手によびかけたり、問いかけたりする言葉を使っている。
イ（　）やわらかい感じを出すために、全てひらがなで書いている。
ウ（　）だい一連とだい二連とで、同じ言葉をくり返し使っている。

ものしりメモ　「夕やけ」は夕方に見えるけれど、朝に空が赤くなることを「朝やけ」というよ。「夕やけ」になると次の日は晴れて、「朝やけ」になるとその日は雨がふりやすいと言われているよ。

きほんのワーク
案内の手紙を書こう
慣用句を使おう

教科書 上112〜119ページ
答え 10ページ
勉強した日 月 日

もくひょう
●案内の手紙を書くときに、相手によくつたわる書き方を学ぼう。
●いろいろな慣用句の意味をおぼえよう。

おわったらシールをはろう

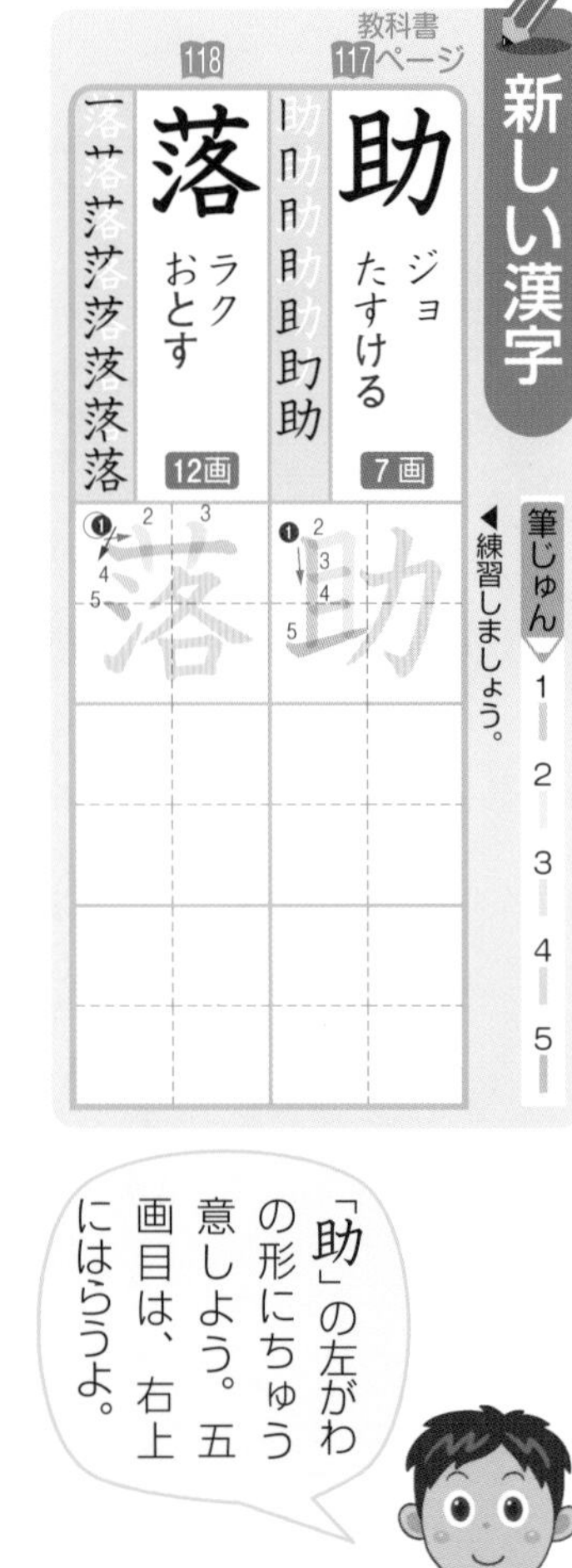

新しい漢字
教科書 117ページ 118
助 ジョ たすける 7画
落 ラク おとす 12画
筆じゅん
練習しましょう。

「助」の左がわの形にちゅう意しよう。五画目は、右上にはらうよ。

1 漢字の読み 読みがなを横に書きましょう。

①合そう ②通う ③助け ④落とす

○新しい漢字 ●読みかえの漢字 ◆とくべつな読み方

2 漢字の書き 漢字を書きましょう。

① □（がっ）そうする。 ② 学校に□（かよ）う。
③ □（たす）けがほしい。 ④ 本を□（お）とす。

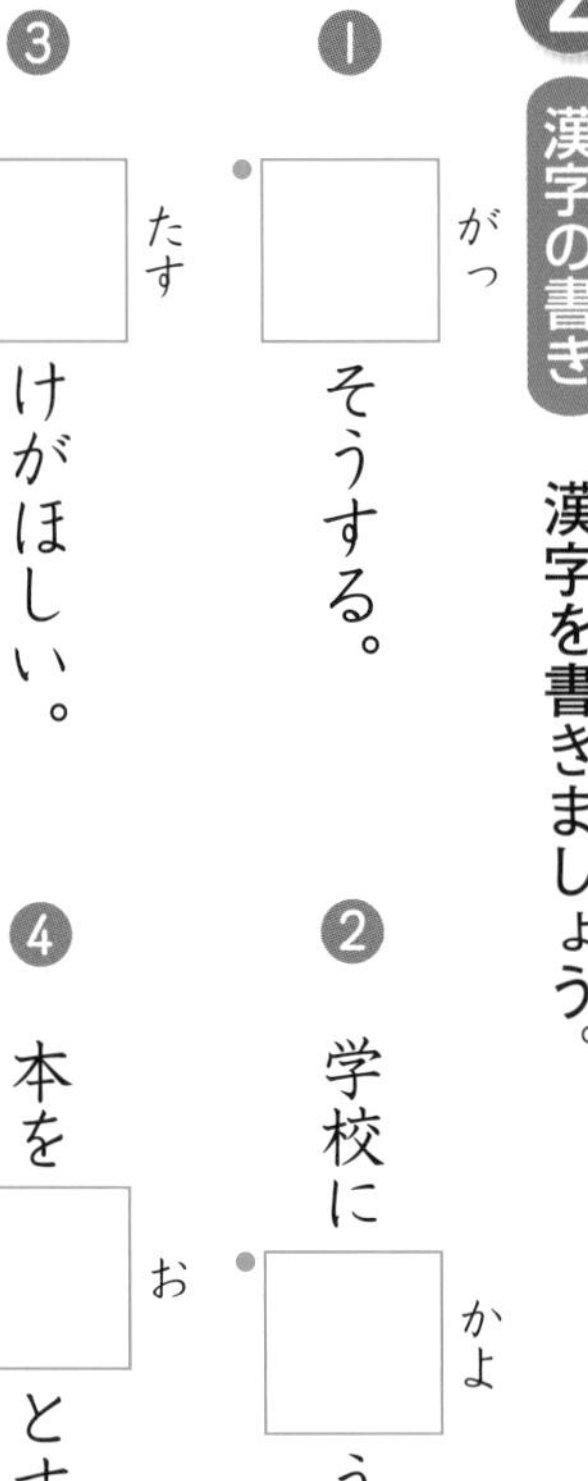

3 案内の手紙を書こう

次の手紙は、山本さんから、ほかの学校に通う石田さんへの手紙です。読んで、問題に答えましょう。

石田 なつきさんへ
お元気ですか。**ア**
わたしたちの学校で、地いきふれあいまつりがあります。
日時 十月五日（土）**イ**
場所 南小学校グラウンド
だれでも楽しめるビンゴ大会をするよ。それから、地元でとれたくだものを売るコーナーもあります。**ウ**
きっと楽しい時間をすごせると思います。ぜひ、来てください。**エ**

□

1 この手紙は、何の案内をしていますか。

漢字練習ノート13ページ

2 次の内ようは、手紙の**ア**～**エ**のどこに書くとよいですか。記号で答えましょう。

「午後二時～午後四時」（　　）

3 「ビンゴ大会をするよ。」を、ていねいな言葉づかいに直して書きましょう。

（　　　　　　　　）

4 □に入るものは何ですか。一つに○をつけましょう。

ア（　）住所　**イ**（　）自分の名前　**ウ**（　）日にち

★慣用句を使おう

4 慣用句の説明として正しいもの一つに○をつけましょう。

ア（　）二つ以上の言葉を組み合わせて、元の言葉と同じ意味をより強める言い方。

イ（　）むかしは広く使われていたが、今の社会では全く使われなくなった古い言い方。

ウ（　）二つ以上の言葉がむすびついて、全体で元の言葉の意味とはべつの意味を表す言い方。

5 次の慣用句の意味を下からえらんで、•――•でむすびましょう。

1 うり二つ　•　　•　**ア** とてもせまい。

2 ねこのひたい　•　　•　**イ** 顔かたちがよくにている。

---

6 □に、体の部分を表す漢字一字を書き、意味に合う慣用句を作りましょう。

1 □をひねる　…意味 よく考える。ぎ問に思う。

2 □がかるい　…意味 おしゃべりで、何でも言う。

3 □をのばす　…意味 よていより遠い所へ行く。

体の部分を表す漢字を使った慣用句は、体の部分と意味のつながりを考えておぼえよう！

7 次の意味をもつ慣用句を正しく使った文になるように、合うほうに○をつけましょう。

1 意味…苦労する。
はたけの草取りは、{**ア**（　）つめ／**イ**（　）ほね}がおれる。

2 意味…つらくかなしく思う。
がっかりした顔を見て、{**ア**（　）むね／**イ**（　）ひざ}がいたむ。

3 意味…話がはずむ。
なかまが集まり、話に{**ア**（　）花／**イ**（　）ばら}がさく。

ものしりメモ 慣用句は、「目」「耳」「頭」「うで」などの体の部分を表す漢字を使ったものが多いよ。「目」だと、「目がとどく」「目がない」「目にあまる」「目をうたがう」「目を光らす」などがあるよ。

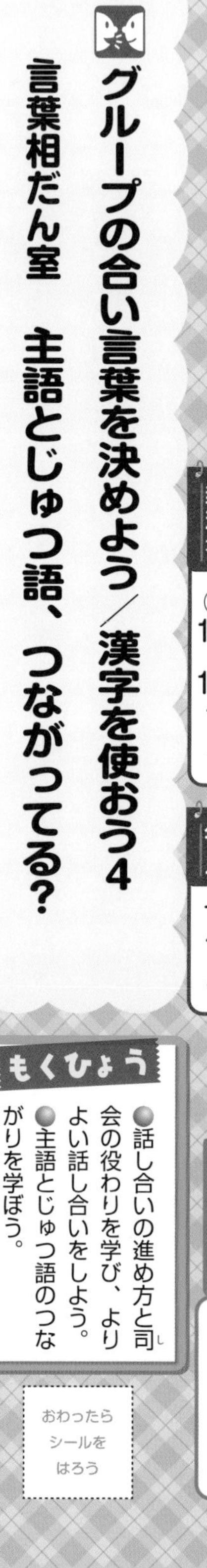

きほんのワーク

グループの合い言葉を決めよう／漢字を使おう4
言葉相だん室　主語とじゅつ語、つながってる？

教科書 上 120～129ページ

答え 11ページ

もくひょう

●話し合いの進め方と司会の役わりを学び、よりよい話し合いをしよう。
●主語とじゅつ語のつながりを学ぼう。

おわったら シールを はろう

漢字練習ノート13～15ページ

新しい漢字

教科書ページ	漢字	読み	画数
120	進	シン　すすむ	11画
122	役	ヤク	7画
123	負	フ　まける　おう	9画
123	勝	ショウ　かつ	12画
125	区	ク	4画
127	県	ケン	9画
127	丁	チョウ	2画
127	屋	オク　や	9画
127	根	コン　ね	10画
127	投	トウ　なげる	7画
127	球	キュウ　たま	11画
127	打	ダ　うつ	5画
128	主	シュ　ぬし　おも	5画

筆じゅん ◀練習しましょう。 1 2 3 4 5

1 漢字の読み

読みがなを横に書きましょう。

○新しい漢字　●読みかえの漢字　◆とくべつな読み方

1. 進行
2. 役わり
3. 負ける
4. 勝つ
5. 区切り
6. 都道府県
7. 市区町村
8. 三丁目
9. 屋根
10. 投げる
11. 投球
12. 打つ
13. 主語

「区」の筆じゅんにちゅう意しよう。

2 漢字の書き　漢字を書きましょう。

① □□（やね）に上る。　② □□（しゅご）とじゅつ語。

3 二年生の漢字　漢字を書きましょう。

① □（さかな）を売る。　② □□（まいしゅう）買い物をする。

☆ グループの合い言葉を決めよう

4

来月、グループの合い言葉を決める話し合いがあります。そのじゅんびのために書いた次を読んで、問題に答えましょう。

> **話し合いの目てき**
>
> うん動会の練習をみんなでがんばれるような合い言葉を決める。
>
> **話し合いの進め方**
>
> ①話し合いの目てきと進め方をたしかめる。
> ②意見を出し合う。
> ③意見について話し合う。
> ・出た意見をなかま分けする。
> ・どの意見がよいかえらぶ。
> ④決まったことをたしかめる。
>
> 〈「グループの合い言葉を決めよう」による〉

---

1 話し合いのときに、司会はどんな役わりをしますか。合うほうに○をつけましょう。

司会は、自分の意見は言わないよ。そのかわり何をするかな？

話し合いを｛ア（　）計画する／イ（　）進める｝役わりをする。

2 よく出る● 話し合いでいろいろな意見が出たとき、それらをどのように「なかま分け」するとよいですか。一つに○をつけましょう。

ア（　）すぐれている意見を、司会がいくつかえらんでからくらべる。

イ（　）くらべるところを一つだけ決めて、にているものを集めてからくらべる。

ウ（　）いちばんはじめに発言した人の意見ににている、ほかの人の意見を中心に分け方を考える。

エ（　）出た意見の同じところやにているところを見つけて、分け方を考える。

3 グループの中の木村さんは、合い言葉は、「自分に負けるな。」がいい、と考えました。その意見は、どこで発表しますか。黒板の「話し合いの進め方」にある①～④の番号で答えましょう。

□

「話し合いの進め方」にそって意見を出そう。

ものしりメモ　全国の小学校でうん動会をするようになったのは、明治時代のこと。森有礼という大臣が、国民の体力をつけるためにすすめたのが始まり。長いれきしがあるんだね。

まとめのテスト グループの合い言葉を決めよう
言葉相だん室 主語とじゅつ語、つながってる？

教科書 ㊤120〜129ページ
答え 11ページ
時間20分
とく点 /100点
おわったらシールをはろう
勉強した日 月 日

1 次の話し合いの一部を読んで、問題に答えましょう。

①
司会 これから、来月のグループの合い言葉について話し合います。

話し合いの目的は、これから始まるうん動会の練習をみんなでがんばれるような言葉を決めることです。

はじめに、それぞれが考えた言葉を出し合い、次に、どの言葉がいいかを決めていきます。

②
司会 まず、一人ずつ意見を出してください。木村さんからおねがいします。
木村 わたしは、「自分に負けるな。」がいいと思います。
うん動会で勝つために練習でも負けないように、がんばりたいからです。
…

みんなの意見を書いたカード
自分に負けるな。
きっとできる。
あきらめるな。
えがおがいちばん。
えがおでがんばろう。

2 よく出る 何についての話し合いをしていますか。〔7点〕
（　　　）について。

3 司会は、話し合いの目的をどんなことだと言っていますか。一つ6〔12点〕
（　　　）をみんなで（　　　）ような言葉を決めること。

4 上の□に合う言葉はどれですか。一つに○をつけましょう。〔6点〕
ア（　）しつ問はありませんか
イ（　）そろそろ決めていきましょう
ウ（　）話し合ったことをたしかめます

チャレンジ！
5 上の話し合いでなかま分けしているとおりに、（　）に合う言葉を書きましょう。一つ7〔14点〕

●（　　　）ことをだいじにしている言葉
えがおでがんばろう。

えがおがいちばん。

言葉の意味プラス 1行 合い言葉…グループの目標(ひょう)として決めたみじかい言葉。標語ともいう。

司会　みんなから出てきた言葉はこの五つです。これについて、□。

小林　中島さんにしつ問です。……

…

司会　では、みんなの意見をせい理します。同じところやちがうところを見つけて、なかま分けしてみましょう。

③

木村　前田さんの「えがおでがんばろう。」と中島さんの「えがおがいちばん。」は、どちらも「えがお」という言葉を使っていて、楽しんで練習しようという気持ちが表れています。

中島　「きっとできる。」「あきらめるな。」「自分に負けるな。」の三つは、あきらめずにやりきることをだいじにしていると思います。

〈「グループの合い言葉を決めよう」による〉

1　①〜③のまとまりでは、それぞれ何をしていますか。合うものを□からえらんで、記号で答えましょう。　一つ7〔21点〕

①（　　）　②（　　）　③（　　）

ア　意見を出し合っている。
イ　決まったことをたしかめている。
ウ　話し合いの目的と進め方をたしかめている。
エ　出た意見について話し合っている。

●（　　　　）ことを

だいじにしている言葉

きっとできる。　あきらめるな。　自分に負けるな。

6　よく出る●　次のうち、司会をするときにひつようなことには○を、そのほかの人が話し合いにさんかするときにひつようなことには△を書きましょう。　一つ7〔28点〕

ア（　）進行にそって、発言をうながす。

イ（　）進行にそって、話題について考えたり発言したりする。

ウ（　）自分の考えを持ち、友だちの考えと同じところやちがうところをさがす。

エ（　）話し合いの目的や進め方をたしかめたり、出た考えや決まったことをせい理したりする。

2　**次の文にはおかしなところがあります。二通りのやり方で、正しい文に書き直しましょう。**　一つ6〔12点〕

・土曜日に読んだのは、ねこの本を読みました。

書いてみよう！　●「土曜日に読んだのは、」をそのままにするやり方
（　　　　）

書いてみよう！　●「ねこの本を読みました。」をそのままにするやり方
（　　　　）

ものしりメモ　うん動会でよく行われる「つな引き」は、かつてオリンピックのきょうぎの一つでもあったんだ。1920年にベルギーで開さいされたアントワープ大会まで行われていたよ。

きほんのワーク

サーカスのライオン
漢字を使おう5

教科書 上130〜149ページ
答え 12ページ

勉強した日　月　日

もくひょう
●どんな人物かが分かる言葉にちゅう意しよう。
●中心となる人物の気持ちをとらえ、気持ちの変(へん)化を読み取ろう。

おわったらシールをはろう

新しい漢字

◀筆じゅん　1 2 3 4 5　練習しましょう。

教科書ページ	漢字	読み	画数
132	化	カ　ばける	4画
133	鉄	テツ	13画
133	真	シン　ま	10画
134	客	キャク	9画
134	着	チャク　きる　つく	12画
136	送	ソウ　おくる	9画
136	院	イン	10画
137	皮	ヒ　かわ	5画
139	受	ジュ　うける	8画
141	消	ショウ　きえる　けす	10画
141	荷	に	10画
141	運	ウン　はこぶ	12画
149	陽	ヨウ	12画
149	路	ロ　じ	13画

漢字練習ノート15〜16ページ

1 漢字の読み　読みがなを横に書きましょう。

○新しい漢字　●読みかえの漢字　◆とくべつな読み方

1 お化け
2 鉄のおり
3 真ん中
4 円い輪(わ)
5 お客
6 着る
7 送る
8 入院
9 楽な仕事
10 毛皮

4 言葉の意味　○をつけましょう。

1 (137ページ) ひょこひょことおどけて歩く。
ア(　)おどって。
イ(　)ふざけて。
ウ(　)わらって。

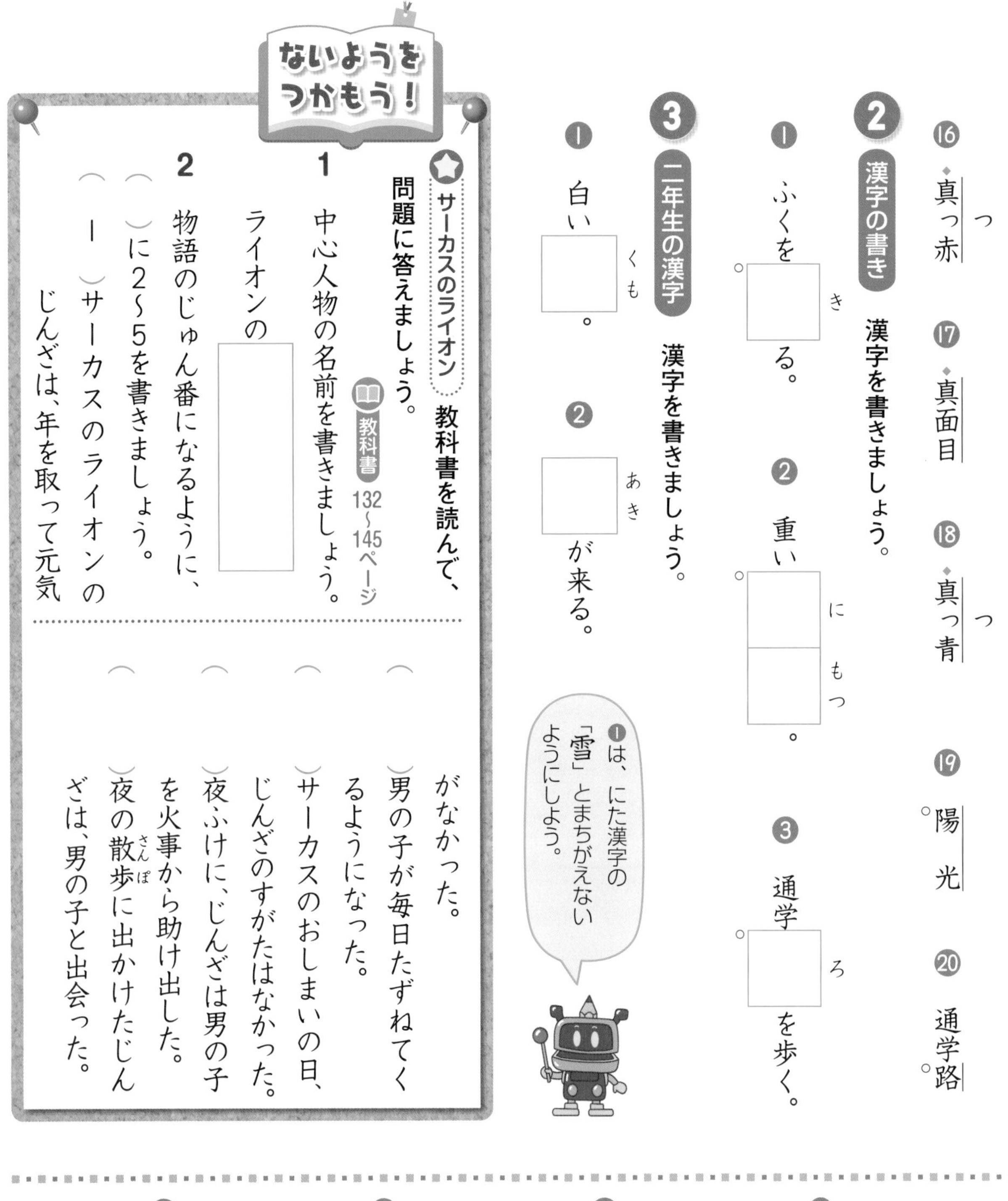

⑪ 部屋　⑫ 受け取る　⑬ 消ぼう車　⑭ 荷物　⑮ 運ぶ

⑯ 真っ赤　⑰ 真面目　⑱ 真っ青　⑲ 陽光　⑳ 通学路

2 漢字の書き

漢字を書きましょう。

❶ ふくを［　］（き）る。

❷ 重い［　　］（にもつ）。

❸ 通学［　］（ろ）を歩く。

3 二年生の漢字

漢字を書きましょう。

❶ 白い［　］（くも）。

❷ ［　］（あき）が来る。

❶は、にた漢字の「雪」とまちがえないようにしよう。

ないようをつかもう！

サーカスのライオン 教科書を読んで、問題に答えましょう。

教科書 132～145ページ

1 中心人物の名前を書きましょう。

ライオンの［　　　］

2 物語のじゅん番になるように、（　）に2～5を書きましょう。

（ 1 ）サーカスのライオンのじんざは、年を取って元気がなかった。

（　）男の子が毎日たずねてくるようになった。

（　）サーカスのおしまいの日、じんざのすがたはなかった。

（　）夜ふけに、じんざは男の子を火事から助け出した。

（　）夜の散歩（さんぽ）に出かけたじんざは、男の子と出会った。

---

② 139 目を細くして受け取った。

ア（　）うれしそうにして。
イ（　）心配そうにして。
ウ（　）かなしそうにして。

③ 139 いきをはずませてとんできた。

ア（　）いきをいっしゅんとめて。
イ（　）しんこきゅうして。
ウ（　）いきをはあはあ言わせて。

④ 140 その夜ふけのこと。

ア（　）夜が明けるころ。
イ（　）日がくれるころ。
ウ（　）夜おそくなったころ。

⑤ 140 だしぬけに、サイレンが鳴る。

ア（　）とつぜん。
イ（　）たまたま。
ウ（　）くり返し。

⑥ 142 思わず身ぶるいする。

ア（　）わくわくすること。
イ（　）こわくてふるえること。
ウ（　）わらいだすこと。

ものしりメモ サーカスの移動（いどう）はたいへんなんだ。荷物も多いけれど、動物はもっとたいへん。動物がけがをしたり、体の調子をくずしたりしないように気をつけて、トラックなどで運ぶんだよ。

練習のワーク①

サーカスのライオン

教科書 上130〜149ページ　答え 12ページ

できるナビ
だれが、どんなことをどんな様子で言ったのかをとらえ、人物の気持ちを読み取ろう。

勉強した日　月　日

おわったらシールをはろう

次の文章を読んで、問題に答えましょう。

ライオンのじんざはうきうきして外へ出た。北風にふきとびそうだなあ。

「外はいいなあ。星がちくちくゆれて、北風にふきとびそうだなあ。」

ひとり言を言っていると、

「おじさん、サーカスのおじさん。」

と、声がした。

男の子が一人、立っていた。

「もう、ライオンはねむったかしら。ぼく、ちょっとだけ、そばへ行きたいんだけどなあ。」

じんざはおどろいて、もぐもぐたずねた。

「ライオンがすきなのかね。」

「うん、大すき。それなのに、ぼくたち昼間サーカスを見たときは、何だかしょげていたの。だから、お見まいに来たんだよ。」

1　じんざは、外に出たとき、どんな気持ちでしたか。□に合う言葉を書きましょう。

□□□□した気持ち。

2　男の子は、じんざをだれだと思っていますか。

（　　　　）

男の子の言った言葉の中からさがそう。

3　よく出る　「じんざはおどろいて、もぐもぐたずねた。」とありますが、じんざがおどろいたのは、なぜですか。

男の子が、（　　　　）のそばへ行きたいと言ったから。

4　「ライオンがすきなのかね。」と言ったのは、だれですか。

（　　　　）

言葉の意味プラス
15行　しょげる…しょんぼりした様子。　24行　つきそい…そばにいて世話をすること。
32行　くじく…足や手などをねじっていためること。

じんざは、ぐぐっとむねのあたりがあつくなった。

「ぼく、サーカスがすき。おこづかいためて、また来るんだ。」

「そうかい、そうかい、来ておくれ。ライオンもきっとよろこぶよ。でも、今夜はおそいから、もうお帰り。」

じんざは男の子の手を引いて、家まで送っていくことにした。

男の子のお父さんは、夜のつとめがあって、るす。お母さんが入院しているので、つきそいのために、お姉さんも夕方から出かけていった。

「ぼくはるす番だけど、もうなれちゃった。それより、サーカスの話をして。」

「いいとも。ピエロはこんなふうにして……。」

じんざが、ひょこひょことおどけて歩いているときだった。くらいみぞの中にゲクッと足をつっこんだ。

「あいたた。ピエロもくらい所は楽じゃない。」

じんざは、くじいた足にタオルをまきつけた。すると、男の子は、首をかしげた。

「おじさんの顔、何だか毛が生えてるみたい。」

「う、ううん。なあに、寒いので毛皮をかぶっているのじゃよ。」

じんざは、あわてて向こうを向いて、ぼうしをかぶり直した。


〈川村（かわむら） たかし「サーカスのライオン」による〉

5 男の子は、なぜライオンのところへ行きたいのですか。

昼間サーカスを見たときに、ライオンが（　　　）ので、（　　　）に行こうと思ったから。

6 よく出る● **5**の理由を聞いて、じんざはどんな気持ちになりましたか。一つに○をつけましょう。

「ぐぐっとむねのあたりがあつくなった」とあるよ。どんな気持ちかな？


ア（　）男の子のやさしさに感動し、うれしくなった。

イ（　）男の子がむちゃをするので、心配になった。

ウ（　）男の子がわがままで、かなしい気持ちになった。

7 男の子の家族のうち、入院しているのはだれですか。

（　　　）

8 「あわてて向こうを向いて、ぼうしをかぶり直した」とありますが、じんざがこうして顔に毛が生えているのをかくしたのは、男の子にどんなことを気づかれないようにするためですか。

じんざが、男の子に気づかれたらこまることを考えよう。

（　　　）

ものしりメモ サーカスのライオンやトラが人間の命令（れい）を聞くのは、頭のいい動物だからなんだ。１〜２年間、毎日毎日訓（くん）練をして、しんじ合えるかんけいを作り上げていくんだよ。

練習のワーク②

サーカスのライオン

教科書 ㊤130〜149ページ

答え 13ページ

できるナビ
- 場面のうつりかわりをとらえよう。
- じんざの気持ちの変化(へんか)を読み取ろう。

勉強した日　月　日

おわったらシールをはろう

次の文章を読んで、問題に答えましょう。

次の日、ライオンのおりの前に、ゆうべの男の子がやってきた。じんざは、タオルをまいた足をそっとかくした。まだ、足首はずきんずきんといたかった。夜の散歩(さんぽ)もしばらくはできそうもない。

男の子は、チョコレートのかけらをさし出した。

「さあ、お食べよ。ぼくと半分こだよ。」

じんざは、チョコレートはすきではなかった。けれども、目を細くして受け取った。じんざはうれしかったのだ。

それから男の子は、毎日やってきた。

じんざは、もうねむらないでまっていた。やってくるたびに、男の子はチョコレートを持ってきた。そして、お母さんのことを話して聞かせた。じんざはのり出して、うなずいて聞いていた。

いよいよ、サーカスがあしたで終わるという日、男の子はいきをはずませてとんできた。

3 よく出る 「じんざはうれしかったのだ。」とありますが、じんざがうれしかったのは、なぜですか。一つに○をつけましょう。

ア（　）自分がすきなチョコレートをもらったから。

イ（　）男の子が自分にやさしくしてくれたから。

ウ（　）けがのいたみがだんだんなくなってきたから。

4 男の子が毎日やってくることを、じんざは楽しみにしています。それが分かる一文を書きましょう。

（　　　　　　　　）

じんざは、どうやってまっていたかな?

5 男の子がお母さんの話をするときについて、答えましょう。

(1) じんざは、どんな様子で聞いていましたか。

（　　　　　　　　）

言葉の意味プラス　13行 のり出す…体を前の方へ出す。　14行 うなずく…分かったというように、首をたてにふる。　17行 もうじき…もう少しで。

「お母さんがね、もうじき、たい院するんだよ。それにおこづかいもたまったんだ。あしたサーカスに来るよ。火の輪（わ）をくぐるのを見に来るよ。」

男の子が帰っていくと、じんざの体に力がこもった。目がぴかっと光った。

「……ようし、あした、わしはわかいときのように、火の輪を五つにしてくぐりぬけてやろう。」

〈川村（かわむら） たかし「サーカスのライオン」による〉

1 男の子はサーカスのライオンに会うために、どこへやってきましたか。

□□□□□□□の前。

2 じんざは、男の子がやってきたときに、何をかくしましたか。

（　　　　）

(2) (1)の様子には、じんざのどんな気持ちが表れていますか。一つに○をつけましょう。

ア（　）男の子の話をうたがっている気持ち。

イ（　）男の子の話すことにあきている気持ち。

ウ（　）男の子の話をねっしんに聞く気持ち。

6 男の子が、サーカスを見に来ることを、じんざに少しでも早くつたえたいと思っていたことは、どんなところから分かりますか。

男の子は、どんな様子でサーカスにやってきたかな？

（　　　　）ところ。

7 よく出る 「じんざの体に力がこもった。目がぴかっと光った。」とありますが、なぜこうなったのですか。一つに○をつけましょう。

すぐ後にじんざが言ったことを手がかりにして考えよう。

ア（　）男の子のお母さんがたい院すると聞いて、うれしかったから。

イ（　）あしたでサーカスが終わりなので、がんばろうと思ったから。

ウ（　）男の子が見に来ると聞いて、かっこいいところを見せようと思ったから。

ものしりメモ ライオンのオスは、「たてがみ」というりっぱな長い毛を生やして、力も強いことから「百じゅうの王」とよばれるよ。でも、実さいにかりをするのは、ほとんどがメスのライオンたちなんだ。

練習のワーク③

サーカスのライオン

教科書 上130～149ページ
答え 13ページ

できるナビ
●人々の会話から、場面の様子をとらえよう。
●場面でどんなことが起こったのかとらえよう。

勉強した日　月　日

おわったらシールをはろう

次の文章を読んで、問題に答えましょう。


「中に子どもがいるぞ。助けろ。」

と、だれかがどなった。

「だめだ。中へは、もう入れやしない。」

それを聞いたライオンのじんざは、ぱっと火の中へとびこんだ。

「だれだ、あぶない。引き返せ。」

後ろで声がしたが、じんざはひとりでつぶやいた。

「なあに。わしは火には、なれていますのじゃ。」

けれども、ごうごうとふき上げるほのおはかいだんをはい上り、けむりはどの部屋からもうずまいてふき出ていた。

じんざは足を引きずりながら、男の子の部屋までたどり着いた。

部屋の中で、男の子は気をうしなってたおれていた。じんざはすばやくだきかかえて、外へ出ようとした。けれども、表はもう、ほのおがぬうっと立ちふさがってしまった。

石がきの上のまどから首を出したじんざは、思わず身

1 じんざが火の中へとびこんだのは、何をするためですか。

（　　　　）ため。

じんざは、人々の言葉を聞いて、とびこんだんだよ。

2 じんざは、男の子をだきかかえて、どのように行動しましたか。（　）に合う言葉を書きましょう。

●（　　　　）へ出ようとしたが、表はもう、（　　　　）がぬうっと立ちふさがってしまった。

↓

●（　　　　）のまどから首を出したが、高いので、とびおりることはできなかった。

3 じんざが「思わず身ぶるいした」のは、なぜですか。一つに○をつけましょう。

ア（　）とても高い場所だったので、おそろしかったから。

イ（　）火事の火がはげしくなってきて、こわかったから。

ウ（　）男の子が死んだのではないかと、不安だったから。

言葉の意味プラス
13行 気をうしなう…ねているときのように、まわりのことや自分が分からなくなり、体の力もぬけたじょうたいになる。　16行 石がき…石をつみ上げて作ったかべ。

ぶるいした。高いので、さすがのライオンもとびおりることはできない。

じんざは力のかぎりほえた。

ウォーッ

その声で気がついた消ぼう車が下にやってきて、はしごをかけた。上ってきた男の人にやっとのことで子どもをわたすと、じんざはりょう手で目をおさえた。けむりのために、もう何にも見えない。

見上げる人たちが声をかぎりによんだ。

「早くとびおりるんだ。」

だが、風にのったほのおは真っ赤にアパートをつつみこんで、火の粉をふき上げていた。ライオンのすがたはどこにもなかった。

やがて、人々の前に、ひとかたまりのほのおがまい上がった。そして、ほのおはみるみるライオンの形になって、空高くかけ上がった。ぴかぴかにかがやくじんざだった。もう、さっきまでのすすけた色ではなかった。

金色に光るライオンは、空を走り、たちまちくらやみの中に消えさった。

〈川村（かわむら） たかし「サーカスのライオン」による〉

4 **よく出る●** 「ウォーッ」とほえたとき、じんざはどう思っていましたか。一つに○をつけましょう。

ア（　）あつくてたまらない！

イ（　）早くサーカスにもどりたい！

ウ（　）この男の子を助けてくれ！

5 見上げる人たちは、だれに向かって「早くとびおりるんだ。」と言ったのですか。

6 「ぴかぴかにかがやくじんざ」とありますが、なぜ人々にはこのように見えたのですか。一つに○をつけましょう。

ライオンの形のほのおが、かがやいて見えたのはなぜかな？

ア（　）くらやみで見るほのおが、きれいにかがやいて見えるから。

イ（　）じんざが、力のかぎりをつくして男の子を助けたから。

ウ（　）じんざがやる気になって、わかいころの力をとりもどしたから。

7 「金色に光るライオンは、空を走り、たちまちくらやみの中に消えさった。」とありますが、これは、じんざがどうなったことを表していますか。

ものしりメモ 「やさしいライオン」という絵本があるよ。これは、「アンパンマン」の作者のやなせ たかしさんがかいた絵本だよ。ライオンと育ての親である犬とのあいじょうをえがいた物語なんだ。

まとめのテスト

サーカスのライオン

教科書 上130～149ページ　答え 14ページ

勉強した日　月　日

時間20分

とく点　/100点

おわったらシールをはろう

次の文章を読んで、問題に答えましょう。

「だれだ、あぶない。引き返せ。」

後ろで声がしたが、じんざはひとりでつぶやいた。

「なあに。わしは火には、なれていますのじゃ。」

けれども、ごうごうとふき上げるほのおはかいだんをはい上り、けむりはどの部屋からもうずまいてふき出ていた。

じんざは足を引きずりながら、男の子の部屋までたどり着いた。

部屋の中で、男の子は気をうしなってたおれていた。じんざはすばやくだきかかえて、外へ出ようとした。けれども、表はもう、ほのおがぬうっと立ちふさがってしまった。

石がきの上のまどから首を出したじんざは、思わず身ぶるいした。高いので、さすがのライオンもとびおりることはできない。

じんざは力のかぎりほえた。

ライオンのじんざがどうして帰ってこなかったかを、みんなが知っていたので。

〈川村（かわむら）たかし「サーカスのライオン」による〉

1 「わしは火には、なれていますのじゃ。」とありますが、じんざが火になれているのは、なぜですか。一つに○をつけましょう。〔10点〕

ア（　）前にも、火事で人を助けたことがあったから。

イ（　）サーカスで、いつも火の輪をくぐっているから。

ウ（　）人間よりも、すばやく行動することができるから。

2 じんざが「思わず身ぶるいした」のは、なぜですか。□に合う言葉を書きましょう。〔10点〕

自分が［　　］ところにいると分かり、おそろしかったから。

3 「ウォーッ」とほえたとき、じんざはどう思っていましたか。じんざになったつもりで書きましょう。〔15点〕

書いてみよう！

言葉の意味プラス　16行 力のかぎり…力を全て出して。　18行 はしご…上にのぼるための道具。　31行 すすける…すすでよごれる。　35行 曲芸（げい）…ふつうの人にはできない、わざの出し物。

ウォーッ

その声で気がついた消ぼう車が下にやってきて、はしごをかけた。上ってきた男の人にやっとのことで子どもをわたすと、じんざはりょう手で目をおさえた。けむりのために、もう何にも見えない。

見上げる人たちが声をかぎりによんだ。

「早くとびおりるんだ。」

だが、風にのったほのおは真っ赤にアパートをつつみこんで、火の粉をふき上げていた。ライオンのすがたはどこにもなかった。

やがて、人々の前に、ひとかたまりのほのおがまい上がった。そして、ほのおはみるみるライオンの形になって、空高くかけ上がった。ぴかぴかにかがやくじんざだった。もう、さっきまでのすすけた色ではなかった。

金色に光るライオンは、空を走り、たちまちくらやみの中に消えさった。

次の日は、サーカスのおしまいの日だった。けれども、ライオンの曲芸はさびしかった。おじさんは一人で、チタッとむちを鳴らした。

五つの火の輪はめらめらともえていた。だが、くぐりぬけるライオンのすがたはなかった。それでも、お客は一生けん命に手をたたいた。

4 「金色に光るライオンは、空を走り、たちまちくらやみの中に消えさった。」とありますが、どういうことですか。 一つ10〔20点〕

じんざが、（　　　）につつまれて（　　　）ということ。

チャレンジ!

5 おじさんは、なぜ火の輪を用意してむちを鳴らしたのですか。一つに○をつけましょう。〔15点〕

ア（　）サーカスの内ようを、かえられなかったから。

イ（　）じんざがいないことに、気づかなかったから。

ウ（　）じんざののぞみを、かなえてやりたかったから。

6 ライオンの曲芸のとき、サーカスのぶ台の上は、どんな様子でしたか。 一つ10〔20点〕

（　　　）がめらめらともえていたが、くぐりぬける（　　　）のすがたはなかった。

7 よく出る● 一生けん命に手をたたいていたとき、お客さんはどんな気持ちでしたか。一つに○をつけましょう。〔10点〕

ア（　）じんざは、男の子を助けるためにがんばったな。

イ（　）新しいライオンも、はくりょくがあるな。

ウ（　）じんざは、五つの火の輪をくぐってすごいな。

ものしりメモ

ライオンは、強さを表すものとして、むかしから王様のマークとして使われたり、国のはたのもようになったりしているよ。勇気がある動物として、みんながあこがれたんだね。

きほんのワーク　ぼくが　ここに

教科書　下見返し　答え　14ページ

もくひょう
●くり返し出てくる言葉にちゅう意して、詩の内ようを読み取ろう。
●作者のつたえたいことを想ぞうしよう。

勉強した日　月　日

おわったらシールをはろう

次の詩を読んで、問題に答えましょう。

ぼくが　ここに

まど・みちお

ぼくが　ここに　いるとき
ほかの　どんなものも
ぼくに　かさなって
ここに　いることは　できない

もしも　ゾウが　ここに　いるならば
そのゾウだけ
マメが　いるならば
その一つぶの　マメだけ
しか　ここに　いることは　できない

3　「ほかの　どんなものも／ぼくに　かさなって／ここに　いることは　できない」のは、どんなときですか。

（　　　　　　　　）

4　第二連について答えましょう。

(1)　ここでは、いるもののれいとして、「ぼく」のほかのものがあげられています。それは、何と何ですか。

（　　　　）と（　　　　）

(2)　よく出る　(1)の二つは、どんなしゅるいのものですか。二つに○をつけましょう。

ア（　）新しいものと古いもの。
イ（　）大きいものと小さいもの。
ウ（　）食べ物とのみ物。
エ（　）動物としょく物。

どんなものも、ということが言いたいんだね！

言葉の意味プラス　16行　ます…よりていどがふえる。

ああ　このちきゅうの　うえでは
こんなに　だいじに
まもられているのだ
どんなものが　どんなところに
いるときにも

その「いること」こそが
なににも　まして
すばらしいこと　として

1 この詩は、いくつの連に分かれていますか。

□つ

2 この詩は、どんな詩ですか。一つに○をつけましょう。

ゾウやマメやちきゅうのことは、「ぼく」が見たこと？　考えたこと？
それとも、「ぼく」に起こったこと？

ア（　）「ぼく」が見たことを書いた詩。
イ（　）「ぼく」が考えたことを書いた詩。
ウ（　）「ぼく」に起こったことを書いた詩。

5 「まもられているのだ」とありますが、まもられているとは、どんなことをいっていますか。

何かが（　　　）にいるならば、それだけしかここにいることは（　　　）こと。

6 「その『いること』こそが／なににも　まして／すばらしいこと　として」は、声に出して読むとき、どのように読むとよいですか。一つに○をつけましょう。

ア（　）早口で読む。
イ（　）悲しそうに読む。
ウ（　）ゆっくり読む。

7 よく出る● この詩では、どんなことがすばらしいことだといっていますか。

ここに□□□□。

何どもくり返し出てくる
言葉にちゅう目しよう！

8 この詩では、文をみじかく区切って、言葉と言葉の間を空けて書いてあります。このことから、どんな感じがしますか。一つに○をつけましょう。

ア（　）一つ一つの言葉が、ばらばらな感じがする。
イ（　）一つ一つの言葉が、だいじな感じがする。
ウ（　）一つ一つの言葉が、むずかしい感じがする。

まど・みちおさんは、「ぞうさん」「一ねんせいになったら」などの詩を作った人。まどさんは、2014年になくなっているけれど、今も多くの人にまどさんの詩が親しまれているよ。

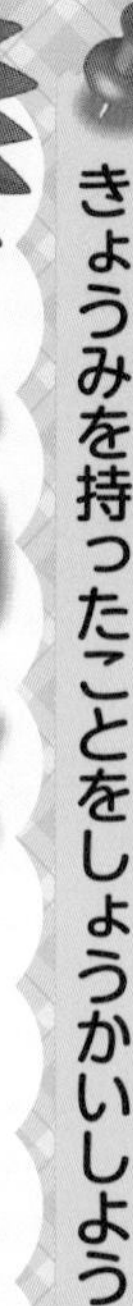

きほんのワーク

せっちゃくざいの今と昔

教科書 下8〜18ページ

答え 15ページ

勉強した日　月　日

もくひょう
●文章全体の組み立てをとらえて、だん落ごとの内ようをつかもう。
●事例をとらえて、だいじな言葉をおさえよう。

漢字練習ノート17ページ

おわったらシールをはろう

新しい漢字

教科書10ページ

ページ	漢字	読み	画数
10	昔	むかし	8画
10	服	フク	8画
11	両	リョウ	6画
11	軽	ケイ かるい	12画
12	具	グ	8画
14	温	オン あたたか あたたかい あたたまる	12画
14	度	ド	9画
15	美	ビ うつくしい	9画
17	短	タン みじかい	12画

筆じゅん　◀練習しましょう。1 2 3 4 5

1 漢字の読み　読みがなを横に書きましょう。

○新しい漢字　●読みかえの漢字　◆とくべつな読み方

1 昔の話
2 体そう服
3 車両
4 軽い
5 家具
6 温度
7 美術品(じゅつ)
8 短い

「昔」⇕「今」「短い」⇕「長い」だね。

3 言葉の意味　○をつけましょう。

1 (10ページ) 工作にのりが活やくする。
ア（　）力があふれること。
イ（　）よいせいかをあげること。
ウ（　）動きやすくすること。

2 (13) ふべんな点がある。
ア（　）都合がわるいような。
イ（　）いつもかわらないような。

2 漢字の書き

漢字を書きましょう。

① □（むかし）の家。

② □（ふく）を着る。

③ □（かる）いかばん。

④ □（みじか）くまとめる。

②「ふく」の右がわの形にちゅう意しよう。

ないようをつかもう！

☆ せっちゃくざいの今と昔

（　　）に合う言葉を□からえらんで、記号で答えましょう。　教科書 10～15ページ

① 物と物をくっつけるはたらきをするものを（　　）という。

② （　　）は、身の回りのいろいろなところに使われている。

③ ・今…せっちゃくざいの多くが、（　　）で作られている。
・昔…せっちゃくざいは、（　　）にあるざいりょうを使って作られてきた。
事例（れい）…米・にかわ

④ （　　）にあるものから作ったせっちゃくざいには、ふべんな点とよい点がある。

⑤ それぞれの（　　）のとくちょうに合った使い方をすることで、わたしたちはくらしをゆたかにしている。

ア 工場　イ 自然（ぜん）
ウ せっちゃくざい

昔から、せっちゃくざいは、くらしのいろいろなところで使われてきたんだね。

ウ（　）全てに当てはまるような。

③ 13 だんだん使われる。
ア（　）しだいに。少しずつ。
イ（　）あっさりと。
ウ（　）一気に。すぐに。

④ 13 ほとんどが工場で作られる。
ア（　）少しだけ。
イ（　）全部。全て。
ウ（　）大部分。おおかた。

⑤ 14 のりをはがす。
ア（　）べつのものにかえる。
イ（　）取りのぞく。
ウ（　）ほうっておく。

⑥ 15 今にいたるまで使ってきた。
ア（　）きずがつく。
イ（　）引き起こす。
ウ（　）なる。行き着く。

ものしりメモ 日本でもっとも古いせっちゃくざいは、うるしだよ。うるしとは、うるしの木にきずをつけて出てきたしるのこと。うるしでくっつけた弓が、古ふんなどから発見されているんだ。

練習のワーク①

せっちゃくざいの今と昔

教科書 下8～18ページ　答え 15ページ

できるナビ
●文章の組み立てにちゅう意しながら、二つの事例のとくちょうや共通点を読み取ろう。

勉強した日　月　日

おわったらシールをはろう

【写真】撮影　神戸圭子　『イチからつくる　のり（接着剤）』農山漁村文化協会

※ 次の文章を読んで、問題に答えましょう。

その一つが、米から作るのりです。たいた米をへらですりつぶし、水をまぜてよく練っていくと、のりができあがります。八十年くらい前までは、そうやって家でのりを作り、ふうとうのふたをとじたりしょうじをはりかえたりするのに使っていました。

もう一つが、「にかわ」です。にかわは、動物のほねや皮を長い時間にた後に、にたしるをかわかしてかためて作ります。使うときには、使う分のにかわを水に

■のりを米から作る

たいた米を、へらですりつぶしていく。

ときどき水をふきかけながら、つぶがなくなるまで練っていく。

水をくわえてかたさをととのえ、なめらかになればできあがり。

2
(1) 「にかわ」について答えましょう。
「にかわ」は何からできていますか。

(2) よく出る 「にかわ」はどのように作りますか。一つに○をつけましょう。

ア（　）ざいりょうをたいた後、なめらかになるまで練って作る。

イ（　）ざいりょうをくだいた後、水をくわえてなめらかにして作る。

ウ（　）ざいりょうをにた後、にたしるをかわかしてかためて作る。

(3) できあがった「にかわ」を使うときには、どのようにして使いますか。

言葉の意味プラス
2行 へら…竹や木などをひらたくけずった道具。　4行 練る…水などを入れてこね合わせ、ねばりが出るようにする。　8行 しょうじ…木のわくに、細い木をわたして紙をはった、部屋を仕切る戸。

入れ、火にかけてとかして使います。にかわは、家具や楽器を作るときや、絵の具を作るときに使われてきました。にかわは食べ物ではありませんが、料理に使うゼラチンは、にかわと同じように動物のほねや皮から作られたものです。

このように、わたしたちは昔から、自然にあるものを使ってせっちゃくざいを作ってきました。ただ、これらのせっちゃくざいには、ふべんな点もありました。それは、くさりやすかったり、寒いときにきちんとくっつかなかったりするという点です。

〈早川典子「せっちゃくざいの今と昔」による〉

1 「米から作るのり」は、どのように作りますか。

（　　　）、水をまぜて（　　　）米をへらで（　　　）作る。

昔は、家でのりを作っていたんだね。

3 「米から作るのり」と「にかわ」は、それぞれどんなときにせっちゃくざいとして使われてきましたか。

米から作るのり
・ふうとうのふたをとじるとき。
・（　　　）とき。

にかわ
・家具や楽器を作るとき。
・（　　　）とき。

4 「米から作るのり」と「にかわ」、二つのせっちゃくざいに当てはまることは何ですか。一つに○をつけましょう。

「このように」という、前の説明をまとめる言葉にちゅう目！

ア（　）もともと自然にはなかったものから作ること。
イ（　）自然にあるものを使って作っていること。
ウ（　）ざいりょうに食べ物を使っていること。

5 よく出る！ 二つのせっちゃくざいのふべんな点とはどんな点ですか。

（　　　）やすい点と、（　　　）ときには（　　　）づらい点。

ものしりメモ
ゼラチンは、ゼリーなどのおかしに使うよ。ほかにも、アイスクリームや、ハム、ソーセージ、魚の練り物などの食品、し血ざいやくすりのカプセルなどにも使われているよ。

練習のワーク②

せっちゃくざいの今と昔

教科書 ㊦8～18ページ　答え 15ページ

できるナビ
●だん落どうしのつながりや、何のための事例かにちゅう目して、つたえたいことの中心をつかもう。

勉強した日　月　日

おわったらシールをはろう

次の文章を読んで、問題に答えましょう。

けれども、自然にあるもののよさを生かして使われているせっちゃくざいもあります。ゼラチンや、トウモロコシやジャガイモから作るのりは、じょうざいを作るときに、くすりのこなをくっつけてかためるために使われています。食べられるざいりょうでできていて、体の中の水と温度でゆっくりとけていくため、体にとって安全だと考えられているからです。

また、古いものをしゅう理するときにも昔からのせっちゃくざいがよく使われます。百年前からあるせっちゃくざいは、百年の間にどうかわるのかが分かっています。使い方もはがす方法も分かっているので、古いものにも安心して使うことができるのです。昔の絵など美術品のしゅう理では、米や小麦から作ったのりや、にかわが活やくしています。

わたしたちは、はるか昔から今にいたるまで、さまざまなざいりょうとそのとくちょうを生かしてせっちゃく

2 文章中のせっちゃくざいの事例について、表にまとめましょう。

「また」の前が事例1、後が事例2についての説明だね。

	使うのり	使われるとき
事例1	ゼラチンやトウモロコシ、ジャガイモなどから作られるのり。	・くすりのこなをかためて（①　　）を作るとき。
事例2	・（④　　）から作ったのり。 ・にかわ	昔の絵や美術品などの古いものをしゅう理するとき。

言葉の意味プラス
1行 生かす…上手に利用する。　8行 しゅう理…こわれたところを直すこと。　15行 はるか…遠くはなれている様子。　16行 とくちょう…ほかのものとちがって、とくに目立つところ。

ざいを作り、物をくっつけるのに使ってきました。新しいざいりょうだからよい、古いざいりょうだからよくないということではなく、それぞれのせっちゃくざいのとくちょうに合った使い方をすることで、くらしをゆたかにしているのです。

〈早川(はやかわ)典子(のりこ)「せっちゃくざいの今と昔」による〉

1 この文章では、何を生かしたせっちゃくざいの事例(れい)があげられていますか。

（　　　　　　　　）

ゼラチンやトウモロコシ、ジャガイモから作るせっちゃくざいは何を生かしたものなのかな。

使われる理由	とくちょう
・体にとって（③　　　）だと考えられているから。	・（②　　　）ざいりょうでできている。 ・体の中の水と温度でゆっくりとけていく。
古いものに（⑥　　　）して使うことができるから。	・百年前から使われているものは、（⑤　　　）の間にどうかわるかが分かっている。 ・使い方やはがす方法が分かっている。

3 よく出る この文章でつたえたいことは、どんなことですか。一つに○をつけましょう。

さい後のだん落にちゅう目しよう。

ア（　）昔からの古いざいりょうは時代おくれなので、なるべく新しいものを使ったせっちゃくざいがよい。

イ（　）ざいりょうが古くても新しくても、せっちゃくざいのとくちょうに合った使い方をすることが大切だ。

ウ（　）古くから作られた昔ながらのせっちゃくざいはすばらしいので、新しいものはすてるほうがよい。

ものしりメモ 中国では今からやく6000年前、エジプトではやく5000年前ごろからせっちゃくざいが使われており、にかわやうるし、牛にゅうをかためたものなどが使われていたそうだよ。

まとめのテスト せっちゃくざいの今と昔

教科書 下8〜18ページ　答え 16ページ

時間 20分

とく点 /100点

おわったら シールを はろう

勉強した日 月 日

次の文章を読んで、問題に答えましょう。

このように、わたしたちは昔から、自然（ぜん）にあるものを使ってせっちゃくざいを作ってきました。ただ、これらのせっちゃくざいには、ふべんな点もありました。それは、くさりやすかったり、寒いときにきちんとくっつかなかったりするという点です。

そのため、くさりにくかったり、寒くてもくっついたりするせっちゃくざいが新しく工場で作られるようになると、そちらのほうがだんだん使われるようになりました。今、わたしたちが使っているせっちゃくざいは、ほとんどが工場で作られたものです。

けれども、自然にあるもののよさを生かして使われているせっちゃくざいもあります。ゼラチンや、トウモロコシやジャガイモから作るのりは、じょうざいを作るときに、くすりのこなをくっつけてかためるために使われています。食べられるざいりょうでできていて、体の中の水と温度でゆっくりとけていくため、体にとって安全

1 新しく工場で作られるようになったせっちゃくざいには、どんなとくちょうがありますか。　一つ10〔20点〕

書いてみよう！

・（　　　　）こと。

・（　　　　）こと。

2 「自然にあるもののよさ」を生かしたせっちゃくざいについて答えましょう。

(1) ゼラチンなどから作るのりは、何のために使われますか。一つに○をつけましょう。　〔10点〕

ア（　）くすりの味をおいしくするため。

イ（　）くすりのせいぶんとして使うため。

ウ（　）くすりのこなをかためるため。

(2) よく出る● なぜ(1)のように使われるのですか。　一つ5〔15点〕

（　　　　）ざいりょうで作ってあり、

言葉の意味プラス　4行 きちんと…みだれたところがなく、ととのっている様子。

だと考えられているからです。
　また、古いものをしゅう理するときにも昔からのせっちゃくざいがよく使われます。百年前からあるせっちゃくざいは、百年の間にどうかわるのかが分かっています。使い方もはがす方法も分かっているので、古いものにも安心して使うことができるのです。昔の絵など美術品のしゅう理では、米や小麦から作ったのりや、にかわが活やくしています。
　わたしたちは、はるか昔から今にいたるまで、さまざまなざいりょうとそのとくちょうを生かしてせっちゃくざいを作り、物をくっつけるのに使ってきました。新しいざいりょうだからよい、古いざいりょうだからよくないということではなく、それぞれのせっちゃくざいのとくちょうに合った使い方をすることで、くらしをゆたかにしているのです。

〈早川典子「せっちゃくざいの今と昔」による〉

体の中の（　　　）でゆっくりとけるため、
人の体にとって（　　　）だから。

チャレンジ！
(3) 米や小麦から作ったのりや、にかわは、何をしゅう理するときに使われることが多いですか。〔10点〕

□□□□

(4) (3)のように使われるのはなぜですか。一つ5〔15点〕

百年の間にどう（　　　）のかということや、
使い方も（　　　）方法も分かっているため、
（　　　）して使えるから。

3 よく出る！ この文章では、せっちゃくざいについて、どんな考えがのべられていますか。一つ10〔30点〕

ざいりょうが（　　　）ものか、（　　　）ものかにかかわらず、それぞれのせっちゃくざいの（　　　）に合った使い方をするとよい。

ものしりメモ　ふだん使うせっちゃくざいには、プラスチックがふくまれているよ。コーンスターチ（トウモロコシのこな）やかたくりこ、小麦こを使ったのりの作り方を調べるのもいいかも。

きほんのワーク

じょうほうのとびら　分ける
道具のひみつをつたえよう／きせつの足音――秋

教科書 ㊦19～27ページ
答え 16ページ

勉強した日　月　日

もくひょう
●じょうほうを分けてせいりする方法を学ぼう。
●調べて分かったことをレポートにまとめる手順を知ろう。

おわったら シールを はろう

漢字練習ノート17ページ

新しい漢字

教科書 22ページ

整　セイ　ととのえる　16画

ひつじゅん 1 2 3 4 5
◀練習しましょう。

「整」の右上は、「攵」としないようにちゅう意しよう。

○新しい漢字
●読みかえの漢字
◆とくべつな読み方

1 漢字の読み　読みがなを横に書きましょう。

⑴ 整理

2 漢字の書き　漢字を書きましょう。

⑴ 調べて［せい］［り］する。

☆じょうほうのとびら　分ける

3 次は、一人一人出し合った「みんなにおすすめしたいもの」を分けて、整理したものです。読んで、問題に答えましょう。

（ ⑴ ）	（ ⑵ ）	（ ⑶ ）
焼きたてのパン	ジョギング	アクセサリー
オクラのからあげ	ラジオ体そう	ロケット作り

1 ⑴～⑶に入る言葉を□からえらんで、記号で答えましょう。

⑴（　）⑵（　）⑶（　）

ア 食べ物　イ 工作　ウ 運動

2 上の表は、どのようにじょうほうを整理していますか。一つに○をつけましょう。

ア（　）同じところに着目してなかま分けしている。
イ（　）おすすめしたい順番にならべている。
ウ（　）それぞれのよいところをあげている。

道具のひみつをつたえよう

4 調べて分かったことを書くレポートについて答えましょう。

1 よく出る● レポートを書く順番になるよう、（　）に2～5を書きましょう。

（１）調べたいものを決める。
（　）どんな事がらをどんな順番で書くか、組み立てメモを作る。

（　）図書館やインターネットなどでくわしく調べる。

（　）組み立てメモをもとに、レポートを書く。書いた後は、友だちと読み合うなどして見直す。

（　）調べたことを、ノートなどを使って整理して、何を書くかを決める。

2 調べたことを整理するとき、どんなくふうをするとよいですか。（　）に合う言葉を、□からえらんで書きましょう。

● 調べて分かったことを（　　　　）して整理する。
● 整理したことは、（　　　　）ごとに（　　　　）を立てて、分かりやすくする。

事がら　感そう　見出し　グループ分け

きせつの足音――秋

5 次の作品（短歌と俳句）の――の説明として合うものはどれですか。一つに○をつけましょう。

❶
はてしなきおもひ（い）よりほつ（ほっ）と起きあがり
栗（くり）まんじゆ（じゅ）うをひとつ喰（と）べぬ　岡本（おかもと）かの子（こ）

ア（　）ねむってゆめを見ていたけれど、目がさめて起き上がる様子。

イ（　）思いなやんでいたけれど、おなかがすいたことに気づいて起き上がる様子。

ウ（　）体がおもくてだるいけれど、おなかがすいて起き上がる様子。

❷
いつせ（いっせ）いにきのこ隠（かく）るる茸狩（きのこがり）　鷹羽（たかは）狩行（しゅぎょう）

ア（　）きのこをとりに来たのに、だれかがきのこをかくしてしまった様子。

イ（　）きのこをとった後に、おなかいっぱいきのこを食べる様子。

ウ（　）きのこをとりに来たのに、きのこが見つからない様子。

ものしりメモ
岡本（おかもと）かの子（こ）さんは、1970年に行われた日本万国博覧会（ばんこくはくらんかい）で「太陽の塔（とう）」というシンボルを作った岡本太郎（たろう）さんのお母さんで、歌人、小説（せつ）家です。

きほんのワーク

こそあど言葉
話したいな、すきな時間

教科書 ㊦28〜33ページ

答え 17ページ

勉強した日 月 日

もくひょう

●こそあど言葉の使い方を身につけよう。
●自分の気持ちが聞き手につたわるスピーチの仕方を学ぼう。

漢字練習ノート17〜18ページ

おわったらシールをはろう

新しい漢字

教科書ページ

教科書ページ	漢字	読み	画数	筆順
28	指	シ ゆび さす	9画	指指指指指指指指指
29	植	ショク うえる	12画	植植植植植植植植植植植植
29	研	ケン	9画	研研研研研研研研研
29	究	キュウ	7画	究究究究究究究
31	深	シン ふかい ふかまる	11画	深深深深深深深深深深深
31	代	ダイ タイ かわる よ	5画	代代代代代

◀筆じゅん 1 2 3 4 5 練習しましょう。

1 漢字の読み 読みがなを横に書きましょう。

○新しい漢字 ●読みかえの漢字 ◆とくべつな読み方

1 指ししめす
2 植物
3 研究
4 細工
5 深海
6 時代

2 漢字の書き 漢字を書きましょう。

1 近くを［さ］ししめす。
2 ［しょくぶつ］のかんさつ。
3 ちょうの［けんきゅう］。
4 美しい［さいく］。
5 ［しんかい］の生物。
6 ぶしがいた［じだい］。

こそあど言葉

3 「こそあど言葉」の「こ」「そ」「あ」「ど」の説明に合うものを下からえらんで、・――・でむすびましょう。

❶ こ ・　　・ア 話し手・聞き手のどちらからも、遠いものを指す。
❷ そ ・　　・イ 聞き手の近くのものを指す。
❸ あ ・　　・ウ 話し手の近くのものを指す。
❹ ど ・　　・エ はっきりしないものを指す。

4 よく出る● 遠くの山を見て、二人が話しています。合うほうの言葉に○をつけましょう。

❶ {ア（　）あれ　イ（　）これ}が、あさま山だよ。

❷ たくさん山があるから、{ア（　）この　イ（　）どの}山か、分からないな。

❶は、話し手と聞き手から遠いか近いかを考えてみよう。

話したいな、すきな時間

5 次の木村さんのスピーチの一部を読んで、問題に答えましょう。

みなさん、本はすきですか。わたしがすきな時間は、本を読む時間です。本を読んでいると、いろいろな体験をした気分になれるからです。

「エルマーのぼうけん」を読んだときは、エルマーといっしょにぼうけんをしているような気分になりました。エルマーがトラに食べられそうになる場面では、こわくなって［　　］しました。

★{物語だけでなく、図かんでも体験ができます。たとえば、「世界の恐竜図かん」を読んでいると、恐竜たちの時代にタイムスリップしたような気持ちになります。}

〈「話したいな、すきな時間」による〉

1 ［　　］に入る言葉として、合うもの一つに○をつけましょう。

すぐ前の「こわくなって」にちゅう目しよう。

ア（　）うっとり
イ（　）ほっと
ウ（　）どきどき

2 ★の説明として、合うもの一つに○をつけましょう。

ア（　）話の中心になること。
イ（　）話の中心をはっきりさせるためのれい。
ウ（　）話の中心について自分の意見をまとめたもの。

ものしりメモ 昔のことを思い出して話すときは、「あのころは……」「あの日は……」など、「あ」のつく「こそあど言葉」を使うよ。

きほんのワーク

漢字の読み方 ローマ字②

教科書 下34～37ページ

答え 17ページ

勉強した日 月 日

もくひょう
- 漢字の音と訓の読み方について学ぼう。
- コンピューターに文字を入力するときの決まりをおぼえよう。

漢字練習ノート18ページ

おわったらシールをはろう

新しい漢字

▶筆じゅん 練習しましょう。

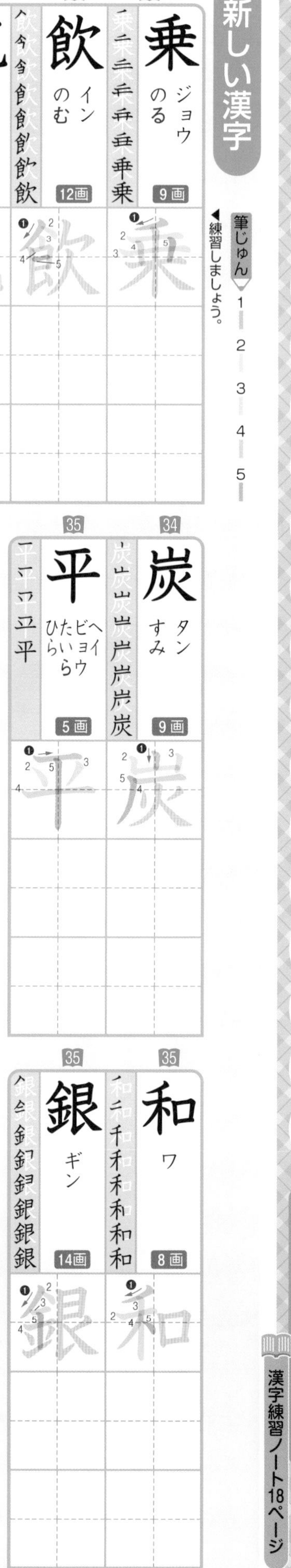

教科書ページ	漢字	読み	画数
34	乗	ジョウ のる	9画
34	飲	イン のむ	12画
34	流	リュウ ながれる	10画
34	炭	タン すみ	9画
35	平	ヘイ ビョウ たいら ひら	5画
35	和	ワ	8画
35	銀	ギン	14画

1 漢字の読み

読みがなを横に書きましょう。

○新しい漢字 ●読みかえの漢字 ◆とくべつな読み方

1. 乗馬
2. 飲食店
3. 店頭
4. 星雲
5. 流星
6. 木炭
7. 用いる
8. 平和
9. 電池
10. 銀行

2 漢字の書き

漢字を書きましょう。

1. （じょう ば）クラブ。
2. （いん しょく てん）に入る。
3. （りゅう せい）を見る。
4. （もく たん）を使う。
5. （へい わ）のかね。
6. えき前の（ぎん こう）。

漢字の読み方

3 漢字の音(おん)と訓(くん)について、（　）に合う言葉を［　］からえらんで、記号で答えましょう。

音は、漢字が日本につたえられたときの（　）をもとにした読み方、訓は、（　）を当てはめた読み方である。

ア　英語(えい)の発音　　イ　漢字の意味に合う日本語
ウ　中国の発音

4 次の漢字の、――の音と訓の読み方を書きましょう。

❶ 音　店長と話す。…（　　）
　 訓　店先の野菜(さい)。…（　　）

❷ 音　物語の作者。…（　　）
　 訓　人気者になる。…（　　）

❸ 音　親切な友だち。…（　　）
　 訓　親指のつめ。…（　　）

5 次の漢字の――の読み方が音ならア、訓ならイを（　）に書きましょう。

❶ 星空（　）（　）　❷ 時間（　）（　）
❸ 教室（　）（　）　❹ 早足（　）（　）
❺ 名前（　）（　）　❻ 野原（　）（　）

ローマ字②

6 コンピューターにローマ字で次の日本語を入力するとき、どのように入力すればよいですか。合うほうに○をつけましょう。

❶ こおり
ア（　　）KOORI
イ（　　）KOURI

❷ ロープ
ア（　　）ROUPU
イ（　　）RO-PU

❸ ほんや
ア（　　）HONYA
イ（　　）HONNYA

❹ かたづけ
ア（　　）KATADUKE
イ（　　）KATAZUKE

❺ はなぢ
ア（　　）HANADI
イ（　　）HANAJI

❻ がっき
ア（　　）GAAKI
イ（　　）GAKKI

❼ じをかく
ア（　　）JIWOKAKU
イ（　　）JIOKAKU

書くときと入力するときのちがいに気をつけよう。

ものしりメモ 意味や使い方によって、ちがう読み方をする言葉があるよ。「人気」は「ひとけ」・「にんき」、「色紙」は「いろがみ」・「しきし」と読めるね。文の意味に合った読み方をしよう。

きほんのワーク

モチモチの木

教科書 ㊦38～56ページ

答え 18ページ

勉強した日　月　日

もくひょう
●人物の行動や様子、会話文から、せいかくや気持ちを読み取ろう。
●人物の気持ちの変化をとらえよう。

おわったらシールをはろう

新しい漢字

教科書ページ
44 鼻 はな 14画
45 神 シン ジン かみ 9画
45 祭 サイ まつる まつり 11画
47 歯 シ は 12画
47 医 イ 7画
48 坂 さか 7画
49 薬 ヤク くすり 16画
49 箱 はこ 15画
52 湯 トウ ゆ 12画
53 他 タ ほか 5画
54 対 タイ 7画

筆じゅん 1 2 3 4 5 ◀練習しましょう。

漢字練習ノート19ページ

1 漢字の読み　読みがなを横に書きましょう。

○新しい漢字　●読みかえの漢字　◆とくべつな読み方

①ぞうの鼻　②神様　③お祭り　④歯をぬく　⑤医者

⑥坂道　⑦薬箱　⑧お湯　⑨他人　⑩対する

「薬」は にた形の「楽」とまちがえないようにしよう。

3 言葉の意味　○をつけましょう。

① 40ページ おくびょうなやつ。
ア（　）こわがりで、気が弱い。
イ（　）わがままで、おこりっぽい。
ウ（　）無口で、おとなしい。

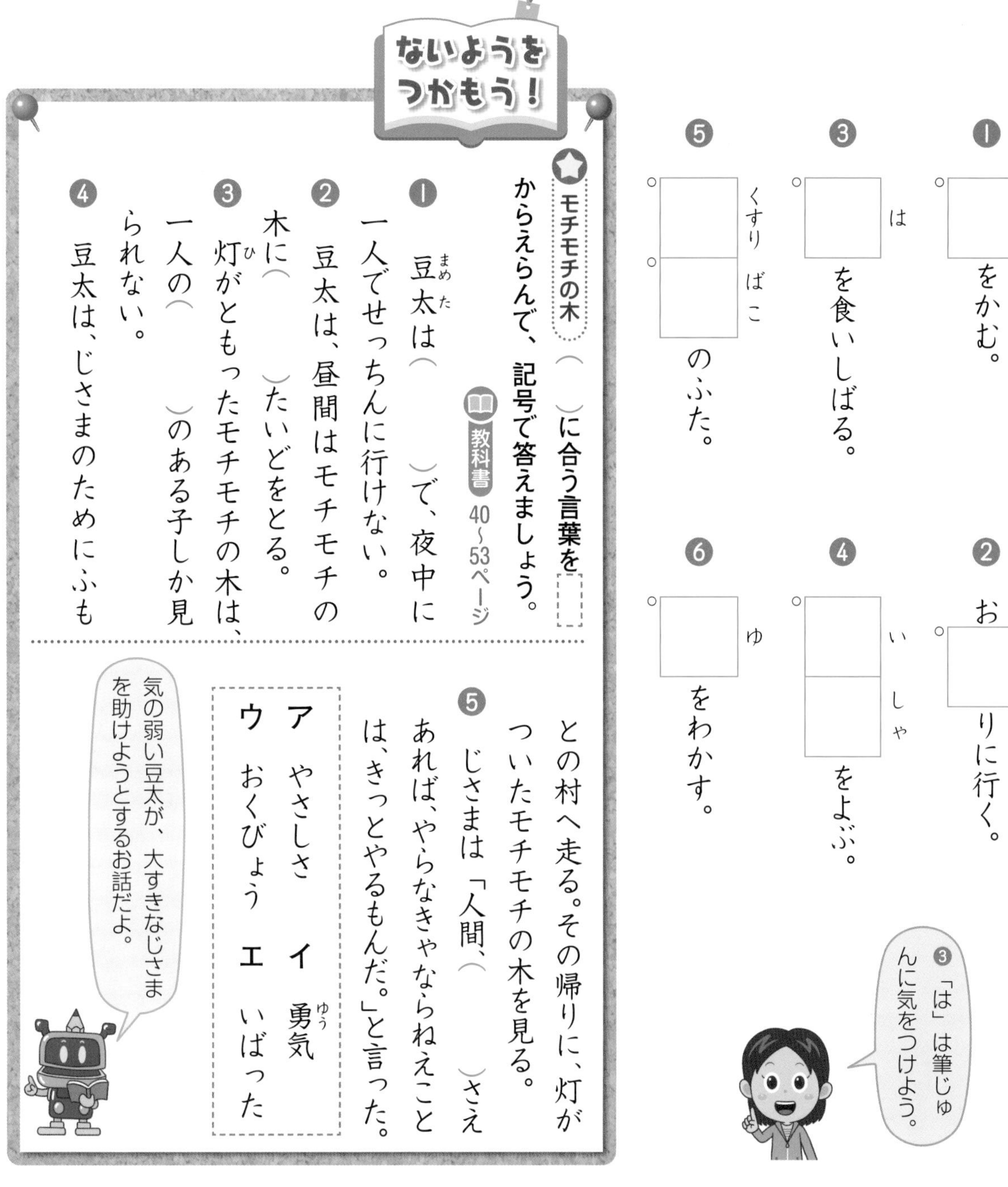

2 漢字の書き

漢字を書きましょう。

1 （はな）をかむ。

2 お（まつ）りに行く。

3 （は）を食いしばる。

4 （いしゃ）をよぶ。

5 （くすりばこ）のふた。

6 （ゆ）をわかす。

3「は」は筆じゅんに気をつけよう。

ないようをつかもう！

☆モチモチの木　（　）に合う言葉を［　］からえらんで、記号で答えましょう。　教科書40～53ページ

1 豆太(まめた)は（　）で、夜中に一人でせっちんに行けない。

2 豆太は、昼間はモチモチの木に（　）たいどをとる。

3 灯(ひ)がともったモチモチの木は、一人の（　）のある子しか見られない。

4 豆太は、じさまのためにふもとの村へ走る。その帰りに、灯がついたモチモチの木を見る。

5 じさまは「人間、（　）さえあれば、やらなきゃならねえことは、きっとやるもんだ。」と言った。

ア やさしさ　イ 勇気(ゆうき)　ウ おくびょう　エ いばった

気の弱い豆太が、大すきなじさまを助けようとするお話だよ。

---

2 42 ほっぺたが落っこちる味。
ア（　）たまらなくおいしい。
イ（　）とてもめずらしい。
ウ（　）あまりすきではない。

3 43 いばってさいそくする。
ア（　）大きな声で命令(れい)すること。
イ（　）同じことをくり返させること。
ウ（　）早くするように急がせること。

4 43 上からおどかす。
ア（　）楽しませる。
イ（　）こわがらせる。
ウ（　）ちゅう意をする。

5 44 モチモチの木に灯がともる。
ア（　）火事になる。
イ（　）明かりがつく。
ウ（　）きらきらかがやく。

6 47 くまみたいにうなる。
ア（　）大きな声でどなる。
イ（　）高いさけび声を上げる。
ウ（　）ひくくて長い声を出す。

ものしりメモ　斎藤(さいとう)隆介(りゅうすけ)さんが物語を書いて、滝平(たきだいら)二郎(じろう)さんが絵をかいた本は、教科書でしょうかいされている作品のほかにも、「半日村」「猫山(ねこやま)」「ふき」など、たくさんあるよ。

練習のワーク①

モチモチの木

教科書 下38～56ページ　答え 18ページ

できるナビ
●豆太とじさまの行動や会話に注目して、二人の気持ちや人がらを読み取ろう。

勉強した日　月　日

おわったらシールをはろう

次の文章を読んで、問題に答えましょう。

全く、豆太ほどおくびょうなやつはいない。もう五つにもなったんだから、夜中に一人でせっちんぐらいに行けたっていい。

ところが豆太は、せっちんは表にあるし、表には大きなモチモチの木がつっ立っていて、空いっぱいのかみの毛をバサバサとふるって、両手を「ワァッ！」とあげるからって、夜中には、じさまについてってもらわないと、一人じゃしょうべんもできないのだ。

じさまは、ぐっすりねむっている真夜中に、豆太が「じさまぁ。」って、どんなに小さい声で言っても、「しょんべんか。」と、すぐ目をさましてくれる。

いっしょにねている一まいしかないふとんを、ぬらされちまうよりいいからなぁ。

〈斎藤 隆介「モチモチの木」による〉

1 「豆太ほどおくびょうなやつはいない」といっているのは、なぜですか。

夜中に一人で（　　　）に行けずに、（　　　）についてきてもらうから。

豆太は五つ（五さい）なのに、何ができないのかな。

2 「空いっぱいのかみの毛をバサバサとふるって、両手を『ワァッ！』とあげる」とありますが、モチモチの木のどんな様子を表していますか。一つに○をつけましょう。

ア（　）親しげな様子。
イ（　）いさましい様子。
ウ（　）おそろしげな様子。

3 よく出る 豆太が真夜中に「じさまぁ。」と言うと、じさまはどうしてくれるのですか。

（　　　）

言葉の意味プラス
82ページ5行 つっ立つ…まっすぐ立つ。 6行 ふるう…ゆり動かす。
83ページ7行 勇気…何事もおそれない気持ち。 13行 とんでもない…とても考えられない。

そのモチモチの木に、今夜は灯がともるばんなんだそうだ。じさまが言った。

「霜月二十日のうしみつにゃあ、モチモチの木に灯がともる。起きてて見てみろ、そりゃあきれいだ。おらも、子どものころに見たことがある。死んだおまえのおとうも見たそうだ。山の神様のお祭りなんだ。それは、一人の子どもしか見ることはできねえ。それも勇気のある子どもだけだ。」

「……それじゃぁおらは、とってもだめだ……。」

豆太は、ちっちゃい声で、なきそうに言った。だって、じさまも、おとうも見たんなら自分も見たかったけど、こんな冬の真夜中に、モチモチの木を、それもたった一人で見に出るなんて、とんでもねえ話だ。ぶるぶるだ。

木のえだえだの細かいところにまで、みんな灯がともって、木が明るくぼうっとかがやいて、まるでそれは、ゆめみてえにきれいなんだそうだが、そして、豆太は、

――昼間、だったら、見てえなあ……

と、そっと思ったんだが、ぶるぶる、夜なんて考えただけでも、おしっこをもらしちまいそうだ……。


〈斎藤隆介「モチモチの木」による〉

4 「モチモチの木に灯がともる」について答えましょう。

(1) 「モチモチの木に灯がともる」ことを、じさまは、何とよんでいますか。

(2) 「モチモチの木に灯がともる」のを見ることができるのは、どんな子どもですか。

たった（　　）の（　　）のある子ども。

5 よく出る 「それじゃぁおらは、とってもだめだ」とありますが、豆太がこのように言ったのは、なぜですか。一つに○をつけましょう。

ア（　）冬の真夜中に、モチモチの木を一人で見るなんて、こわくてできないから。

イ（　）冬の真夜中に、じさまとではなく、一人でモチモチの木を見ても、つまらないから。

ウ（　）冬の真夜中に外に出るなんて、寒くてがまんができそうにないから。

6 「見てえなあ」とありますが、豆太は何を見たいのですか。

豆太が見たいのは、「ゆめ」みたいにきれいなものだよ。

モチモチの木に（　　）ところ。

ものしりメモ 「うしみつ」は、時こくを表す昔の言い方で、夜中の２時から２時半のことを指すよ。この時間は「草木もねむるころ」と言われ、ゆうれいが出やすい時間と考えられていたんだよ。

練習のワーク②

モチモチの木

教科書 下38～56ページ　答え 18ページ

できるナビ
- あわてる豆太(まめた)の様子をとらえよう。
- 豆太のじさまへの気持ちを読み取ろう。

勉強した日　月　日

おわったらシールをはろう

※ 次の文章を読んで、問題に答えましょう。

豆太(まめた)は真夜中に、ひょっと目をさました。頭の上でくまのうなり声が聞こえたからだ。

「①じさまぁっ！」

むちゅうでじさまにしがみつこうとしたが、じさまはいない。

「ま、豆太、しんぺえすんな。じさまは、じさまは、ちょっと、はらがいてえだけだ。」

まくらもとで、くまみたいに体を丸めてうなっていたのは、じさまだった。

「②じさまっ！」

こわくて、びっくらして、豆太はじさまにとびついた。

1 豆太が真夜中に目をさましたのは、何が聞こえたと思ったからですか。

（　　　　）

2 「①じさまぁっ！」、「②じさまっ！」と言ったときの豆太の気持ちを一つずつえらんで、○をつけましょう。

①
- ア（　）じさま、なんで起きてくれないんだよ。
- イ（　）じさま、声が聞こえてこわいよう。
- ウ（　）じさま、せっちんへ行きたいな。

②
- ア（　）じさま、水を持ってこようか。
- イ（　）じさま、ふとんでねたほうがいいよ。
- ウ（　）じさま、どうしてしまったの。

3 よく出る● 豆太が表に出たのは、何のためですか。

豆太が思ったことに注目(ちゅうもく)しよう。

（　　　　）

4 豆太があわててとびだした様子が分かる言葉三つに、〰〰〰に、○をつけましょう。

言葉の意味プラス
22行 ふもと…山の下の方。　30行 わけ…理由。
33行 おぶう…せ中にのせる。おんぶする。

けれどもじさまは、ころりとたたみにころげると、歯を食いしばって、ますますすごくうなるだけだ。

——医者様を、よばなくっちゃ！

豆太は小犬みたいに体を丸めて、表戸を体でふっとばして走りだした。

ねまきのまんま。はだしで。半道(はんみち)もあるふもとの村まで……。

外はすごい星で、月も出ていた。とうげの下りの坂道は、一面の真っ白いしもで、雪みたいだった。しもが足にかみついた。足からは血が出た。豆太はなきなき走った。いたくて、寒くて、こわかったからなぁ。

でも、大すきなじさまの死んじまうほうが、もっとこわかったから、なきなきふもとの医者様へ走った。

これも年よりじさまの医者様は、豆太からわけを聞くと、

「おうおう……。」

と言って、ねんねこばんてんに薬箱と豆太をおぶうと、真夜中のとうげ道を、えっちら、おっちら、じさまの小屋へ上ってきた。

〈斎藤(さいとう) 隆介(りゅうすけ)「モチモチの木」による〉

ア（　）じさまにとびついた。
イ（　）表戸を体でふっとばして。
ウ（　）ねまきのまんま。
エ（　）はだしで。
オ（　）足からは血が出た。

5 「とうげの下りの坂道」は、どんな様子でしたか。

（　　　　）

6 「いたくて、寒くて、こわかった」とありますが、豆太はなぜ、いたくて寒かったのですか。

つめたいしもが足に（　　）ようにささって、足からは（　　）が出ていたから。

7 **よく出る！** 坂道を走っているときの豆太は、どんな気持ちでしたか。一つに○をつけましょう。

こわくてないているのに、走りつづけたのは、何のためかな？

ア（　）外は寒いから、早く家に帰りたい。
イ（　）夜はこわいから、走りたくない。
ウ（　）なんとかじさまを助けたい。

8 「年よりじさまの医者様」は、どこにいましたか。

□□□の村。

ものしりメモ 「えっちら、おっちら」は、たいへんそうに歩く様子を表す言葉だよ。「すたすた歩く」は急ぎ足で、「のっしのっし歩く」はゆっくり地面をふんで歩く様子が思いうかぶね。

練習のワーク③

モチモチの木

教科書 下38～56ページ　答え 19ページ

できるナビ
●豆太が見たものをとらえよう。
●じさまが豆太につたえたかったことをとらえよう。

勉強した日　月　日

おわったらシールをはろう

次の文章を読んで、問題に答えましょう。

とちゅうで、月が出てるのに雪がふり始めた。この冬はじめての雪だ。豆太は、そいつをねんねこの中から見た。

そして医者様のこしを、足でドンドンけとばした。じさまが、何だか、死んじまいそうな気がしたからな。

豆太は小屋へ入るとき、もう一つふしぎなものを見た。

「モチモチの木に灯がついている！」

けれど、医者様は、

「あ。ほんとだ。まるで灯がついたようだ。だどもあれは、トチの木の後ろに、ちょうど月が出てきて、えだの間に星が光ってるんだ。そこに雪がふってるから、明かりがついたように見えるんだべ。」

と言って、小屋の中へ入ってしまった。だから、豆太は、その後は知らない。医者様の手つだいをして、かまどにまきをくべたり、湯をわかしたりなんだり、いそがしかったからな。

1　「医者様のこしを、足でドンドンけとばした。」とありますが、このとき、豆太はどんな気持ちでしたか。一つに○をつけましょう。

豆太は、じさまがまつ小屋へ早く帰りたいと思っていたんだよ。

ア（　）医者様、もっといそいでおくれよ。
イ（　）医者様、モチモチの木を見てよ。
ウ（　）医者様、ほら、雪がふってきたよ。

2　「もう一つふしぎなものを見た」について答えましょう。

(1) 豆太が見た、❶一つ目の「ふしぎなもの」は、何ですか。❷「もう一つ」の「ふしぎなもの」は、何ですか。

❶ 月が出ているのに、ふり始めた（　　　）。
❷ 灯がついた（　　　）。

(2) 「もう一つ」の「ふしぎなもの」について、医者様は、どんな説明をしましたか。

木の後ろに（　　　）が出て、えだの間に（　　　）が光り、そこに雪がふったため、明かりがついたように見える。

言葉の意味プラス
13行　かまど…なべなどをおき、下に火をつけて物をにる所。
14行　くべる…火の中に入れてもやす。　14行　わかす…水などをあつくする。

弱虫でもやさしけりゃ

でも、次の朝、はらいたがなおって、元気になったじさまは、医者様の帰った後で、こう言った。

「おまえは、山の神様の祭りを見たんだ。モチモチの木には灯がついたんだ。おまえは一人で夜道を医者様よびに行けるほど勇気のある子どもだったんだからな。自分で自分を弱虫だなんて思うな。人間、やさしささえあれば、やらなきゃならねえことは、きっとやるもんだ。それを見て他人がびっくらするわけよ。はははは。」

――それでも豆太は、じさまが元気になると、そのばんから、

「じさまぁ。」

と、しょんべんにじさまを起こしたとさ。

〈斎藤隆介「モチモチの木」による〉

3 よく出る 「人間、やさしささえあれば、やらなきゃならねえことは、きっとやるもんだ。」というじさまの言葉は、だれが、何をしたことを指していますか。一つに○をつけましょう。

ア（　）医者様が、真夜中にとうげ道を上ってきて、じさまの病気をなおしたこと。

イ（　）じさまが、豆太と医者様の力をかりて元気になったこと。

ウ（　）豆太が、じさまのために、真夜中に一人で医者様をよびに行ったこと。

じさまは、豆太の勇気ある行動をほめているんだね。

4 じさまが元気になった後、豆太はどうなりましたか。一つに○をつけましょう。

ア（　）一人でしょんべんに行けるようになった。

イ（　）やはりしょんべんのときはじさまを起こした。

ウ（　）夜中にしょんべんに起きることはなくなった。

5 よく出る 豆太が、灯のともったモチモチの木を見ることができたのは、なぜですか。

豆太は、夜中に、一人でせっちんに行けないほど（　　）だが、じさまを思う（　　　　）があり、真夜中に医者様をよびに行けるほどの（　　）を出すことができたから。

ものしりメモ 「モチモチの木」は、トチの木のことだよ。トチの実を使って作ったもちを、「とちもち」というよ。「とちもち」はほろにがい味がしておいしいけれど、作るのに手間と時間がかかるんだ。

まとめのテスト モチモチの木

教科書 ㊦38〜56ページ　答え 19ページ

時間 20分

とく点 /100点

おわったらシールをはろう

勉強した日 月 日

次の文章を読んで、問題に答えましょう。

豆太は真夜中に、ひょっと目をさました。頭の上でくまのうなり声が聞こえたからだ。

「じさまぁっ！」

むちゅうでじさまにしがみつこうとしたが、じさまはいない。

「ま、豆太、しんぺえすんな。じさまは、じさまは、ちょっと、はらがいてえだけだ。」

まくらもとで、くまみたいに体を丸めてうなっていたのは、じさまだった。

「じさまっ！」

こわくて、びっくらして、豆太はじさまにとびついた。けれどもじさまは、ころりとたたみにころげると、歯を食いしばって、ますますすごくうなるだけだ。

――医者様を、よばなくっちゃ！

豆太は小犬みたいに体を丸めて、表戸を体でふっとばして走りだした。

2 「ま、豆太、しんぺえすんな。じさまは、じさまは、ちょっと、はらがいてえだけだ。」とありますが、このとき、じさまはどう思っていましたか。一つに○をつけましょう。〔10点〕

ア（　）豆太はおくびょうだから、何を言ってもむだだろう。

イ（　）とてもくるしいが、小さな豆太に心配をかけるわけにはいかない。

ウ（　）いたくてたまらないから、豆太に話しかけてほしくない。

3 よく出る● 「こわくて、びっくらして」とありますが、豆太は、だれがどうしていた様子を見て、「こわくて、びっくら」したのですか。一つ10〔20点〕

（　　　　）が、

（　　　　）様子。

言葉の意味プラス　4行 むちゅう…あることに一生けん命になる様子。

ねまきのまんま。はだしで。半道（はんみち）もあるふもとの村まで……。

外はすごい星で、月も出ていた。とうげの下りの坂道は、一面の真っ白いしもで、雪みたいだった。しもが足にかみついた。足からは血が出た。豆太はなきなき走った。いたくて、寒くて、こわかったからなぁ。

でも、大すきなじさまの死んじまうほうが、もっとこわかったから、なきなきふもとの医者様へ走った。

〈斎藤（さいとう）隆介（りゅうすけ）「モチモチの木」による〉

1 よく出る 「くまのうなり声」とありますが、本当はだれの声でしたか。〔10点〕

（　　　　）の声。

---

4 「豆太は小犬みたいに体を丸めて、表戸を体でふっとばして走りだした。」とありますが、このとき、豆太はどう思っていましたか。〔15点〕

書いてみよう!

（　　　　）

5 よく出る 「ねまきのまんま。はだしで。」から、豆太のどんな様子が分かりますか。一つに○をつけましょう。〔15点〕

ア（　）じさまのたいどにおどろき、こわがっている様子。

イ（　）じさまのことが心配で、とてもあわてている様子。

ウ（　）まだ目がさめなくて、ねぼけたままでいる様子。

6 「しもが足にかみついた。」とありますが、どんなことを表していますか。一つに○をつけましょう。〔15点〕

ア（　）真っ白いしもがこびりついて、豆太の足が白くなっていること。

イ（　）しもがつるつるして、豆太が何回も足をすべらせていること。

ウ（　）しものかたさやつめたさで、豆太の足がいたくなっていること。

チャレンジ!

7 「いたくて、寒くて、こわかった」とありますが、それでも豆太がふもとまで走ったのはなぜですか。〔15点〕

（　　　　）ほうが、もっとこわかったから。

ものしりメモ　「モチモチの木」は、「起こしたとさ」という言葉で終わっているね。「〜とさ」は、昔話でよく使われる言い方で、「〜だそうだ」という意味を表すんだよ。

きほんのワーク

漢字を使おう6／言葉相だん室 人物の気持ちを表す言葉 いろいろなつたえ方

教科書 下57～63ページ
答え 19ページ

勉強した日 月 日

もくひょう
●気持ちを表す言葉を使えるようになろう。
●物事をつたえる、いろいろな方法を知ろう。

おわったらシールをはろう

新しい漢字

教科書ページ

筆じゅん 1 2 3 4 5 ◀練習しましょう。

教科書ページ	漢字	読み	画数	筆じゅん
57	洋	ヨウ	9画	洋洋洋洋洋洋洋洋洋
57	湖	コ みずうみ	12画	湖氵汁汁沽沽湖湖湖
57	酒	シュ さけ さか	10画	酒氵沂沂沂沂酒酒酒
57	油	ユ あぶら	8画	油油油汩汩油油油
57	拾	ひろう	9画	拾扌扌扑拎拎拾拾
58	羊	ヨウ ひつじ	6画	羊羊兰兰羊
62	駅	エキ	14画	駅１ΠΠ馬馬駅駅駅
62	港	コウ みなと	12画	港氵洪洪洪洪港港
62	界	カイ	9画	界ⅠΠ田甲界界界界

漢字練習ノート20～21ページ

1 漢字の読み 読みがなを横に書きましょう。

○新しい漢字
●読みかえの漢字
◆とくべつな読み方

❶ ○洋服
❷ 広い○湖
❸ お○酒
❹ ○油あげ
❺ きょう●里
❻ ○拾う
❼ ○羊のえさ
❽ 音●声
❾ ●同時
❿ ○駅に行く
⓫ 空○港
⓬ ●読点

2 漢字の書き 漢字を書きましょう。

❶ ○［さけ］を売る。
❷ ○［せかい］の平和。

3 二年生の漢字 漢字を書きましょう。

❶ ［いえ］ですごす。
❷ ［ごご］五時。

4 よく出る● 次の気持ちと、にた気持ちを表す言葉を□から二つずつえらんで、記号で答えましょう。

❶ うれしい（　・　）　❷ かなしい（　・　）
❸ はずかしい（　・　）　❹ こわい（　・　）

ア ふるえ上がる　イ うきうき　ウ 顔から火が出る
エ 心がいたむ　オ もじもじ　カ ぞっとする
キ むねがさける　ク むねをおどらせる

5 次の文章中から、気持ちを表す言葉を三つさがして書きましょう。また、どんな気持ちかを□からえらんで、記号で答えましょう。

自転車がパンクしてしまい、ぼくはいらいらしていた。妹は、となりであたふたしていた。すると、近所の人が「自転車屋さんまでつれて行ってあげる。」と、自転車を持ってくれた。自転車屋さんは、パンクを直して、自転車をピカピカにみがいてくれた。心温まる出来事だった。

言葉（　）記号（　・　）
（　）（　）
（　）（　）

ア しあわせ　イ 心配　ウ あわてる　エ いらだつ

6 よく出る● 物事のつたえ方や表し方として合うものを下からえらんで、●━━●でむすびましょう。

❶ 文字のほか、ぎもん符（？）やかんたん符（！）を使う。●　　●ア ピクトグラム
❷ 物の形や様子をかたどった絵や記号でつたえる。●　　●イ 手話
❸ 手や指、顔や体の動きでつたえる。●　　●ウ 文章

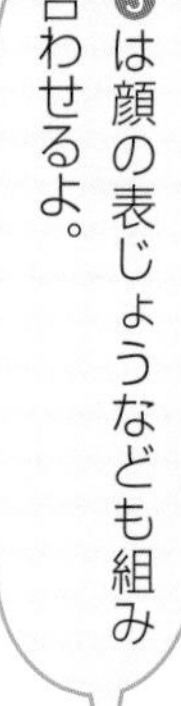

❸は顔の表じょうなども組み合わせるよ。

7 次のピクトグラムは何を表していますか。一つに○をつけましょう。

❶

ア（　）ドアを開けて空気を入れかえる場所。
イ（　）ひなんがひつようなときの出口。
ウ（　）きょうぎ場を走る選手の入り口。

❷

ア（　）せもたれがあり休む場所であること。
イ（　）ボールにのって子どもが遊べるしせつであること。
ウ（　）体の不自由な人などが利用できるしせつであること。

ものしりメモ　世界にはさまざまなピクトグラムがあるよ。タイには強いかおりのドリアンというくだものの持ちこみをきんしするもの、南アフリカにはヒッチハイクをきんしするものがあるよ。

きほんのワーク

本から発見したことをつたえ合おう
漢字を使おう7／きせつの足音――冬

教科書 下64～69ページ

答え 20ページ

勉強した日　月　日

もくひょう
- しょうかいカードを書いて、本をしょうかいする方法を知ろう。
- 短歌や俳句を読み味わおう。

おわったらシールをはろう

漢字練習ノート21～22ページ

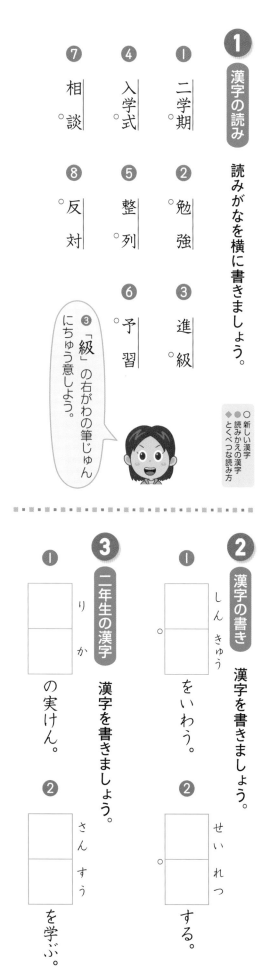

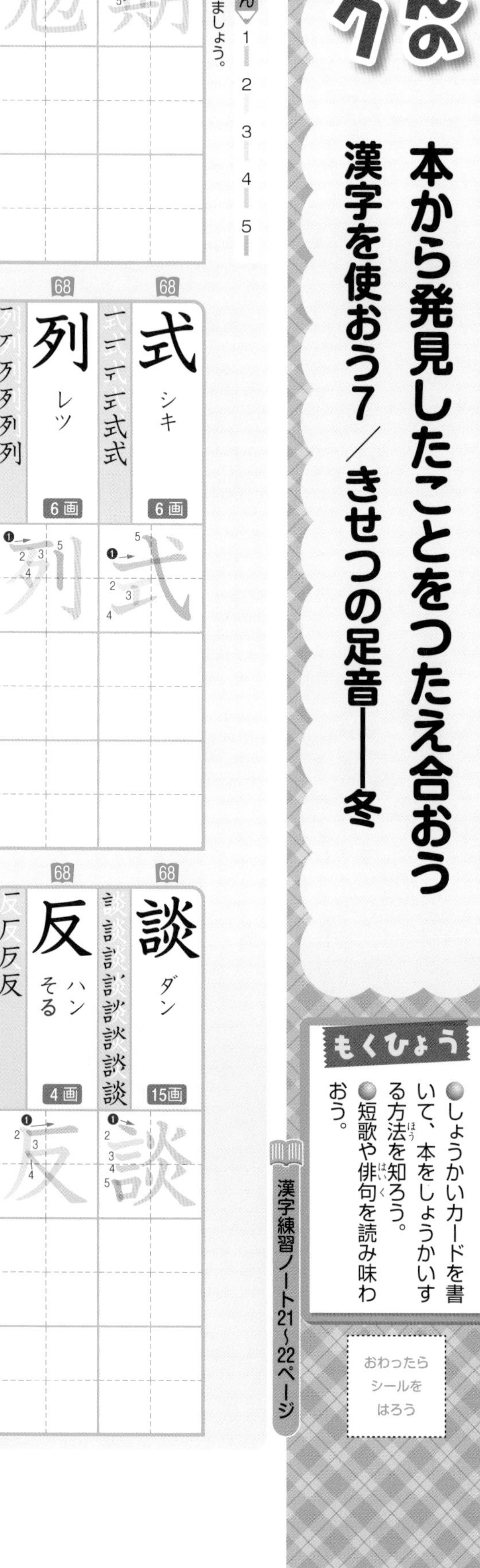

新しい漢字

筆じゅん 1 2 3 4 5

練習しましょう。

教科書ページ

ページ	漢字	読み	画数
64	期	キ	12画
64	勉	ベン	10画
68	級	キュウ	9画
68	式	シキ	6画
68	列	レツ	6画
68	予	ヨ	4画
68	談	ダン	15画
68	反	ハン　そる	4画

1 漢字の読み　読みがなを横に書きましょう。

○新しい漢字　●読みかえの漢字　◆とくべつな読み方

1 二学期。
2 勉強。
3 進級。
4 入学式。
5 整列。
6 予習。
7 相談。
8 反対。

❸「級」の右がわの筆じゅんにちゅう意しよう。

2 漢字の書き　漢字を書きましょう。

1 □□（しんきゅう）をいわう。
2 □□（せいれつ）する。

3 二年生の漢字　漢字を書きましょう。

1 □□（りか）の実けん。
2 □□（さんすう）を学ぶ。

本から発見したことをつたえ合おう

4 次の本のしょうかいカードを読んで、問題に答えましょう。

(❶)病原体とたたかう力―体を助けるえいようそ―(❷)

書いた人 山野ともみ

出ぱん社名 ○△社

(❸)

498
ヤ

ウイルスなどが体内に入るのをふせぐのが、目や鼻・のどのねんまくです。このねんまくを強くするえいようそが、ビタミンAです。ビタミンAが足りないとわるいえいきょうがありますが、とりすぎてもいけません。

感想

体を守るのにひつようなえいようそでも、とりすぎるとわるいえいきょうがあると知り、びっくりしました。

1 ( )に合う言葉を[ ]からえらんで、記号で答えましょう。

❶( ) ❷( ) ❸( )

ア 本のラベル　イ 新しく知ったこと　ウ 本の題名

2 「感想」に書かれていること一つに○をつけましょう。

ア( )はじめて知って、ためしてみたくなったこと。
イ( )新しく知って、おどろいたこと。
ウ( )有名で、みんなも知っていると思うこと。

きせつの足音―冬

5 次の作品（短歌と俳句）を読んで、問題に答えましょう。

❶ 街をゆき子どもの傍を通る時蜜柑の香せり冬がまた来る　木下利玄

❷ コンビニのおでんが好きで星きれい　神野紗希

1 ❶❷から、冬を表す言葉を書きましょう。（習っていない漢字は、ひらがなで書きましょう。）

❶( ) ❷( )

2 ❶❷の作品は、どんな様子を表していますか。[ ]からえらんで、記号で答えましょう。

❶( ) ❷( )

ア ものを食べる子どもたちの集まりにまざる様子。
イ 冬の食べ物のかおりから、きせつを感じる様子。
ウ 冬の夜空にかがやく星のもとにいる様子。

❶は子どもたちと何かをしたのではなく、子どもの「傍」を通ったのだよね。

ものしりメモ
冬の魚としては「はたはた」が有名だよ。秋田県の近海で、初冬のかみなりがよく鳴るきせつにとれたことから、カミナリウオ（雷魚）ともよばれているよ。

きほんのワーク

俳句(はいく)に親しもう

教科書 下70～75ページ
答え 20ページ

もくひょう
●俳句(はいく)のとくちょうをおさえ、どんな様子が表されているかを考えよう。

勉強した日 月 日

おわったら シールを はろう

新しい漢字

教科書 70ページ
注 チュウ そそぐ 8画
注注注汁汁汁注注

教科書 75ページ
暗 アン くらい 13画
暗暗暗暗暗暗暗暗暗暗暗暗暗

筆じゅん ◀練習しましょう。

「暗い」⇔「明るい」だね。

○新しい漢字 ●読みかえの漢字 ◆とくべつな読み方

1 漢字の読み 読みがなを横に書きましょう。

① 注意
② 竹林
③ 暗唱(しょう)

2 漢字の書き 漢字を書きましょう。

① 車に［ちゅうい］する。
② ［ちくりん］を歩く。
③ ［あんき］する。

3 俳句(はいく)に親しもう 次の俳句を読んで、問題に答えましょう。

漢字練習ノート23ページ

閑(しず)かさや岩にしみ入る蟬(せみ)の声　松尾(まつお)　芭蕉(ばしょう)

1 俳句はふつう、何音(なんおん)でできていますか。この俳句の音の数を数えて、（　）に数を書きましょう。

（　　）・（　　）・（　　）の十七の音

俳句は、どんなリズムでできているかな。

2 俳句には、きせつを表す言葉が入ります。このような言葉を何といいますか。

［　　］

3 この俳句の中から、きせつを表す言葉をひらがなに直して書き、きせつを答えましょう。

きせつを表す言葉（　　　）　きせつ（　　）

4 次の俳句を音によって／で正しくくぎっているものをえらんで、一つに○をつけましょう。

俳句は、ふつう五・七・五でできているよ。

ゆさゆさと大枝ゆるる桜かな　村上鬼城

ア（　）ゆさゆさ／と大枝／ゆるる桜かな

イ（　）ゆさゆさと／大枝ゆるる／桜かな

ウ（　）ゆさゆさと大枝／ゆるる／桜かな

5 よく出る● 次の俳句をれいにならって、くぎりましょう。また、俳句の季語を書きましょう。

れい　遠山に／日の当たりたる／枯野かな　高浜虚子

きせつ〈冬〉　季語（枯野）

❶ ひ（ひ）つ（つ）ぱれる糸まっ（ま）（つ）すぐや甲虫　高野素十

きせつ〈夏〉　季語（　　）

❷ スケートの紐むすぶ間も逸りつつ　山口誓子

きせつ〈冬〉　季語（　　）

6 次の俳句の様子を表しているものをえらんで、一つに○をつけましょう。

菜の花や月は東に日は西に　与謝蕪村

ア（　）

イ（　）

ウ（　）

7 次の俳句について、（　）に合う言葉を、□からえらんで書きましょう。

❶ 鶯のあかるき声や竹の奥　和田希因

❷ 万緑の中や吾子の歯生え初むる　中村草田男

❶ 竹林のおくから、明るく鳴くうぐいすの（　　）が聞こえてくるよと、（　　）のおとずれをうたっています。

❷ 葉の（　　）と歯の（　　）という色をくらべながら、わか葉の生いしげる（　　）にわが子の歯が生え始めたことをうたっています。

白　声　緑　春　夏　秋

ものしりメモ　夏の季語には「葉」にかんするものがいろいろあるよ。「万緑」は見わたすかぎり緑色の葉、「新緑」は初夏のみずみずしい葉、「若葉」は生え出てまもない葉のことだよ。

生き物についての考えを深めよう

きほんのワーク

カミツキガメは悪者か SDGs

教科書 ㊦76～90ページ

答え 21ページ

勉強した日　月　日

もくひょう
●カミツキガメに対する筆者のイメージの変化や事例に注目して、筆者の考えとその理由を読み取ろう。

おわったらシールをはろう

新しい漢字

教科書78ページ

ページ	漢字	読み	画数	筆順
78	悪	アク わるい	11画	一 亜 亜 亜 亜 亜 悪 悪 悪
80	岸	ガン きし	8画	丨 山 山 岸 岸 岸 岸 岸
85	放	ホウ はなす ほうる	8画	丶 亠 方 方 方 放 放 放
86	幸	コウ さいわい しあわせ	8画	一 十 土 幸 幸 幸 幸 幸
87	悲	ヒ かなしい かなしむ	12画	丿 ㇀ 非 非 非 非 悲 悲

筆じゅん 1 2 3 4 5

◀練習しましょう。

漢字練習ノート23ページ

1 漢字の読み　読みがなを横に書きましょう。

❶ 悪者　❷ 池の岸　❸ 新聞　❹ 放る　❺ 幸せ　❻ 悲しい

○新しい漢字 ●読みかえの漢字 ◆とくべつな読み方

2 漢字の書き　漢字を書きましょう。

❶ □□（わるもの）とよばれる。　❷ □（きし）に上がる。

3 言葉の意味　○をつけましょう。

❶ 78ページ カメがすみつく。

ア（　）すみのほうをつつく。

イ（　）同じ所にすみつづける。

ウ（　）少しの間、水にひたる。

❷ 82 どうもうな生き物がいる。

ア（　）同じしゅるいの。

イ（　）小さくてさわがしい。

ウ（　）らんぼうで強い。

③ ボールを□る。（ほう）

④ □せになる。（しあわ）

⑤ □しい話。（かな）

ないようをつかもう！

☆ カミツキガメは悪者か　（　）に合う言葉を□からえらんで、記号で答えましょう。 78〜87ページ

始め

人の活動により入ってきた
もともと日本に（　　）生き物
＝外来種→カミツキガメもその一つ

中

○カミツキガメのイメージ
テレビや新聞、人から（　　）
・気があらくてすぐにかみつく。
・体が大きく、あごの力が強い。
⇔
（　　）**をつづけて分かったこと**
・しずかに水中にひそんでいる。
・けいかい心が強く、おくびょう。

終わり

・印旛沼（いんばぬま）でのひがいのれい。
↓外国からつれてきたカミツキガメを、人が放したからふえた。

○**筆者の考え**
・×かっている生き物を自然（ぜん）に放す。
←
・もともと（　　）生き物や人の生活にえいきょうが出れば取りのぞかれる。
・生き物をかうときのせきにんとルールを考えるべきだ。

ア かんさつ　イ いなかった
ウ 見聞きしたこと　エ いた

②の「きし」の6〜8画目は「千」ではなくて、「干」だよ。

---

③ 82 けいかい心が強い。
ア（　）用心する気持ち。
イ（　）うきうきする気持ち。
ウ（　）りっぱだと思う気持ち。

④ 83 がらりとかわる。
ア（　）さっぱりと。
イ（　）急にすっかり。
ウ（　）おおらかに。

⑤ 83 子ガメがちらばる。
ア（　）見えたり消えたりする。
イ（　）あちこちにみだれて広がる。
ウ（　）いくつも放り出しておく。

⑥ 86 カメがふえるのもとうぜんだ。
ア（　）あたり前であること。
イ（　）同じであること。
ウ（　）急に起こること。

ものしりメモ カミツキガメは、1960年代から、ペットとしてアメリカからたくさんゆ入されたよ。大きくなると30〜50㎝になり、かえなくなって野外に放されたものが、ふえていったよ。

練習のワーク1

カミツキガメは悪者か SDGs

教科書 ㊦76〜90ページ　答え 21ページ

できるナビ
●カミツキガメとはどのような生き物なのかを、筆者のかんさつで分かったことからとらえよう。

勉強した日　月　日

おわったらシールをはろう

次の文章を読んで、問題に答えましょう。

田んぼにもどり、おじさんに見つけたカメの話をすると、あのカメは日本にはもともといないカミツキガメだと教えてくれました。今、このあたりですごくふえているのだそうです。カミツキガメといえば、気があらくて、近づくものにはすぐにかみつくといわれているカメです。体が大きく、あごの力も強いため、とてもきけんだと聞いたこともあります。わたしは、そんなふうに言われるカメが、家のすぐ近くにいることにおどろきました。

カミツキガメは、どんな生き物なんだろう。どのようにくらしているんだろう。カミツキガメにきょうみを持ったわたしは、毎日のように田んぼや池に通い、かんさつをつづけるようになりました。

カミツキガメは夜行せいであると知られていますが、かんさつをつづけていると、昼の池や田んぼにもよくあらわれることに気づきました。でも、見かけるのは、い

1 見つけたカメについて、おじさんはどんなことを教えてくれましたか。

日本には□□□□□□　カミツキガメで、今、すごく□□□いること。

2 よく出る● カミツキガメは、どのようなカメだといわれていますか。一つに○をつけましょう。

ア（　）人間を見ると水から出てきて、ゆっくりとよってくる、人なつっこいカメ。

イ（　）気があらく、あごの力も強くて、近づくものにすぐにかみつくどうもうなカメ。

ウ（　）岸に上がって、太陽の光をあびて日なたぼっこをする、のんびりしたカメ。

3 「おどろきました」とありますが、筆者は、何におどろいて、その後どうしましたか。一つに○をつけましょう。

筆者はカミツキガメにきょうみを持ったんだね。

言葉の意味プラス
4行 気があらい…らんぼうである。
10行 きょうみ…おもしろいと思って、心がひかれること。
15行 見かける…たまたま目にする。
18行 気配…何となくそうらしいと感じる様子。

つも水面からほんの少し顔を出しているすがただけ。しかも、人の気配がすると、すぐににげてしまいます。わたしにかみつこうと、向かってくるようなこともありません。

また、クサガメやミシシッピアカミミガメのように、岸に上がって太陽の光をあびることもありません。見つからないように、しずかに水中にひそんでいるのです。

それまで、テレビや新聞で見ていたカミツキガメは、何にでもかみつく、どうもうなカメでした。しかしそれは、カミツキガメの本当のすがたではありませんでした。カミツキガメは、けいかい心が強く、人とはかかわらないようにくらしている、おくびょうなカメだったのです。かみつくのは身のきけんを感じたときに、自分の身を守ろうとしてのことなのでしょう。わたしの中で、カミツキガメのイメージが、がらりとかわりました。

〈松沢（まつざわ）陽士（ようじ）「カミツキガメは悪者か」による〉

ア（　）きけんなカメが近くにいることにおどろいて、田んぼや池のない所に引っこしをすることにした。

イ（　）きけんなカメが家の近くにいることにおどろいて、どんなカメかと田んぼや池でかんさつを始めた。

ウ（　）めずらしいカメが近くにいることにおどろいて、つかまえて大切に育てることにした。

4 カミツキガメについて、分かったことを書きましょう。

- 夜行せいだが、（　　）の池や田んぼの（　　）から、顔を出すこと。
- 人の（　　）がすると、すぐににげてしまうこと。
- しずかに（　　）いること。

5 「本当のすがた」とありますが、カミツキガメは、本当はどのようなカメですか。

かんさつして分かったことから、筆者が出した答えだね。

（　　）

筆者がはじめに持っていたカミツキガメのイメージは、がらりとかわってしまったんだね。

ものしりメモ　沖縄（おきなわ）では、ハブというどくへびをたいじする目的（もくてき）で持ちこまれたマングースが、ハブではなくヤンバルクイナなどもともといた生き物を食べて数をへらしてしまって問題になったんだ。

練習のワーク②

カミツキガメは悪者か SDGs

教科書 ㊦76〜90ページ　答え 22ページ

勉強した日　月　日

次の文章を読んで、問題に答えましょう。

土の中から出てくる子ガメを見て、わたしははっとしました。カミツキガメは一生けん命に生きて、子そんをのこそうとしているけれど、日本の自然（ぜん）の中にいてはいけない生き物なのです。

なぜなら、カミツキガメが日本にすみつくことで、もともとそこにすんでいたいろいろな生き物が、食べられたり、えさやすみかのうばい合いに負けたりして、いなくなってしまうかもしれないからです。そして、カミツキガメがふえることで、こまる人がいるからです。

印旛沼（いんばぬま）やそのまわりでは、実さいにどのようなことが起こっているのでしょうか。たとえば、田んぼのおじさんは、どろの中にひそんでいるカミツキガメをふんでしまうことが、たびたびあると言っていました。もしも、ふまれておどろいたカミツキガメに、足をかまれたらたいへんです。大けががをするかもしれません。

1 よく出る カミツキガメが「日本の自然の中にいてはいけない生き物」なのは、なぜですか。

「なぜなら」という、理由を表す言葉に注目しよう。

●もともとすんでいた生き物が、食べられたり、（　　　）のうばい合いに負けたりして、（　　　）かもしれないから。

●カミツキガメがふえると、（　　　）がいるから。

2 印旛沼やそのまわりで起きていることについて、答えましょう。

(1) 実さいに起こっていることはどれですか。二つに○をつけましょう。

ア（　）おじさんが、田んぼの中でカミツキガメに足をかまれて、大けががをしてしまった。

イ（　）おじさんが、田んぼの中を歩いているとき、カミツキガメをたびたびふんでしまった。

できるナビ
●カミツキガメがふえることで、実さいにどのようなことが起こっているのかをとらえよう。

おわったらシールをはろう

また、りょうしさんは、魚をとるあみにかかったカミツキガメが、あみをやぶってにげていくことがあると教えてくれました。これでは、せっかくとれた魚たちも、あなからにげてしまいます。

　このようなことをふせぎ、カミツキガメのひがいを少しでもへらそうと、印旛沼やそのまわりでは、たくさんの人たちがカミツキガメをつかまえて、取りのぞいています。もし、カミツキガメをそのまま放っておけば、やがて印旛沼のまわりの水べはカミツキガメだらけになってしまうからです。

　なぜ印旛沼のまわりでは、カミツキガメがふえてしまったのでしょうか。それは、ペットにするために外国からつれてきたカミツキガメを、人が放してしまったからです。さらに、印旛沼には、大きくなったカミツキガメをおそうような生き物がいません。これでは、カミツキガメがふえるのもとうぜんです。

〈松沢（まつざわ）陽士（ようじ）「カミツキガメは悪者か」による〉

ウ（　）魚とりのあみにかかったカミツキガメが、同じあみでとれた魚を食べてしまった。

エ（　）魚とりのあみにかかったカミツキガメが、あみをやぶってしまった。

「……と言っていました。」「……と教えてくれました。」という言葉に注目しよう。

チャレンジ!

(2) カミツキガメのひがいをへらすために、行われていることを書きましょう。

（　　　　　　　　）こと。

(3) カミツキガメは、なぜふえてしまったのですか。理由を二つに分けて書きましょう。

理由1

外国から、（　　　　）にするためにつれてきたカミツキガメを、人が（　　　　）しまったから。

書いてみよう!

理由2

（　　　　　　　　）

さい後のだん落の「さらに」の前と後に理由が書かれているね。

ものしりメモ

メダカがぜつめつしそうな生き物であることを知っているかな。かのよう虫のボウフラをくじょするために持ちこまれたカダヤシという魚が、原いんの一つと言われているよ。

まとめのテスト

カミツキガメは悪者か　SDGs

教科書　㊦76～90ページ　答え　22ページ

勉強した日　月　日

次の文章を読んで、問題に答えましょう。

印旛沼（いんばぬま）やそのまわりでは、実さいにどのようなことが起こっているのでしょうか。たとえば、田んぼのおじさんは、どろの中にひそんでいるカミツキガメをふんでしまうことが、たびたびあると言っていました。もしも、ふまれておどろいたカミツキガメに、足をかまれたらたいへんです。大けがをするかもしれません。

また、りょうしさんは、魚をとるあみにかかったカミツキガメが、あみをやぶってにげていくことがあると教えてくれました。これでは、せっかくとれた魚たちも、あなからにげてしまいます。

このようなことをふせぎ、カミツキガメのひがいを少しでもへらそうと、印旛沼やそのまわりでは、たくさんの人たちがカミツキガメをつかまえて、取りのぞいています。もし、カミツキガメをそのまま放っておけば、やがて印旛沼のまわりの水べはカミツキガメだらけになってしまうからです。

1　「このようなこと」とは、どのようなことですか。　一つ5〔20点〕

●ふまれておどろいたカミツキガメに（　　）て、（　　）をするかもしれないこと。

●魚とりのあみにかかったカミツキガメが、（　　）にげるときに、とれた魚も（　　）しまうこと。

2　カミツキガメがふえてしまったのはなぜですか。二つに○をつけましょう。　一つ10〔20点〕

ア（　）印旛沼のまわりの人たちがえさをやったから。

イ（　）ペットとしてかっていた人が放したから。

ウ（　）えさである魚がまわりにたくさんいるから。

エ（　）カミツキガメをおそう生き物が、いないから。

3　もともといなかった生き物が自然の中から取りのぞかれるのは、どのようなときですか。　〔20点〕

書いてみよう！

（　　　　　　）とき。

なぜ印旛沼のまわりでは、カミツキガメがふえてしまったのでしょうか。それは、ペットにするために外国からつれてきたカミツキガメを、人が放してしまったからです。さらに、印旛沼には、大きくなったカミツキガメをおそうような生き物がいません。これでは、カミツキガメがふえるのもとうぜんです。

かっている生き物を、自然の中に放せば、その生き物が幸せになれると思う人もいるかもしれません。でも、それはまちがっています。そこにいなかった生き物が自然の中でふえ、もともといた生き物や人の生活にえいきょうが出るようなことになれば、その生き物は、自然の中から取りのぞかなければならなくなるからです。

カミツキガメもそうした生き物の一つです。日本の自然の中にいてはいけない生き物として、取りのぞかれていくカミツキガメ。そんなカミツキガメが幸せではないことは、きっとだれにでも分かるはずです。

カミツキガメのような悲しい生き物をふやさないためには、どうすればよいのか。わたしたち一人一人が、生き物をかうときのせきにんとルールについて考えなければなりません。

〈松沢陽士「カミツキガメは悪者か」による〉

4 よく出る● 筆者がカミツキガメを「悲しい生き物」と考えているのは、なぜですか。一つに○をつけましょう。〔10点〕

ア（　）日本の自然の中でおそってくる生き物もいなくて幸せにくらしているのに、自分が幸せであることに気づいていないから。

イ（　）日本の自然の中ではおそってくる生き物もいないので、数がどんどんふえていき、やがてふえすぎて、食べ物にこまってしまうだろうから。

ウ（　）外国からつれてこられて人によって放されたのに、日本の自然の中にいてはいけない生き物として、取りのぞかれなければならないから。

5 筆者は、カミツキガメのような生き物をふやさないために、何を考えなければならないと書いていますか。〔10点〕

（　　　　）

チャレンジ！

6 「カミツキガメは悪者か」という題名に対する筆者の答えは、どのようなものですか。一つに○をつけましょう。〔20点〕

ア（　）人をこまらせる点では、悪者かもしれない。

イ（　）本当の悪者は、むせきにんな人間である。

ウ（　）人間もカミツキガメも、どちらも悪者だ。

ものしりメモ　人の手によって持ちこまれた外来種は、つりを楽しむ目的のブラックバス、食用目的だったウシガエル、そのえさであるアメリカザリガニなど、たくさんいるよ。

きほんのワーク

漢字を使おう8／じょうほうのとびら　考えと理由
クラスの思い出作りのために

教科書 ㊦91～99ページ
答え 23ページ

もくひょう
●自分の考えとその理由を分かりやすくつたえる書き方を学ぼう。

勉強した日　月　日

漢字練習ノート24ページ

おわったらシールをはろう

新しい漢字

教科書ページ	漢字	読み	画数
91	商	ショウ	11画
91	昭	ショウ	9画
91	帳	チョウ	11画

筆じゅん　1 2 3 4 5
◀練習しましょう。

1 漢字の読み　読みがなを横に書きましょう。

① ○商店　② ○昭和　③ ◆八百屋　④ 悲●鳴

○新しい漢字
●読みかえの漢字
◆とくべつな読み方

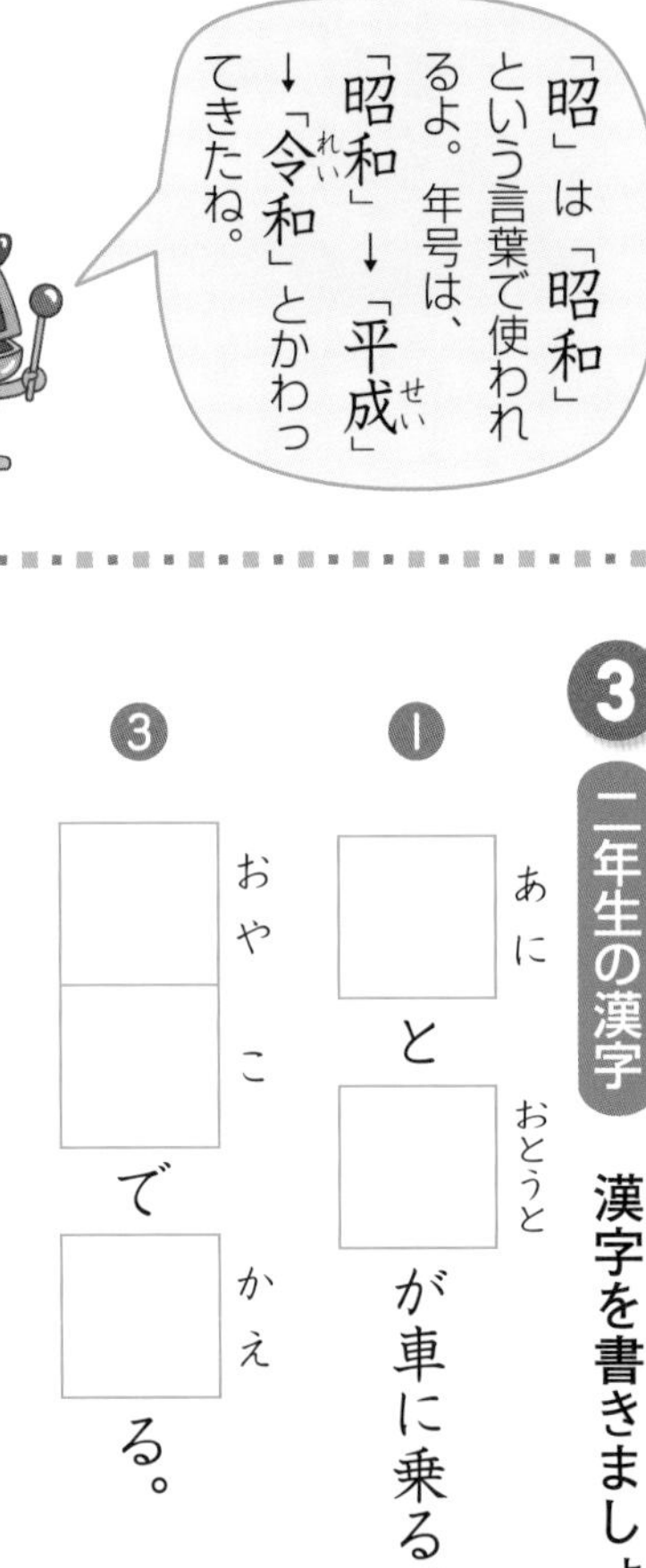

「昭」は「昭和」という言葉で使われるよ。年号は、「昭和」→「平成(せい)」→「令(れい)和」とかわってきたね。

2 漢字の書き　漢字を書きましょう。

① ○［しょう］［ひん］を売る。
② ［ち］［ず］○［ちょう］を買う。

3 二年生の漢字　漢字を書きましょう。

① ［あに］と［おとうと］が車に乗る。
② ［ゆき］がふる。
③ ［おや］［こ］で［かえ］る。
④ 犬の［かお］。

4 ☆じょうほうのとびら　考えと理由

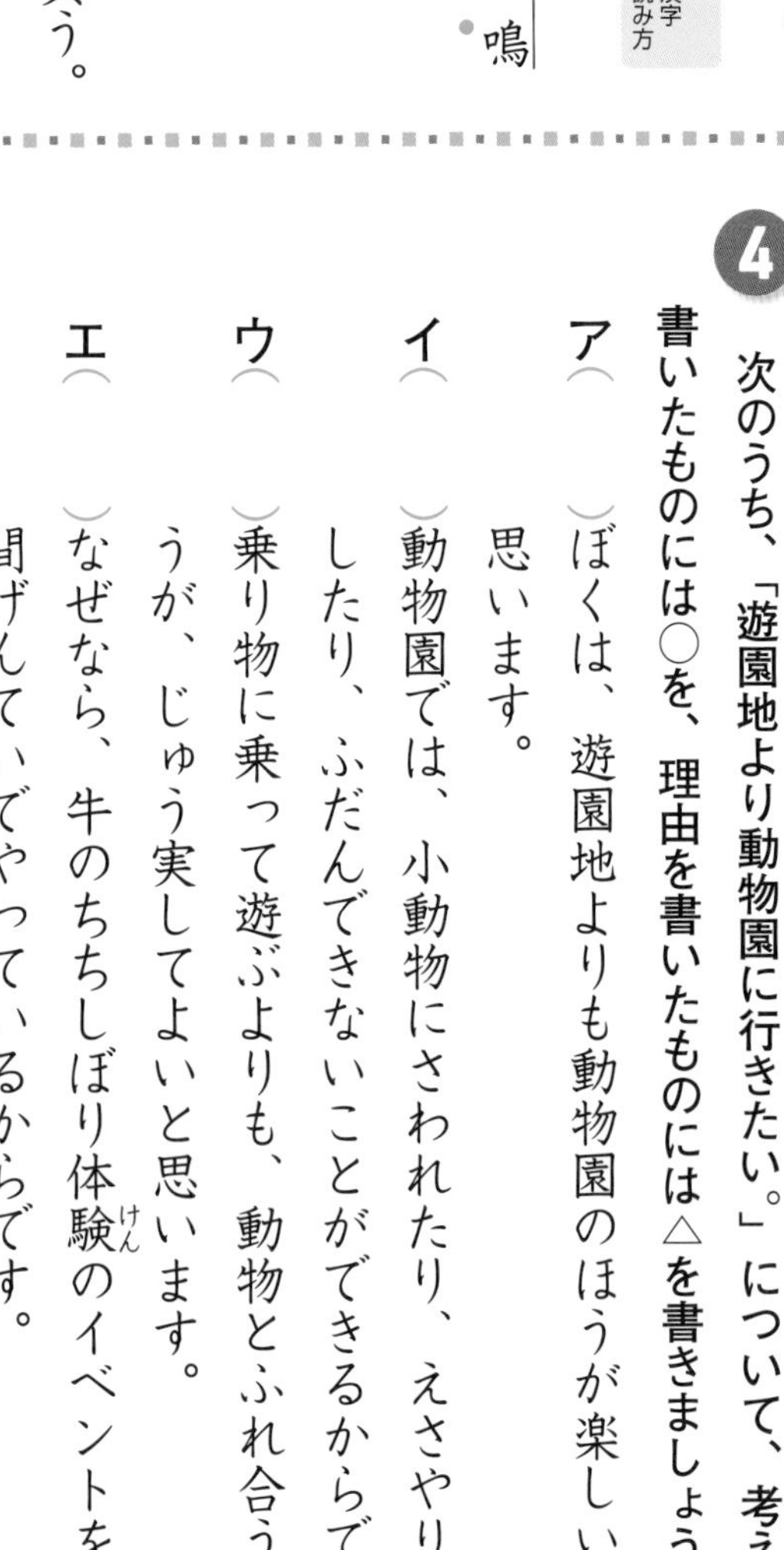

次のうち、「遊園地より動物園に行きたい。」について、考えを書いたものには○を、理由を書いたものには△を書きましょう。

ア（　）ぼくは、遊園地よりも動物園のほうが楽しいと思います。

イ（　）動物園では、小動物にさわれたり、えさやりをしたり、ふだんできないことができるからです。

ウ（　）乗り物に乗って遊ぶよりも、動物とふれ合うほうが、じゅう実してよいと思います。

エ（　）なぜなら、牛のちちしぼり体験(けん)のイベントを期間げんていでやっているからです。

5 ☆ クラスの思い出作りのために

次の小林さんが書いた文章の一部を読んで、問題に答えましょう。

クラスの思い出作りのために、クラス全員でドッジボールをするのがよいと思います。その理由は二つあります。

一つ目は、ドッジボールは、クラスの中でとても人気のある遊びだからです。多くの人が休み時間にドッジボールをしています。ルールのせつ明もいらないし、クラス全員ですれば、とてももり上がると思います。

二つ目は、ドッジボールをすれば、クラス全体がもっとなかよくなると思う［　　］。ドッジボールは、力を合わせることが大切で、クラスの思い出作りにはぴったりです。

このような理由から、クラスの思い出作りのために、クラス全員でドッジボールをするのがよいと思います。

〈「クラスの思い出作りのために」による〉

始め	中	終わり
❶	❷	❸

1 ［　　］には理由を表すときに使う言葉が入ります。合う言葉を書きましょう。

［　　　　］

考えは「わたしは……だと思います。」、理由は「なぜなら……からです。」などと表げんするよね。

2 ❶～❸には、文章の組み立ての内ようが入ります。合うものを［　］からえらんで、記号で答えましょう。

考えとその理由を、じゅんじょ立てて組み立てることが大切だね。

❶（　　）　❷（　　）　❸（　　）

ア　考えの理由
イ　自分の考え
ウ　考えのまとめ

3 よく出る● 小林さんは、文章を書くときに、どんなくふうをしていますか。一つに○をつけましょう。

ア（　）理由がつたわりやすいように、自分のけいけんをれいとしてあげながら書いている。

イ（　）さいしょに理由がいくつあるかをしめしてから、「一つ目は」「二つ目は」と、理由をじゅんじょ立てて書いている。

ウ（　）音や様子を表す言葉をたくさん入れて、具体的にイメージしやすいように書いている。

ものしりメモ　じゅんじょを表す言葉には「はじめに」「次に」「さらに」や、「だい一に」「だい二に」などが、まとめを表す表げんには「以上のように」「すなわち」「したがって」などがあるよ。

きほんのワーク

道具のうつりかわりを説明しよう
漢字を使おう9／くわしく表す言葉

教科書 下100～109ページ
答え 23ページ

もくひょう
●調べたことを分かりやすく説明するくふうを学ぼう。
●くわしく表す言葉の使い方やはたらきを知ろう。

勉強した日　月　日

漢字練習ノート25～26ページ

おわったらシールをはろう

新しい漢字

筆じゅん 1 2 3 4 5　◀練習しましょう。

教科書ページ	漢字	読み	画数
101	庫	コ	10画
101	転	テン　ころがる	11画
107	第	ダイ	11画
107	福	フク	13画
107	等	トウ　ひとしい	12画
107	定	テイ　ジョウ　さだめる	8画
107	宮	キュウ　みや	10画
107	宿	シュク　やど　やどる	11画
108	追	ツイ　おう	9画
109	庭	テイ　にわ	10画

1 漢字の読み　読みがなを横に書きましょう。

○新しい漢字　●読みかえの漢字　◆とくべつな読み方

1 れいぞう庫
2 自転車
3 第一
4 福引き
5 一等
6 予定
7 お宮まいり
8 古代
9 宿にとまる
10 追う
11 校庭

2 漢字の書き　漢字を書きましょう。

1 村の［やど］。
2 ［こうてい］を走る。

「庭」の「壬」を「王」とまちがえないようにしよう！

3 二年生の漢字　漢字を書きましょう。

1 ［おんがく］の時間に、大きな［こえ］で［うた］った。

4 道具のうつりかわりを説明しよう

次のメモは、電話について調べたことを書いたものです。これを読んで、問題に答えましょう。

> 〔 ❶ 〕
> 〈二〇〇〇年ごろのけいたい電話〉
> 昔のけいたい電話は、画面とボタンに分かれていて、おりたたんで持ち運ぶことができた。はじめてけいたい電話にカメラがついたときは、おどろいたそうだ。
> 〔 ❷ 〕
> 〔 ❸ 〕
> 石川先生に聞いた。

〈「道具のうつりかわりを説明しよう」による〉

1 ❶〜❸に合う言葉を[ ]からえらんで、記号で答えましょう。

❶（　　） ❷（　　） ❸（　　）

ア 分かったこと　イ 調べ方　ウ 調べたこと

2 このメモでは人に聞いて調べていますが、ほかにどんな調べ方がありますか。二つ書きましょう。

・（　　　　）で調べる。
・（　　　　）で調べる。

5 くわしく表す言葉

れいのように、次の文から、主語とじゅつ語を書き、くわしく表す言葉に――をつけましょう。

れい わたしはえんぴつを買いました。
主語（わたしは）じゅつ語（買いました）

❶ お母さんがにこにことわらう。
主語（　　）じゅつ語（　　）

❷ 書道の先生が出かける。
主語（　　）じゅつ語（　　）

6

次の文の――が表していることを[ ]からえらんで、記号で答えましょう。

❶ 小さな女の子が、とぼとぼ歩く。 (1)（　） (2)（　）

❷ 妹は、部屋で おやつを食べる。 (1)（　） (2)（　）

❸ 明日、ぼくは サッカーの試合に出る。 (1)（　） (2)（　）

ア 何を　イ いつ　ウ どこで
エ どんな　オ 何の　カ どのように

ものしりメモ 1900年、東京の新橋と上野、熊本に、日本でさいしょの町なか用の公しゅう電話がせっちされたよ。当時の電話は交かん手という人が間に入って、通話をせつぞくするものだったよ。

まとめのテスト

道具のうつりかわりを説明しよう
くわしく表す言葉

教科書 下100～109ページ　答え 24ページ

時間 20分

とく点　/100点

おわったらシールをはろう

勉強した日　月　日

1 次の発表の一部を読んで、問題に答えましょう。

これから、電話機（はっきりと）の ア うつりかわりについて調べたことを説明します。

多くの人が持っているスマートフォンは、電話をかけるだけでなく、写真をとったり、メールを送ったり、動画を見たりすることができます。公しゅう電話のように、電話をかけるだけのものもあります。

（　❶　）電話はどのようにかわってきたのでしょうか。そのうつりかわりの中でじゅうような四つ（はっきりと）の電話機について説明します。❷大きな間を取る≪ イ

一つ目は、この電話機です。ウ ＜間を取る

これは、一八七六年にアメリカのグラハム・ベル（はっきりと）という人が作ったさいしょの電話機です。＜となりの部屋にいた助手に向かって「ワトソン君（はっきりと）、用事があるからちょっと来てくれ。」と言った言葉がはじめて話された言葉でした。エ しかし、この電話機はざつ音が多く、聞こえづらかったといわれています。……

〈「道具のうつりかわりを説明しよう」による〉

1 何について説明していますか。〔5点〕

（　　　　）のうつりかわりについて。

2 「電話はどのようにかわってきたのでしょうか。」という文を話すときのくふうが、❶に入ります。どのように話すとよいですか。一つに○をつけましょう。〔5点〕

ア（　）メモを見ながらまちがえないように
イ（　）聞き手を見ながら問いかけるように
ウ（　）ささやき声で一点を見つめるように

言葉の意味プラス　15行　ざつ音…電話などに入ってくるじゃまな音。

チャレンジ!

3 9行目の②で大きな間を取っているのはなぜですか。〔10点〕

（　　　　）ため。

4 よく出る　発表するときには、だいじなことがつたわるために、どんなくふうをしたらよいですか。一つ5〔10点〕

数字や名前は（　　　　）と大きな声で話すなど、声に強弱や大小をつけたり、だいじな言葉の前では（　　　　）を取って、聞き手の注意をひいたりする。

5 次のしりょうについて答えましょう。

(1) 発表のと中で使う、写真や図、イラストやかんたんな説明を入れた大きなカードを何といいますか。〔5点〕

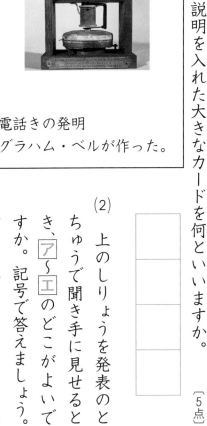

□□□□

(2) 上のしりょうを発表のとちゅうで聞き手に見せるとき、ア～エのどこがよいですか。記号で答えましょう。〔5点〕

（　　　　）

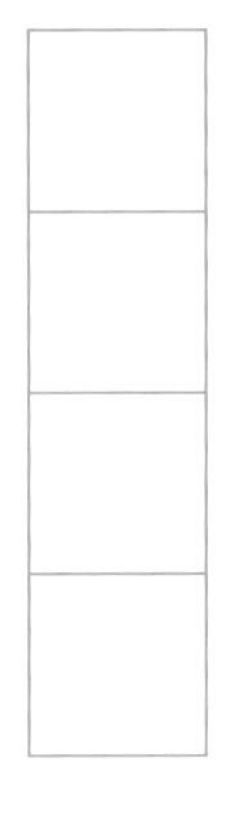

電話きの発明
グラハム・ベルが作った。

---

2 次の文から、□の様子をくわしく表す言葉をそれぞれさがして書きましょう。一つ5〔30点〕

① ぼくは大声でわらった。

どのように（　　　　）

② わたしは公園でごみを拾った。

どこで（　　　　）　何を（　　　　）

③ 姉は今日、ぶあつい本をかりた。

いつ（　　　　）　どんな（　　　　）　何を（　　　　）

3 次の文から、くわしく表す言葉を二つずつえらんで、記号で答えましょう。一つ5〔30点〕

① ア道に　イ茶色い　ウねこが　エいる。　（　　）・（　　）

② アわたしは　イ部屋で　ウしくしくと　エないた。　（　　）・（　　）

③ ア今日　イ兄は　ウ小学校を　エそつぎょうした。　（　　）・（　　）

ものしりメモ　固定電話は、日本では第二次世界大戦後に家庭に広がったよ。けい約者数は、1952年には140万、1994年には6000万をこえたんだ。今はけいたい電話が広まって、へっているよ。

きほんのワーク

ゆうすげ村の小さな旅館 ——ウサギのダイコン

教科書 下110～126ページ

答え 24ページ

勉強した日　月　日

もくひょう
- しかけのある物語のおもしろさにふれよう。
- 場面の出来事をとらえ、人物の気持ちをとらえよう。

おわったら シールを はろう

漢字練習ノート26～27ページ

新しい漢字

筆じゅん 1 2 3 4 5 ◀練習しましょう。

教科書ページ	漢字	読み	画数	筆じゅん
112	旅	リョ　たび	10画	旅旅旅旅旅旅旅旅旅旅
112	息	ソク　いき	10画	息息息息息息息息息息
113	階	カイ	12画	階階階階階階階階階階階階
113	重	ジュウ　チョウ　え　おもい　かさねる	9画	重重重重重重重重重
115	畑	はた　はたけ	9画	畑畑畑畑畑畑畑畑畑
115	去	キョ　コ　さる	5画	去去去去去
116	礼	レイ	5画	礼礼礼礼礼
120	待	タイ　まつ	9画	待待待待待待待待待

1 漢字の読み　読みがなを横に書きましょう。

①旅館　②息をつく　③階だん　④重い　⑤小さな畑　⑥去年　⑦お礼　⑧待つ

○新しい漢字
●読みかえの漢字
◆とくべつな読み方

3 言葉の意味　○をつけましょう。

1 (112ページ) 旅館にたいざいするお客さん。
ア（　）ちょっと立ちよること。
イ（　）しばらくいること。
ウ（　）食事をすること。

2 漢字の書き

漢字を書きましょう。

1 □□(りょかん)にとまる。

2 □(いき)をする。

3 □(かい)だんを上がる。

4 □(おも)い荷物。

5 □□(きょねん)のこと。

6 お□(れい)の品物。

1の「りょ」の右がわの形に注意しよう。

ないようをつかもう！

☆ ゆうすげ村の小さな旅館 教科書112～123ページ

（　）に合う言葉を□からえらんで、記号で答えましょう。

1 ゆうすげ旅館のつぼみさんのところに、（　）のぽっちゃりとした、美月(みづき)というむすめが手つだいに来た。

2 ダイコンづくしの料理(りょう)がつづきお客さんやつぼみさんは（　）がよくなった気がした。

3 二週間がすぎて、美月は、（　）のしゅうかくをするからと帰っていった。

4 よく日、つぼみさんがエプロンを持って山の畑に出かけると、（　）がダイコンをしゅうかくしていた。

5 よく朝、「ウサギの美月より」と書かれたお礼の（　）とダイコンがとどいた。

ア ウサギ　イ 手紙　ウ 耳
エ ウサギダイコン　オ 色白

ウサギが旅館の手つだいをするお話だよ。

2 112 息をつくひまもない。
ア（　）ほっとする。
イ（　）息をとめる。
ウ（　）息つぎをする。

3 115 考えながら、首をかしげる。
ア（　）なるほどとうなずく。
イ（　）期待して待つ。
ウ（　）へんだなと思う。

4 119 小川のせせらぎが聞こえる。
ア（　）大きな音。
イ（　）水の音。
ウ（　）話し声。

5 119 またたく間に、二週間がすぎた。
ア（　）あっという間。
イ（　）長い間。
ウ（　）しばらくの間。

6 120 おずおずとエプロンを外す。
ア（　）楽しそうな様子。
イ（　）ためらいながらする様子。
ウ（　）てきぱきとする様子。

ものしりメモ 月の表面にあるもようは、日本では、もちつきをするうさぎに見えると言われているよ。国によっては、カニやライオン、本を読むおばあさんに見えると言われているよ。

練習のワーク1

ゆうすげ村の小さな旅館
――ウサギのダイコン

教科書 下110〜126ページ

答え 24ページ

できるナビ
●時を表す言葉に気をつけて、場面をとらえよう。
●人物の様子を読み取ろう。

勉強した日　月　日

おわったらシールをはろう

次の文章を読んで、問題に答えましょう。

わか葉のきせつでした。ゆうすげ旅館では、山に林道を通す工事の人たちがとまりに来て、ひさしぶりに、六人ものたいざいのお客さんがありました。つぼみさんは、朝早くから夜おそくまで大いそがしで、息をつくひまもありませんでした。

わかいころなら、お客さんの六人ぐらい、何日とまっても平気でした。でも、年のせいでしょうか。一週間もすると、ふとんを上げたり、おぜんを持って階だんを上ったりするのが、つらくなってきたのです。

ある日、つぼみさんは、夕はんの買い物から帰るとちゅう、重い買い物ぶくろをちょっとの間、道ばたに下ろして、ついひとり言を言いました。

「せめて、今とまっているお客さんたちが帰るまで、だれか、手つだってくれる人がいないかしら。」

そのよく朝のことです。つぼみさんが、朝ごはんのかたづけをしていると、色白のぽっちゃりとしたむすめが、

1 よく出る　どんなきせつのお話ですか。

ア（　）春から夏にかわる五月のころ。
イ（　）夏から秋にかわる九月のころ。
ウ（　）秋から冬にかわる十一月のころ。

「わか葉」は、わかい葉という意味だよ。

2 ゆうすげ旅館ではたらいているのは、だれですか。

（　　　　　）

3 「息をつくひまもありませんでした」とありますが、なぜそんなにいそがしいのですか。一つに○をつけましょう。

ア（　）ひさしぶりに旅館の仕事をしたから。
イ（　）手つだいの人が、お休みをしていたから。
ウ（　）六人ものたいざいのお客さんがあったから。

このときは、とくべついそがしかったから、つぼみさんは、たいへんだったんだね。

言葉の意味プラス
8行 おぜん…食べ物をのせる台のこと。　12行 つい…思わず。　16行 ぽっちゃり…体全体に丸みがあり、かわいらしく見える様子。　22行 きょとんとする…目を丸くして、ぽかんとする様子。

何本ものダイコンを入れたかごを持って、やってきました。

「おはようございます。わたし、美月（みづき）っていいます。お手つだいに来ました。」

「えっ？」

つぼみさんが、きょとんとしていると、むすめは、親しげにわらいかけました。

「ほら、きのうの午後、だれか手つだってくれる人がいないかしらって、言ってたでしょ。」

（へんねえ。買い物の帰り、だれにも会わなかったけど……。）

つぼみさんが首をかしげると、むすめは言いました。

「わたし、こちらの畑をかりてる宇佐見（うさみ）のむすめです。父さんが、よろしくって言ってました。これ、あの畑で作ったウサギダイコンです。」

むすめは、持ってきたダイコンを、つぼみさんにさし出しました。

〈茂市（もいち）久美子（くみこ）「ゆうすげ村の小さな旅館――ウサギのダイコン」による〉

---

4 むすめがやってきたのは、いつですか。□に合う言葉を書きましょう。

つぼみさんがひとり言を言ってから、どれくらいたって来たのかな？

つぼみさんが、夕はんの買い物から帰るとちゅうで、ひとり言を言った日の［　　　］。

5 「お手つだいに来ました。」とありますが、むすめが手つだいに来たのは、なぜですか。一つに○をつけましょう。

ア（　）手つだいがひつようだといううわさを聞いたから。

イ（　）手つだいがほしいというひとり言を聞いたから。

ウ（　）お手つだいさんぼしゅうのはり紙を見たから。

6 よく出る● 手つだいに来たのは、どんなむすめでしたか。名前と様子を書きましょう。

名前（　　　）

様子（　　　）

7 むすめは、つぼみさんに何をさし出しましたか。

（　　　）

畑をかりている
お礼の意味も
こもっているよ。

ものしりメモ　ネズミダイコンは、手のひらくらいの小さなダイコンで、とてもからい。先が丸くなっていて、そこから長い根っこが生えているので、しっぽの長いネズミみたいな形なんだよ。

練習のワーク②

ゆうすげ村の小さな旅館 ——ウサギのダイコン

教科書 ㊦110～126ページ
答え 25ページ

できるナビ
●場面の中の出来事をとらえ、会話や様子から、つぼみさんとむすめの気持ちをとらえよう。

勉強した日　月　日

おわったらシールをはろう

次の文章を読んで、問題に答えましょう。

さて、ダイコンづくしの料理がつづくようになったある日、仕事から帰ってきたお客さんが言いました。

「近ごろ、耳がよくなったみたいなんですよ。小鳥の声や、動物の立てる音が、実によく聞こえるんです。おかげで、工事であやうくこわすところだった小鳥の巣を見つけて、ほかにうつしてやれましたよ。」

それを聞くと、つぼみさんは、はっとしました。そういえば、つぼみさんの耳も、近ごろ、急によくなった気がします。遠くの小鳥の声や、小川のせせらぎが、しょっちゅう聞こえてくるのです。夜など、みんながねしずまって、あたりがしいんとすると、はるか遠い山の上をふく風の音を聞いて、それが今どのあたりをふいているのか、聞き分けることができました。

（急に、どうしたのかしら。）

つぼみさんは、ふしぎに思いました。

またたく間に、二週間がすぎて、たいざいのお客さんたちは、仕事が終わり、ゆうすげ旅館を引きあげていく

1 ダイコンづくしの料理を食べつづけていたお客さんは、何がよく聞こえるようになりましたか。二つ書きましょう。

2 「つぼみさんは、はっとしました」とありますが、はっとしたのは、なぜですか。

自分の（　　）も、近ごろ、急に（　　）ことに気づいたから。

3 「おずおずと」という様子には、むすめのどんな気持ちが表れていますか。一つに○をつけましょう。

「おずおず」は、あまりしたくないことをするときの様子だよ。

ア（　）つぼみさんにおこられそうだな。
イ（　）帰ることを言い出しにくいな。
ウ（　）なるべく早く家に帰りたいな。

言葉の意味プラス
1行 ダイコンづくしの料理…どれもがダイコンを使って作った料理のこと。
5行 あやうく…もうちょっとで。
28行 しゅうかく…作物をとり入れること。

ことになりました。

お客さんが帰って、後かたづけがすむと、むすめはおずおずとエプロンを外しました。

「それじゃあ、わたしも、そろそろおいとまします。」

「えっ、もう帰ってしまうの。」

つぼみさんががっかりすると、むすめは、下を向きました。

「畑のダイコンが、今、ちょうど、とり入れどきなんです。父さん一人じゃたいへんだから。しゅうかくがおくれると、まほうのきき目が、なくなってしまうんです。」

「まほうのきき目って？」

「耳がよくなるまほうです。夜は、星の歌も聞こえるんですよ。山のみんなは、ウサギダイコンがとれるのを今か今かと待ってるんです。」

（まあ。だから、お客さんもわたしも、急に耳がよくなったんだ。）

つぼみさんは、大きくうなずきました。

「じゃあ、引き止めるわけにはいかないわねえ。」

〈茂市(もいち)久美子(くみこ)「ゆうすげ村の小さな旅館——ウサギのダイコン」による〉

4 よく出る 「下を向きました」とありますが、このとき、むすめはどのように思っていましたか。合うもの二つに○をつけましょう。

ア（　）がっかりさせて、ごめんなさい。

イ（　）うまく話せるように集中しよう。

ウ（　）つぼみさんに、あきらめてもらおう。

エ（　）つらいけど、どうしても帰らなくては。

5 よく出る 「まほう」とは、どんなまほうですか。

6 「だから、お客さんもわたしも、急に耳がよくなったんだ。」とありますが、耳がよくなったのは、なぜですか。

どうしてつぼみさんやお客さんにまほうがきいたのか、考えよう。

7 書いてみよう！ 「じゃあ、引き止めるわけにはいかないわねえ。」と言ったとき、つぼみさんはどんな気持ちでしたか。つぼみさんになったつもりで書きましょう。

ものしりメモ　ウサギの耳は、長くて小さな音も聞きのがさないようになっているんだ。ときどき、後ろ足で立ち上がるのも、音をよく聞くためにしていることなんだよ。

きほんのワーク

漢字を使おう10
漢字の組み立てと意味　ほか

教科書 下127〜133ページ
答え 26ページ

勉強した日　月　日

もくひょう
●「部首」には、どんなものがあるかおぼえよう。
●「部首」の意味を知り、なかまの漢字をおぼえよう。

おわったら シールを はろう

新しい漢字

教科書127ページ

漢字	読み	画数	筆じゅん	教科書
秒	ビョウ	9画	秒	127
病	ビョウ　やまい	10画	病	127
童	ドウ	12画	童	127
笛	テキ　ふえ	11画	笛	128
波	ハ　なみ	8画	波	129

◀練習しましょう。筆じゅん 1 2 3 4 5

漢字練習ノート27〜28ページ

1 漢字の読み　読みがなを横に書きましょう。

○新しい漢字　●読みかえの漢字　◆とくべつな読み方

① 数秒　② 病院　③ 少年
④ 多様　⑤ 土地　⑥ 自力
⑦ 口調　⑧ 童話　⑨ 部首
⑩ 笛をふく　⑪ 大きな波

⑩「笛」の「⺮」は、「竹」を表しているよ。

2 漢字の書き　漢字を書きましょう。

① □□（すうびょう）のちがい。
② □□（びょういん）で待つ。

3 二年生の漢字　漢字を書きましょう。

① □（いもうと）は、□□（きしゃ）に乗りたいと言う。
② □（あね）は、□（ふね）での□（い）き□（かた）を調べた。

漢字の組み立てと意味

4 次の文の（　）に合う言葉を書きましょう。

いくつもの漢字に共通している部分で、漢字をグループに分けるとき、分け方のもとになる部分を（　　　）という。

5 部首は、どこにあるかによって、1～7に分けることができます。1～7の部首がついた漢字を、□から選んで書きましょう。

1 へん（　　　）

2 つくり（　　　）

3 かんむり（　　　）

4 あし（　　　）

5 かまえ（　　　）

6 にょう（　　　）

7 たれ（　　　）

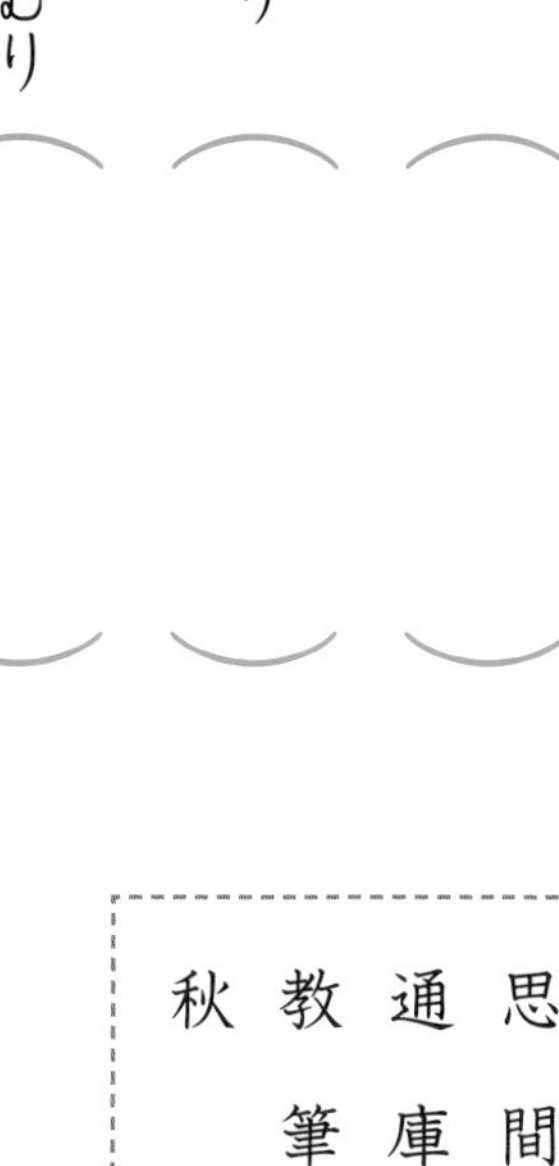

思　間
通　庫
教　筆
秋

「かまえ」には、「門（もんがまえ）」や「口（くにがまえ）」があるよ。

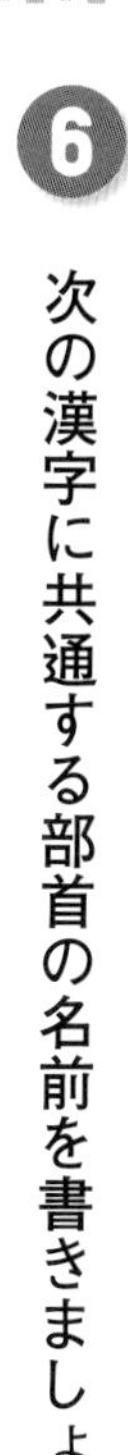

6 次の漢字に共通する部首の名前を書きましょう。

1 顔・頭（　　　）

2 休・使・係（　　　）

3 守・客・家（　　　）

4 園・国・図（　　　）

7 次の部首がついた漢字は、何に関係がありますか。□からえらんで、記号で答えましょう。

1 さんずい（海・泳・池）……（　）

2 ごんべん（話・語・読）……（　）

3 くさかんむり（草・茶・花）…（　）

4 しんにょう（運・遠・近）……（　）

ア 言葉　イ 植物　ウ みち・すすむ　エ 水

ものしりメモ　「空」の部首は、「宀（うかんむり）」ではなく、「穴（あなかんむり）」。空は、「穴」＋「工（つきぬく）」で、つきぬけてあながあいて、中に何もないことを表す字なんだよ。

まとめのテスト

ゆうすげ村の小さな旅館――ウサギのダイコン
漢字の組み立てと意味

教科書 ㊦110～133ページ　答え 26ページ

時間 20分

とく点　/100点

おわったら シールを はろう

勉強した日　月　日

1 次の文章を読んで、問題に答えましょう。

畑に着いて、つぼみさんの目にとびこんできたのは、二ひきのウサギでした。

（たいへん、ウサギが、畑をあらしているわ！）

でも、すぐに、つぼみさんは、そうではないことに気がつきました。二ひきは、ダイコンをぬいているところだったのです。

（そういうことだったの……。）

つぼみさんは、畑のダイコンに見とれました。青々とした葉っぱの下から、雪のように真っ白な根が顔を出しています。

（山のよい空気と水で、ウサギさんたちが、たんせいこめて育てたダイコンだもの、どんなダイコンよりおい

3 よく出る● ウサギは、本当は、畑で何をしているところでしたか。〔10点〕

（　　　　）

4 「どんなダイコンよりおいしいはずだわ」とありますが、つぼみさんがこう思ったのは、なぜですか。一つ5〔10点〕

山の（　　　　）で、ウサギさんたちが、（　　　　）ダイコンだから。

5 「こっそりと帰っていきました」というとき、つぼみさんはどう思いましたか。一つに○をつけましょう。〔10点〕

ア（　）ウサギたちをつかまえるじゅんびをしよう。

イ（　）ウサギたちのじゃまをしないようにしよう。

ウ（　）ウサギたちに負けないダイコンをつくろう。

6 畑に来たつぼみさんに、ウサギたちが知らんぷりをしたのは、なぜでしたか。〔15点〕

（　　　　）から。

言葉の意味プラス

13行 見とれる…うっとりとして見る。　15行 たんせい…まごころ。

24行 おかみさん…女主人のよび方。

しいはずだわ。」

つぼみさんは、エプロンのつつみに「美月（みづき）さんへ」と書いて畑におき、こっそりと帰っていきました。

よく朝、ゆうすげ旅館の台所の外には、一かかえほどのダイコンがおいてあり、こんな手紙がそえられていました。

『すてきなエプロン、ありがとうございました。きのう、おかみさんが畑に来たのが、足音で分かったのですが、父さんもわたしも、ウサギのすがたを見られるのが、何だかはずかしくて、知らんぷりしてしまいました。

いそがしくなったら、また、お手つだいに行きます。

どうぞ、お元気で。ウサギの美月より』

〈茂市（もいち）久美子（くみこ）「ゆうすげ村の小さな旅館――ウサギのダイコン」による〉

1 畑に着いて、つぼみさんの目にとびこんできたのは、何でしたか。〔10点〕

□□□□□□□

2 よく出る● つぼみさんは、はじめ、ウサギが何をしているとと思いましたか。一つ5〔10点〕

（　　　　）を（　　　　）と思った。

チャレンジ！ 7 美月は、つぼみさんにどんな気持ちを持っていますか。一つに○をつけましょう。〔10点〕

ア（　）自分がウサギであることを知っても、やさしく見守ってくれてうれしい。

イ（　）自分がウサギであることが分かって、もう会うことができないのでさびしい。

ウ（　）自分がウサギであることを知って、おどろいてにげてしまったのが悲しい。

2 次の漢字の□には、同じ部首が入ります。入る部首を下からえらんで、●――●でむすびましょう。一つ5〔25点〕

① □会　□氏 ●　　● ア 木（きへん）

② □寺　□旨 ●　　● イ 門（もんがまえ）

③ □交　□主 ●　　● ウ 糸（いとへん）

④ □开　□日 ●　　● エ 辶（しんにょう）

⑤ □袁　□首 ●　　● オ 扌（てへん）

ものしりメモ　ウサギは、走るのがとても速いよ。とくに後ろ足の力が強くて、とぶようにして走ることができるよ。坂を上るのもとく意。でも、坂を下るのは苦手なんだって。

まとめのテスト

クマの風船

教科書 下136〜149ページ
答え 27ページ
時間 15分
とく点 /100点
おわったらシールをはろう
勉強した日 月 日

次の文章を読んで、問題に答えましょう。

〔わか者は、山の畑の持ち主のつぼみさんに、赤い風船をさし出した。〕

「はい、ぼくからも、あの畑のお礼がしたいんです。あそこでとれるウサギダイコンは、かくべつですから。」

それから、わか者は、つぼみさんにちょっと顔を近づけてささやきました。

「実はこれ、ただの風船じゃありません。手紙をつければ、とどけたい人の所へとんでいってくれる風船なんです。ただし、これをふくらませるときには、手紙をとどけたい相手のことを、心から思ってふくらませてください。」

「まほうの風船ですか！　ありがとうございます。」

つぼみさんが風船を受け取ると、わか者は、ほこらしそうに言いました。

「この風船、電話を持っていない山の人たちには、とてもありがたがられているんですよ。」

「そうでしょうねえ。」

つぼみさんは、エプロンのポケットに風船をしまうと、わくわくして、それこそ、むねが風船のようにふくらみました。

〈茂市久美子「クマの風船」による〉

1 よく出る　「あの畑」では、何がとれるのですか。〔25点〕

2 チャレンジ！　「まほうの風船」とは、どんな風船ですか。一つ25〔50点〕

ふくらませるときに、手紙を（　　　）のことを心から思ってふくらませると、その人の所へ（　　　）くれる風船。

3 「エプロンのポケットに風船をしまう」とありますが、このときつぼみさんはどんな気持ちでしたか。〔25点〕

（　　　）気持ち。

夏休みのテスト②

●勉強した日　月　日

時間30分

教科書 上14～107ページ

答え 29ページ

名前

とく点　/100点

おわったらシールをはろう

1 ――の漢字の読みがなを書きましょう。　一つ2〔20点〕

① （　）苦手（　）なことにちょうせんする。
② 山の（　）向（　）こうを見る。
③ （　）作曲（　）した人を調べる。
④ 友だちを（　）全力（　）でおうえんする。
⑤ 音楽の（　）都（　）ウィーンの（　）写（　）しんを見る。
⑥ このつり（　）橋（　）は、（　）相当（　）古い。
⑦ （　）家族（　）と同じ時間に（　）起（　）きる。

2 □に漢字を書きましょう。　一つ2〔20点〕

① 道を□（おう）だんする。
② □□（じゅうしょ）を書く。
③ 小さな□（さら）をならべる。
④ 間に合って□□（あんしん）する。
⑤ □（あつ）い日はぼうしをかぶって□（み）を守る。
⑥ 生きもの□（がかり）の仕事を□（はじ）める。
⑦ □□（とざん）がすきな□□（じんぶつ）。

3 次の言葉は、国語じてんに、どんなじゅん番で出ていますか。（　）に番号を書きましょう。　全てできて一つ4〔16点〕

① （　）パンチ　（　）パンダ　（　）はんだ
② （　）にんげん　（　）にんじん　（　）にちよう
③ （　）カード　（　）かっこう　（　）かいぎ
④ （　）じけん　（　）しけん　（　）しげん

4 次の――の漢字の中に、一つだけ意味のちがうものがあります。ちがうものに○をつけましょう。　一つ3〔12点〕

① ア（　）画家　イ（　）図画　ウ（　）計画
② ア（　）点字　イ（　）点数　ウ（　）点線
③ ア（　）朝市　イ（　）市長　ウ（　）市場
④ ア（　）天気　イ（　）元気　ウ（　）気分

5 次の様子を表す言葉に合うものを、□から二つずつえらんで、記号で答えましょう。　全てできて一つ4〔16点〕

① 「天気」の様子。（　）・（　）
② 「わらう」様子。（　）・（　）
③ 「食べる」様子。（　）・（　）
④ 「かたさ」の様子。（　）・（　）

ア ごつごつ　イ どんより　ウ にこにこ
エ ぱくぱく　オ くすくす　カ もりもり
キ ぽかぽか　ク がちがち

6 次の言葉をローマ字で書きましょう。　一つ4〔16点〕

① 子犬
② ねっこ
③ 休けい
④ ぎん色

実力判定テスト

夏休みのテスト①

時間30分

教科書 上14～107ページ　答え29ページ

名前

とく点　／100点

おわったらシールをはろう

●勉強した日　月　日

☆文章を読んで、答えましょう。

1 すばやく、すなの中にかくれたり、かくれがににげこんでしまうカニもいます。

2 ツノメガニは、てきのすがたを見ると、すぐすなをほって自分のからだをかくし、てきが遠くに行ってしまうのを、目だけ出して*うかがいます。

3 シオマネキは、見とおしのよい*ひがたにすんでいます。いつも長い目でまわりのようすをうかがい、てきが見えると、さっと自分のあなの中にかくれてしまいます。

4 いちばんおそろしいてきは、シギなどの海鳥たちです。長い口ばしで、あっというまにほりおこされてしまいます。

5 てきにつかまると、カニはさいごの手段(だん)をつかいます。そのハサミで、てきをおもいきりはさみつけたまま、そのハサミをからだから切りおとしてにげのびるのです。また、つかまったあしをそのまま切りおとすこともあります。

6 切りおとすかんせつはきまっていて、そこではけつえきがながれ出ないしくみになっています。

7 とれたハサミは、ふしぎなことに、おなじところからまたはえかわってくるのです。

8 まず、小さなこぶがめを出します。つぎにふくろにつつまれた、小さなハサミになります。

9 すっかり形がととのうと、だっ皮(ぴ)のときに、ふくろから出てもとの大きさにもどるのです。

〈小池(こいけ)康之(やすゆき)「カニのくらし」による〉

*うかがう＝様子を見る。
*ひがた＝しおが引いたときにあらわれるすなはま。

1 「すなの中にかくれたり、かくれがににげこんでしまうカニ」の名前を、二つ書きましょう。　一つ10〔20点〕

（　　　）（　　　）

2 「シギなどの海鳥たち」が、1のカニにとっていちばんおそろしいてきであるのは、なぜですか。　一つ10〔20点〕

（　　　）で、あっというまに（　　　）しまうから。

3 5だん落(らく)の内ように合うものはどれですか。一つに○をつけましょう。〔20点〕

ア（　）カニは、てきにつかまると、ハサミでてきのからだの一部を切りおとす。

イ（　）カニは、てきにつかまると、自分のハサミやあしを切りおとしてにげのびる。

ウ（　）カニは、てきにつかまると、ハサミを大きくふって、てきをこうげきする。

4 「切りおとすかんせつ」には、どのようなしくみがありますか。〔20点〕

（　　　）しくみ。

5 とれたハサミは、どのようにはえかわりますか。　一つ10〔20点〕

●まず、（　　　）がめを出す。

●つぎに、それが（　　　）につつまれた、小さなハサミになる。

●だっ皮のときに、ハサミがふくろから出て、もとの大きさにもどる。

実力判定テスト

冬休みのテスト①

時間30分

名前

とく点　/100点

教科書　上108～149ページ、下8～69ページ

答え　30ページ

おわったらシールをはろう

●勉強した日　月　日

★ 文章を読んで、答えましょう。

（「わたし」は、三日前にこの町にひっこしてきた。）

ひっこしてきたばかりなので、この町のことは、まだよくしりません。ただ、この町には、海がないことは、しっています。

ひっこしがきまったとき、わたしはパパにまっさきに、ききました。

「こんどすむところにも、海はある？」

するとパパは、こまった顔をして、

「海はないなあ。」

と、こたえたのです。

「海はないけど、おおきなスーパーがあって、とってもべんりなところよ。」

と、ママがよこから口をだしました。

「スーパーに海はうっていないよ。」

と、わたしはいいました。

「あたりまえじゃない。」

ママがわらいながらいいました。ママは、ちっともわかっていません。

「そのかわり。」

と、パパがいいました。

「パパがやすみになったら、このうちにかえってくればいいだろう？」

「うん。そうしたら、また、おじいちゃんたちと海にいく。」

と、わたしはいいました。

「よかったわね、まり。」

と、ママはいいました。

ひっこすまえは、おじいちゃんとおばあちゃん、パパとママ、そしてわたしの五人かぞくでした。

家は、海のちかくにあったので、よく、しおのにおいがしました。

はれた日に海にいくと、海のうえは、こまかいほうせきがばらまかれたように、きらきらかがやきます。かぜのつよい日にいくと、おおきなしろいなみが、かいじゅうのように、おしよせてきます。よるの海はくらくて、しずかで、ちょっとこわいです。

（石井睦美「わたしちゃん」による）

1 「この町」は、どういうところですか。〔15点〕

海はないが、（　　　　）

2 「ママは、ちっともわかっていません。」とありますが、ママは「わたし」のどういう気持ちを分かっていないのですか。一つに○をつけましょう。〔15点〕

ア（　）スーパーがきらいだという気持ち。
イ（　）ひっこしはめんどうだという気持ち。
ウ（　）海のある所に住みたいという気持ち。

3 「パパがやすみになったら」とありますが、やすみになったら、「わたし」はどうするつもりですか。〔10点〕

ひっこす前のうちにかえって、（　　　　）つもり。

4 「ひっこすまえ」の「わたし」は、どんなふうにくらしていましたか。一つ10〔30点〕

●（　　）と（　　）、（　　）、パパ、ママ、「わたし」の五人かぞく。
●（　　）にある家に住んでいた。

5 「わたし」は、海の様子をどのように感じていますか。一つ10〔30点〕

はれた日　（　　）がばらまかれたようにかがやいている。

かぜのつよい日　おしよせてくるなみが、（　　）のようである。

よる　くらくて、しずかで、ちょっと（　　）。

冬休みのテスト②

1 ――の漢字の読みがなを書きましょう。　一つ2〔20点〕

① きちんと整列する。（　）

② こまっている人を助ける。（　）

③ 荷物を受け取る。（　）

④ 雲のすき間から陽光がさす。（　）

⑤ 木炭で肉をやく飲食店に入る。（　）（　）

⑥ 深海の生き物を研究する。（　）（　）

⑦ 落とし物を拾う。（　）（　）

2 □に漢字を書きましょう。　一つ2〔20点〕

① とんできた球を□（う）ち返す。

② 近くの□（みずうみ）まで犬と歩く。

③ 習い事で□□（しんきゅう）する。

④ あたたかい□□（ようふく）を買う。

⑤ □（かる）い足取りで□□□（つうがくろ）を行く。

⑥ □（むかし）使われていた□□（かぐ）。

⑦ □（さか）のと中にある□□□（はいしゃ）。

時間30分

教科書 ㊤108〜149ページ、㊦8〜69ページ

答え 30ページ

名前

とく点　/100点

おわったらシールをはろう

●勉強した日　月　日

3 次の慣用句の意味を下からえらんで、•―•でむすびましょう。　一つ4〔16点〕

① ねこの手もかりたい　•　　•　ア より道をする。

② 道草を食う　•　　•　イ とてもほしい。

③ 火花をちらす　•　　•　ウ いそがしい。

④ のどから手が出る　•　　•　エ はげしくあらそう。

4 次の――は、とくべつな読み方をする言葉です。読みがなを書きましょう。　一つ4〔8点〕

① 真っ赤なりんごを買う。（　っ　）

② 真面目に話を聞く。（　）

5 次は、魚屋さんと買い物客の会話です。（　）に合うこそあど言葉を、[　]からえらんで書きましょう。　一つ4〔16点〕

買い物客　（①）魚は何ですか。

魚屋さん　（②）魚ですか。

買い物客　（③）にある魚です。

魚屋さん　（④）はスズキです。

[その　どの　そこ　これ　どこ　あれ]

6 ――の読み方を、音読みならかたかなで、訓読みならひらがなで（　）に書きましょう。　一つ4〔20点〕

① 平泳ぎ（　）　平和（　）　平らにする（　）

② 着用（　）　上着（　）

実力判定テスト

学年まつのテスト②

時間30分

●勉強した日　月　日

教科書 上14～149ページ、下8～133ページ

答え 31ページ

名前

とく点　/100点

おわったらシールをはろう

1 ——の漢字の読みがなを書きましょう。　一つ2〔20点〕

❶ 弟が七五三のお宮まいりをする。（　）

❷ 思いきりボールを放る。（　）

❸ まちがえないように注意する。（　）（　）

❹ 大すきな本を暗唱（しょう）する。（　）

❺ 商店がいで行われる福引きをする。（　）（　）（　）（　）

❻ 悪者とよばれる、悲しい主人公の物語。（　）（　）（　）

❼ おばの家には昭和時代に作られた自転車がある。（　）（　）（　）

2 □に漢字を書きましょう。　一つ2〔20点〕

❶ □（いき）をはずませて走る。

❷ 船を□（きし）につける。

❸ 家の近くの□□（びょういん）に行く。

❹ □（かい）だんの下で妹を□（ま）つ。

❺ □□□（ちずちょう）をじっくり見る。

❻ □（まつ）りで□（ふえ）をふく。

❼ □□（きょねん）たてられた□□（りょかん）にとまる。

3 次の文から、「どんな」「どのように」を表す言葉をさがして、——を引きましょう。　一つ4〔16点〕

❶ お店で青いかさを買った。

❷ 赤ちゃんが、にこにこわらっている。

❸ おばあさんは、広い家に住んでいる。

❹ 部屋のドアをそっとたたく。

4 次の文の主語とじゅつ語はどれですか。記号で答えましょう。　全てできて一つ4〔16点〕

❶ めだかが（ア）　川を（イ）　すいすい（ウ）　泳ぐ（エ）。
主語（　）　じゅつ語（　）

❷ 兄は（ア）　赤い（イ）　ぼうしを（ウ）　かぶった（エ）。
主語（　）　じゅつ語（　）

❸ きのう、（ア）　ぼくは（イ）　公園で（ウ）　遊んだ（エ）。
主語（　）　じゅつ語（　）

❹ 白い（ア）　大きな（イ）　雲が（ウ）　ふわりと（エ）　うかぶ（オ）。
主語（　）　じゅつ語（　）

5 次の漢字に共通（きょう）している部首の名前を、ひらがなで書きましょう。　一つ4〔12点〕

❶ 思・意・感…（　）

❷ 使・休・倍…（　）

❸ 国・園・回…（　）

6 次の部首がついた漢字は、何に関係（かん）がありますか。合うものを□からえらんで、記号で答えましょう。　一つ4〔16点〕

❶ ごんべん（語・話・詩）………（　）

❷ さんずい（池・波・泳）………（　）

❸ まだれ（店・広・庫）………（　）

❹ しんにょう（遠・速・送）……（　）

ア 水
イ みち。すすむ。
ウ 言葉
エ 家や屋根。

実力判定テスト

学年まつのテスト①

時間30分

●勉強した日　月　日

教科書　上14～149ページ、下8～133ページ

答え　31ページ

名前

とく点　/100点

おわったらシールをはろう

★文章を読んで、答えましょう。

　秋になると、学校の校庭や町の通り、家いえの庭は、イチョウやカエデ、サクラ、ケヤキなどの、色づいた落ち葉でいっぱいになります。葉がすっかり落ちてしまった木を見あげると、はだかになったえだをとおして、空が広く見えます。このように、秋になって葉の落ちる木を、「落葉樹」といいます。

　でも、秋になっても、葉が緑色のままで、葉が落ちない木もあります。ツバキやクスノキなどです。それを、「常緑樹」といいます。

　木は、根をとおして、土の中から水分をすいあげています。しかし、冬が近くなるころには、木の力がよわまり、雨も少なくなるため、根がすいあげることのできる水の量は、少なくなってきます。

　木の葉の表面には、たくさんの小さいあな（「気こう」といいます）があって、そこからは、いつも水がじょうはつしています。そのため落葉樹は、冬がちかづいて、からだの中の水が少なくなると、葉をきりはなして、水が大量にじょうはつするのをふせぎ、できるだけ、少ない水でもかわかないようにしているのです。もしかわいたら、木はかれてしまいます。葉を落とすために、葉のつけ根に離層＊ができる木もあります。

　しかし、常緑樹の木の葉は、水が少なくなると、自分から気こうをとじて、じょうはつをふせぐようにできています。そのため、秋にいっせいに葉を落とさなくても、からだの中の水分は、なくならないですむのです。

（久道健三「科学なぜどうして　三年生」（偕成社刊）による）

＊離層＝葉などのつけ根にできる、かべのようなもの。

1　「落葉樹」について答えましょう。

(1)　落葉樹は、秋になると、どうなりますか。〔15点〕

（　　　　）

(2)　落葉樹には、どのようなしゅるいの木がありますか。文章中から書きましょう。〔15点〕

（　　　　）

2　「常緑樹」とは、どのような木のことですか。〔15点〕

（　　　　）木。

3　「根がすいあげることのできる水の量は、少なくなってきます」とありますが、それはなぜですか。一つ10〔20点〕

冬が近づくと、（　　　　）がよわまり、（　　　　）も少なくなってくるから。

4　冬になると木が葉を落とすのは、何のためですか。一つに○をつけましょう。〔15点〕

ア（　）太陽の光をあびることができるようにするため。

イ（　）からだの中の水がなくならないようにするため。

ウ（　）いらなくなった水分をからだの外に出すため。

5　「秋にいっせいに葉を落とさなくても、からだの中の水分は、なくならないですむ」とありますが、それはなぜですか。〔20点〕

常緑樹の木の葉は、

（　　　　）

●べんきょうした日　月　日

実力判定(はんてい)テスト

3年生のかん字200字を書こう！

かん字リレー①

時間30分

名前

□にかん字、◯にかん字とおくりがなを書きましょう。

答え 32ページ

おわったらシールをはろう

❶ きかいの[1][2](ぶひん)。
❷ 子犬を[3](そだてる)。
❸ ぼうしを[4](とる)。
❹ ゆるい[5](さか)を上る。
❺ [6](しょう)売をする。
❻ 水を[7](のむ)。
❼ ボールを[8](うける)。
❽ 日本[9][10](れっとう)の地図。
❾ 海で[11](およぐ)。
❿ 長い[12](いた)を切る。
⓫ 九[13](しゅう)に行く。
⓬ 日やけして[14](かわ)がむける。
⓭ [15](もうし)わけない。
⓮ [16][17](やっきょく)に行く。
⓯ [18](かなしい)話を聞く。
⓰ 紙の[19][20](りょうめん)に書く。
⓱ 冬はとても[21](さむい)。
⓲ 町の[22][23](びか)につとめる。
⓳ 広場の中[24](おう)。
⓴ [25](えき)まで歩く。

□字/25字 クリア！

㉑ かけっこで[26][27](しょうぶ)する。
㉒ 友達(ともだち)を[28](たすける)。
㉓ 夏は[29](あつい)。
㉔ [30](ふで)で文字を書く。
㉕ [31](よこ)になって休む。
㉖ [32](あたたかい)スープ。
㉗ [33][34](よてい)をきめる。
㉘ 国語の[35](べん)強をする。
㉙ 文[36](しょう)を書く。
㉚ 台風の[37][38](しんろ)。
㉛ [39](ふかさ)をはかる。
㉜ [40][41](しゃしん)をとる。
㉝ 木を[42](うえる)。
㉞ 名前の[43](ゆ)来。
㉟ [44](やく)わりをはたす。
㊱ 朝早く[45](おきる)。
㊲ 名前を[46](とう)。
㊳ 車に[47][48](にもつ)をつむ。
㊴ [49](かん)字を書く。
㊵ [50](いき)をすう。

□字/25字 クリア！

㊶ 友達の[51][52](じゅうしょ)。
㊷ 人数を[53][54](ちょうせい)する。
㊸ サラダ[55](ゆ)を買う。
㊹ 川の[56](きし)にそって歩く。
㊺ [57][58](うんめい)のいたずら。
㊻ [59][60](いしゃ)にみてもらう。
㊼ お[61](みや)におまいりする。
㊽ [62](きゅう)な用ができる。
㊾ [63](むかし)のことを思い出す。
㊿ [64](ゆう)名な作家。
51 自分の家[65](ぞく)。
52 タクシーの[66][67](じょうきゃく)。
53 [68](ひつじ)の毛をかる。
54 [69](だい)五十回、市民(しみん)運動会。
55 市[70](く)町村の地図。
56 ゴールに[71](たま)をける。
57 その[72](た)大ぜいの人。
58 木をもやして[73](すみ)を作る。
59 [74](かい)だんを上る。
60 [75](ぎん)色の電車。

□字/25字 クリア！

61 友達と[76](あそぶ)。
62 車の[77][78](そくど)が上がる。
63 角を右へ[79](まがる)。
64 兄のあとを[80](おう)。
65 活やくを[81][82](きたい)する。
66 ボールを[83](うつ)。
67 木の[84](は)がゆれる。
68 図書[85](がかり)をえらぶ。
69 [86][87](かみさま)をしんじる。
70 古い[88][89](りょかん)にとまる。
71 むねが[90](くるしい)。
72 文ぼう[91](ぐ)を買う。
73 お[92](れい)の品。
74 とうふを一[93](ちょう)買う。
75 このかばんは[94](かるい)。
76 時間が[95](みじかい)。
77 [96][97](いみ)をしらべる。
78 水を[98](そそぐ)。
79 [99](はしら)を立てる。
80 太[100](よう)の光。

□字/25字 クリア！

▶書けたかん字の数を書こう。

実力判定テスト

かん字リレー②

3年生のかん字 200字を書こう!

時間30分

名前

書けた数ぜんぶで　/200字

答え 32ページ

おわったらシールをはろう

●べんきょうした日　月　日

□にかん字、○にかん字とおくりがなを書きましょう。

81 よごれを［101］(おとす)。
82 ［102］［103］(こうふく)な生活をおくる。
83 ［104］(み)じたくをして出かける。
84 ［105］(にわ)に花だんを作る。
85 ［106］［107］(せかい)の国々。
86 ［108］(みどり)の多い公園。
87 れいぞう［109］(こ)に入れる。
88 にもつが［110］(おもい)。
89 家の近くの［111］［112］(さかや)。
90 ボールを［113］(なげる)。
91 タンポポが［114］(ね)をはる。
92 れんらく［115］(ちょう)に書く。
93 ［116］(みなと)から船が出る。
94 青森［117］(けん)のまつり。
95 下を［118］(むく)。
96 ［119］［120］(へんじ)をする。
97 ［121］(まつり)でにぎわう。
98 作家の［122］［123］(だいひょう)作を読む。
99 ［124］(みずうみ)にすむ魚。
100 三十［125］(びょう)数える。

▶書けたかん字の数を書こう。
□字/25字クリア!

101 ［126］［127］(あんぜん)な道を歩く。
102 遠足の日を［128］(きめる)。
103 つまずいて［129］(ころぶ)。
104 ［130］(ふく)をえらぶ。
105 ［131］［132］(てっきょう)をわたる。
106 花の［133］(みやこ)、パリ。
107 先生に［134］［135］(そうだん)する。
108 気分が［136］(わるい)。
109 一年が［137］(おわる)。
110 クラスの［138］［139］(いいん)。
111 ［140］(まめ)を食べる。
112 ［141］(きみ)にだけ話そう。
113 空が［142］(くらい)。
114 ［143］［144］(びょうどう)に分ける。
115 ［145］(おも)なできごと。
116 ［146］(ごう)れいをかける。
117 学［147］(きゅう)会をひらく。
118 水で字が［148］(きえる)。
119 ［149］(よう)食がすきだ。
120 お［150］(ゆ)をわかす。

□字/25字クリア!

121 ねっしんに［151］［152］(けんきゅう)する。
122 しけんを［153］［154］(かいし)する。
123 夕方に家に［155］(つく)。
124 王に［156］(つかえる)。
125 ［157］(さら)をはこぶ。
126 計算［158］(しき)を書く。
127 高い山に［159］(のぼる)。
128 人々が［160］(あつまる)。
129 ［161］［162］(のうぎょう)がさかんだ。
130 大きな［163］［164］(びょういん)。
131 ［165］(は)をみがく。
132 東京［166］(はつ)の電車にのる。
133 はさみを［167］(つかう)。
134 ロボットを［168］(うごかす)。
135 ごみを［169］(ひろう)。
136 けしきを見て［170］(し)を作る。
137 はまべに［171］(なみ)がよせる。
138 テレビ［172］［173］(ほうそう)を見る。
139 ［174］(はたけ)をたがやす。
140 ［175］(どう)ようを歌う。

□字/25字クリア!

141 雨がふった［176］(つぎ)の朝。
142 プリントを［177］(くばる)。
143 読書［178］［179］(かんそう)文を書く。
144 かばんを［180］(もつ)。
145 ［181］［182］(はなぢ)が止まる。
146 ［183］(はこ)づめのみかん。
147 ［184］［185］(れんしゅう)する。
148 ［186］(ゆび)で数える。
149 ［187］［188］(しょうわ)のころのたてもの。
150 かきが［189］(みのる)。
151 ［190］［191］(はんたい)の考えをのべる。
152 水が［192］(ながれる)。
153 やくそくを［193］(まもる)。
154 作家が［194］［195］(しきょ)する。
155 ［196］［197］(しゅくだい)を出す。
156 二［198］(ばい)にふえる。
157 つめたい［199］(こおり)。
158 ［200］(ふえ)をふく。

□字/25字クリア!

かえる」「よかったね」と言って、目ざめたかえるを「にこにこして」見おくっていることから、かえるのことをやさしく見まもっていることが分かります。

8 ありたちが「歌ったり」「とんだり」しているところにちゅうもくしましょう。ありたちのうれしい気もちがあらわれています。

かん字をつかおう1／図書館へ行こう
きせつの足音――春

12・13ページ　きほんのワーク

1 ①そうちょう　②れんしゅう　③きゅうしゅう　④ちゅうおう　⑤おう・ほどう　⑥ごうけい　⑦にばい　⑧じ　⑨もく　⑩いん　⑪きごう　⑫ない

2 ①練習　②図書館

3 ①黒　②教室

4 ア・エ

5 1 （じゅんじょなし）のぜり・なのはな
2 ア

6 ウ

てびき

4 図書館の本は、日本十進分類法という、本の内ようやしゅるいによって分ける方法でせい理されています。また、仕事は産業というしゅるいに分けられます。

---

5 1 「のぜり」は、野生のせりのことです。せりは春の七草の一つです。「なのはな」は、春の野原に黄色い花をさかせます。

2 野川（野原をながれる小川）のせせらぎを、「うた」にたとえています。「のぜり」や「なのはな」に「あえた」後にすぐ「そして　さよなら」とあり、たえることなくどんどんとながれていく野川の様子がつたわってくる詩です。

6 「かがやく」は、からをむいたゆで玉子の様子をあらわしています。きれいにむいたゆで玉子は、ひょう面がつるつるです。春のくもりの日、むいたゆで玉子がつやつやして明るく見える様子をひょうげんしている俳句なので、ウが合います。

国語じてんの使い方
メモを取りながら話を聞こう

14・15ページ　きほんのワーク

1 ①つか　②いみ　③かんじ　④あらわ　⑤しら　⑥はしら　⑦ばしょ　⑧と　⑨きょく　⑩はい　⑪じゅうしょ

2 ①表　②配　③住所

3 ①イ　②エ　③ア　④ウ

4 （右からじゅんに）①3→1→2　②2→3→1

5 イ

6 イ

てびき

3 言葉は、いくつかの意味をもっている場合があります。国語じてんで意味を調べる場合は、すべての意味をしっかり読んで、自分が今調べている言葉がどの意味なのかをかくにんしましょう。言葉の使い方を読むと、意味がとらえやすくなります。

4 ②国語じてんでは、清音（「は・ひ・ふ・へ・ほ」）→だく音（「ば・び・ぶ・べ・ぼ」）→半だく音（「ぱ・ぴ・ぷ・ぺ・ぽ」）のじゅんにならびます。

5 「しずかな」は、「しずかだろ（う）」「しずかだっ（た）」「しずかで」「しずかに」「しずかだ」「しずかな」「しずかなら（ば）」などの形で使われます。国語じてんには、「しずか」という形でのっています。

6 ゆうびん局ではたらく人に聞きたいことは、「ゆうびん配たつのしごとで、たいへんなのはどんなことか」です。ですから、メモを取るときにおとしてはいけないだいじな内ようは、〈たいへんなこと〉です。また、ゆうびん局の人は、「たいへんだなと思うことは三つあります」と言っているので、番号をつけてメモを取って分かりやすいようにしています。アは、話をそのまま書いてはいません。ウは「話を聞いた感そう」は書いていません。

自然のかくし絵

16・17ページ きほんのワーク

❶ ①し ②み ③そだ ④まも ⑤き ⑥どうさ ⑦も ⑧と ⑨わだい ⑩ぶぶん ⑪ひっしゃ

❷ ①身 ②育 ③活動 ④持 ⑤問 ⑥筆者

❸ ①ア ②ウ ③イ ④ア ⑤ウ ⑥ウ

☆ないようをつかもう！

1 身をかくす

2 イ

18・19ページ 練習のワーク❶

1 [一]

2 表の色…あざやかな青とオレンジ（色）。
うらの色…かれ葉のような色。
形…木の葉

3 ウ

4 （自分の）体・ほご色

5 野外

6 ❶緑 ❷かれ草 ❸おち葉
（❷・❸はじゅんじょなし）

てびき

1 [一]だんらくに、「こん虫は、ほご色によって、どのようにてきから身をかくしているのでしょうか。」という「問い」が書かれています。

2・3 コノハチョウは、羽を広げているときは、羽はあざやかで目立つ色をしています。しかし、木に止まって羽をとじてじっとしているときは、えだにのこったかれ葉に見せかけて、てきから身をかくすことができます。

4 [三]だんらくに、「トノサマバッタは、自分の体の色がほご色になるような場所をえらんですんでいるようです」とあります。

6 緑色のトノサマバッタは緑色の草むらにすみ、かっ色（こげ茶色）のトノサマバッタは、かっ色のかれ草やおち葉の上にすんでいます。トノサマバッタが、自分の体と同じ色の場所にすんでいることをとらえましょう。

20・21ページ 練習のワーク❷

1 イ

2 エノキの葉

3 イ

4 [三]

5 鳥・トカゲ

6 人間

7 色・身をかくす

8 ア○ イ○ ウ× エ×

てびき

1 「まわりの色がへんかするにつれて、体の色がかわっていくこん虫もいます」という文のすぐ後に、ゴマダラチョウのよう虫の話が出てきます。ここから、ゴマダラチョウのよう虫は、まわりの色がへんかするにつれて、体の色がかわっていくこん虫のれいとしてあげられていることが分かります。アはトノサマバッタのことを、ウはコノハチョウのことを説明しています。

3 ゴマダラチョウのよう虫は、えさのエノキの葉の上にいることが多いのです。秋になって葉の色がかわると、体の色を黄色にかえて、目立たなくして、てきから身を守ります。

4 [三]だんらくの「では、……どんなときでも……でしょうか。」という文が、問いの文となっています。

5 「てき」とは、自分をおそって食べようとするあい手のことです。「こん虫を食べる鳥やトカゲなど」と書いてあるところにちゅう目すると、こん虫のてきとは何かが分かります。

7 こん虫のほご色が鳥やトカゲの目をだませているかどうかは、人間には分かりません。しかし、鳥やトカゲが色を見分ける力は人間と同じくらいなので、きっと鳥やトカゲの目もだませているだろう、と筆者は考えているのです。

8 ウは、「活動する場所の色」というところがまちがいです。多くのこん虫は、長い時間休む場所の色に、にた色をしています。エは、「じっとしていないときでも」というところが、まちがいです。ほご色はじっとしているかぎり、身をかくすのにやく立つ、と書いてあります。「〜かぎり」は、「〜している間は」という意味です。ほご色は、じっとしていないと、やくに立ちません。

22・23ページ まとめのテスト

1 ❶ア ❷ウ ❸エ
2 [6]
3 こん虫を食べる鳥やトカゲ（など）。
4 身をかくす〈[または]身を守る〉
5 決まった・（じっと）休んで・休む場所
〈[または]じっとしている場所〉
6 [れい]じっとしている（とき）。

てびき

1 ❶「自分の体の色がほご色になるような場所をえらんですむ」こん虫については、[3]だんらくで「トノサマバッタ」をあげて説明しています。❷「まわりの色に合わせて、体の色をかえる」こん虫については、[4]だんらくで「ゴマダラチョウのよう虫」をあげて説明しています。❸「じっとしていると、えだにのこったかれ葉に見える」こん虫については、[2]だんらくで、「コノハチョウ」をあげて説明しています。

2 [6]だんらくで、「では、こん虫は、どんなときでもてきから身を守ることができるのでしょうか。」と問いかけています。

3 「こん虫のほご色は、人間の目をだますのと同じくらいに、これらのてきの目をだまして身をかくすのにやく立っている」とあるので、「これらのてき」とはこん虫のてきのことだと分かります。こん虫のてきは、前に書かれている「こん虫を食べる鳥やトカゲなど」です。

4 問題文で「どんなことにやく立っている」とあるので、「やく立っている」という言葉を手がかりにします。すると、「てきの目をだまして身をかくすのにやく立っている」という言葉が[7]だんらくから見つかります。

5 [8]だんらくで、こん虫をかんさつして分かったことを説明しています。

6 さい後の文に「じっとしているかぎり、ほご色は、身をかくすのにやく立ちます。」とあることにちゅう目しましょう。「どんなとき」ときかれているので、「〜とき。」でおわるように答えましょう。

漢字を使おう2／じょうほうのとびら 全体と中心 「わたし」の説明文を書こう

24・25ページ きほんのワーク

❶ ❶みやこ ❷ひょうざん ❸がた ❹およ ❺ゆうめい ❻へんじ ❼あそ ❽ひら ❾こう ❿あき ⓫ぜんりょく ⓬はじ ⓭せわ ⓮お ⓯こう ⓰にがて
❷ ❶係 ❷苦手 ❸家族 ❹文章
❸ ❶新 ❷公園
❹ ❶イ ❷ウ
❺ ❶中心 ❷くわしく

てびき

❹ ❶「遠足のおやつとしてバナナを持っていこう」と言いたいときは、持ちはこびがべんりだというバナナのとくちょうをつたえます。❷お店の人が「バナナを売りたい」ときは、バナナがおいしいことを、売るあい手につたえます。

❺ ❶組み立てメモでは、「始め」につたえたいことの中心を書きます。❷「中」には、「始め」で書いた、つたえたいことの中心が分かりやすくつたわる出来事を、くわしく書きます。

漢字の表す意味

26・27ページ きほんのワーク

❶ ❶こうか ❷さっきょく ❸こくばん ❹さくひん ❺さら ❻くうはく ❼いいんちょう ❽はっぴょう ❾しま
❷ ❶作曲 ❷黒板 ❸委員長 ❹発表
❸ (1) ❶柱 ❷住 (2) ❶決 ❷泳
❹ (1) ❶イ ❷ウ ❸ア
(2) ❶ウ ❷ア ❸イ
(3) ❶イ ❷ウ ❸ア
❺ ❶ア ❷イ ❸ウ ❹イ
❻ （それぞれじゅんじょなし）❶イ・カ ❷ア・エ ❸ウ・オ

てびき

❹ (1) ❶「図表」は、数やりょうなどをグラ

フや表、図などに分かりやすくせい理して表したものという意味なので、イが合います。❷「発表」は、多くの人に知らせることという意味なので、ウが合います。❸「表紙」は、本などの外がわにつける紙という意味なので、アが合います。

(2) ❶「人家」は、人の住む家という意味なので、ウが合います。❷「一家」は、一つの家族という意味なので、アが合います。❸「画家」は、絵をかくことを仕事にする人という意味なので、イが合います。

(3) ❶「会話」は、人と人が向かい合って話すことという意味なので、イが合います。❷「会社」は、もうけを手に入れることを目的に作られた人のあつまりという意味なので、ウが合います。❸「会計」は、お金の出し入れや、その計算をすることという意味なので、アが合います。

5 ❶アの「題」は、「内ようなどをみじかくしめした言葉」という意味、イ・ウの「題」は「答えをもとめられること」という意味です。❷ア・ウの「番」は、「見はりをするやく目」という意味、イの「番」は、「じゅん番を決めて交たいですること」という意味です。❸ア・イの「面」は、「方向」という意味、ウの「面」は、「もののひらたい部分」という意味です。❹ア・ウの「本」は、「正しい」という意味、イの「本」は、「書物」という意味です。

6 イ「書名」は本の名前、カ「地名」は土地の名前という意味なので、この「名」は❶「なまえ。」の意味で使われています。ア「名作」はすぐれた作品、エ「名人」はわざがすぐれている人という意味なので、この「名」は❷「すぐれている。」の意味で使われています。ウ「六名」とオ「数名」は人間の数を数えているので、❸「人を数える言葉。」の意味で使われています。

ワニのおじいさんのたから物

28・29ページ きほんのワーク

❶ ❶さむ ❷そうとう ❸し ❹きみ ❺あんしん ❻きゅう ❼しる ❽ばし ❾とうじょう ❿こうどう

❷ ❶寒 ❷急 ❸登場

❸ ❶ア ❷イ ❸ウ ❹イ ❺ア ❻ウ

☆ ないようをつかもう! ❶イ ❷ア ❸イ・ア ❹ア

30・31ページ 練習のワーク❶

1 死んだ
2 朝・夕方（近く）
3 ウ
4 イ
5 たび・つかれて・安心
6 たから物〈または ワニのおじいさんのたから物〉・にげて
7 ア

32・33ページ 練習のワーク❷

1 ウ
2 イ
3 (1) とうげ・つり橋・まよい

てびき

1・2 おにの子は、ワニが「死んだ」と思い、時間をかけて葉っぱをワニの体のまわりにつみ上げます。それは、「朝だったのが昼になり、やがて夕方近く」になるまでつづけられました。

3 すぐ前でワニは「ああ、いい気持ちだ。」とつぶやいています。よろこんでいる気持ちを読み取りましょう。

4 〈〜しておいで（になる）〉は、〈〜していらっしゃる〉という意味です。年をとったワニだったので、目上の人としてていねいに話そうというおにの子の気持ちが表れています。

5 「長い長いたびをしてきたものだから、すっかりつかれて……ここまで来れば安心だ」と思ってねむってしまったと、ワニは話しています。

6 「どうして、……ここまでおいでになったのですか?」というおにの子のしつ問に答えるワニの言葉にちゅう目しましょう。

7 **1・2**の行動から、ワニを思いやるおにの子のやさしさが分かります。

(2) 切り立つ・岩場

4 イ

5 たから物・すてきな夕やけ

てびき

1 ワニのおじいさんは、体に葉っぱをかけてくれたり、目上の人にたいしてていねいな言葉づかいをしたりするおにの子の人がらをしんらいして、たから物をゆずろうと思ったのです。

2 「ワニのおじいさんのせなかのしわが、じつは、たから物のかくし場所」の地図になっているとあります。

3 (1) 「地図の×じるしの場所」につくまでの道のりは、すぐ前の「おにの子は、地図を見ながら、……たどりつきました。」に書かれています。

(2) 「そこは、切り立つようながけの上の岩場でした。」という文にちゅう目しましょう。「そこ」とは、それまでに書かれている「たから物のかくし場所」「地図の×じるしの場所」のことであり、おにの子がやっとたどりついた場所のことです。

4 「目を丸くする」とは、びっくりして、目を見開く様子を表す言葉です。どんなことにびっくりしたのかは、つぎの文に書かれています。

5 おにの子がたどりついた場所について思ったことは、さい後の二文に書かれています。

34・35ページ まとめのテスト

1 イ

2 しわ・たから物・紙

3 ア

4 イ

5 （じゅんじょなし）口で言えないほどうつくしい夕やけ。・世かい中でいちばんすてきな夕やけ。

6 れい 足もとに、たから物を入れたはこがうまっている（こと）。

てびき

1 「心おきなく」とは「心配しないで」という意味です。「これで、……心おきなくあの世へ行ける」と言っているので、「これ」がさす内ようをかくにんするとよいでしょう。「君に、わしのたから物をあげよう」とあるので、たから物をあげる人が見つかって、安心するワニのおじいさんの気持ちが分かります。

2 おにの子がどうやって地図を手に入れたのかは、「ワニのおじいさんのせなかのしわが、……紙にかきうつしました。」から分かります。

3 おにの子が、たから物のある場所にたどりつくまでの道のりは、「とうげをこえ、けもの道を横切り、……何ども道にまよいそうになりながら、やっと……たどりつきました。」の部分にくわしく書かれています。その道中は、おにの子にとって、長くて苦しいものだったことが分かります。

4 「思わず」とは「何も考えないで」という意味です。自分でも気がつかないうちにぼうしを取っていたおにの子の様子から、夕やけに見とれていることが分かります。

5 「切り立つようながけの上の岩場」で、おにの子は「これがたから物なのだ」と思っています。「これ」の前と後で、同じもの（「夕やけ」）を言いかえている言葉にちゅう目しましょう。

6 「その立っている足もとに、たから物を入れたはこがうまっている」とあります。「どんなこと」と聞かれているので、「〜こと。」と答えるとよいでしょう。

36・37ページ きほんのワーク

漢字を使おう3／言葉相だん室 人物やものの様子を表す言葉 ほか

❶ ①かなもの ②もう ③ゆらい ④やちょう ⑤そう ⑥し ⑦しゅっぱつ ⑧あつ

❷ ①血 ②申 ③由来

❸ ①夏 ②海 ③昼 ④夜 ⑤岩 ⑥麦茶

❹ ①うきうき歩く。 ②すたすた歩く。 ③とぼとぼ歩く。

❺ ①きらきら ②ぎらぎら ③はらはら ④ばらばら

❻ ①ウ ②ア ③イ

❼ イ

てびき

4 「うきうき」はうれしい様子を、「すたすた」は急いでいる様子を、「とぼとぼ」はかなしい様子を表す言葉です。どの文も同じ「歩く」で終わっていますが、「うきうき」「すたすた」「とぼとぼ」の言葉が表す意味のちがいにちゅう目して、上とむすびましょう。

5 ❶・❷「きらきら」は、星やほうせきがうつくしく光りかがやいている様子を表します。「ぎらぎら」は強くまぶしく光る様子を表します。❸・❹「はらはら」は、花びらやなみだなどがしずかにおちる様子を表します。また、どうなることかと心配する様子を表す意味もあります。「ばらばら」は、雨やあられなど、つぶになったものがおちて音を立てる様子や、まとまりのない様子を表します。

6 ❶「ミンミン」などの音や様子を表す言葉を使うと、リズムが生まれたり、かろやかないんしょうをあたえたりします。❷一つの言葉から連想を広げて、にたものに言いかえると、イメージをぐたいてきにつたえることができます。❸同じ言葉や文をくり返すと、いんしょうを強めることができます。

7 心の動きを詩で表すときは、強く心にのこっている出来事の中から、書きたいことを決め、色や形、動き、音、においやさわった感じなどを思い出して、自分が感じたことにいちばん合う言葉をえらびましょう。

ローマ字①

38・39ページ きほんのワーク

1 （しょうりゃく）

2 ❶あめ ❷ねずみ ❸おとうさん ❹しゃしん ❺にっき ❻きんいろ

3 ❶ア ❷イ

4 ❶megane ❷okâsan ❸kippu ❹ryokô ❺hon'ya ❻byôin ❼kin'yôbi ❽syôgakkô〈または shôgakkô〉 ❾Kimura Mayu ❿Tôkyô〈または TÔKYÔ〉

5 ❶（じゅんじょなし）hune・fune ❷（じゅんじょなし）susi・sushi ❸（じゅんじょなし）tyawan・chawan

てびき

1 ローマ字の大文字・小文字をなぞって、形をおぼえましょう。

2 ❸「おとーさん」とは書きません。ひらがなに直すときは「おとうさん」と書きます。

3 ❷名前も名字も、さいしょの文字だけ大文字で書きます。そして、名前と名字の間を空けて書きます。

4 ❷❹❻❼❽❿には、のばす音が入っています。のばす音には「^」の記号をつけます。❸「きっぷ」の小さい「っ」はつまる音です。つまる音の場合は、「っ」のつぎの音のさいしょの字を二つかさねます。「っ」のつぎは「ぷ (pu)」なので「p」を二つかさねます。❺「本や」は「honya」と書くと「ほにゃ」と読めます。「ん」のところで音をくぎることが分かるように、「n」とつぎの文字の間に「'」の記号を入れて「hon'ya」と書きます。

5 ❶「ふ (hu・fu)」❷「し (si・shi)」❸「ちゃ (tya・cha)」のほかに、二つの書き方をするローマ字には、「ち (ti・chi)」「つ (tu・tsu)」「じ (zi・ji)」「しゃ (sya・sha)」「じゃ (zya・ja)」などがあります。

「給食だより」を読みくらべよう きせつの足音——夏／三年生の本だな

40・41ページ きほんのワーク

1 ❶つぎ ❷あつ ❸さぎょう ❹み ❺おこな ❻のうか ❼めい ❽しゃ

2 ❶暑 ❷実 ❸農業 ❹命

3 ❶つたえたいこと ❷内よう・組み合わせ

4 て　ウ

5 1 たび　2 ウ　3 イ

てびき

3 文章を読むときは、ポイントになる言葉やくり返されている言葉にちゅう意しながら、書き手のつたえたいことを読み取ります。

4 二つの文章を読みくらべるときは、すき、きらい、という点ではなく、それぞれの文章のつたえたい思いは何か、そのためにどんなくふうをしているか、という点を考えます。だから、アはまちがいです。また、おもしろいことは読み手をひきつけるために大切ですが、文章でつたえるためのくふうではないので、イもまちがいです。

❺ 1 一文目の終わりに「……ににています」とあることにちゅう目しましょう。筆者は、読書をたびをすることにたとえています。

2・3 「どこか知らない国へたびをして……何どもたずねていく」までは、「すきな本を何ども読みかえす」ことを言いかえた部分です。その後の「友だちになったかれら」とは、本の中の登場人物をさし、「わたしたちが行く」とは「わたしたちが本を読む」ことをいっています。

42・43ページ まとめのテスト

1 1 ❶ウ ❷ア

2 イ

3 （たより①・②ともにじゅんじょなし）たより①…イ・エ　たより②…ア・ウ

4 たより①えいよう

たより②あいじょう〈または思い〉

2 ア・イ・エ・オ・ク

3 サラダ・この味がいいね〈またはいいね〉・サラダ記念日

4 （じゅんじょなし）青葉・ほととぎす・はつがつお〈または初鰹〉

てびき

1 1 二つの文章の同じところに線を引いてかくにんしましょう。

2 題名と文章の始まり、文章の終わりが同じなので、同じことをつたえたい文章だと分かります。ちがっているのは、取り上げている内ようや、読み手につたえるくふうの仕方です。

3 「たより①」では、一だんらくのさい後に、「野菜には、大切なえいようがある」として、二だんらくでえいようのくわしい説明をしています。また、三だんらくで野菜が「夏のつかれをふせぐ」ことが書かれています。「たより②」では、一だんらくのさい後に、「育てている人たちのあいじょうがこめられた野菜をのこすのは、もったいない」として、二だんらくでトマトを育てるたいへんさと、作る人の思い、三だんらくで「食品ロス」の問題にふれています。

4 「たより①」には、かわいらしい野菜が「えいようたっぷり！」と言っている絵が入っています。読み手が野菜に親しみを感じやすくなるようなくふうととらえられます。「たより②」には、作られた野菜を両手にのせて、にっこりわらう農家の人の写しんが入っています。これにより、野菜にあいじょうがこめられていることがつたわるようにくふうされています。

2 ア「すいか」、エ「ひややっこ」、オ「きゅうり」、ク「かき氷」は、どれも夏の食べ物として知られています。イ「かつお」は、あたたかくなると日本の近くに泳いできて、寒くなると、南下して日本からはなれていく回遊魚です。4月ごろにもっとも早くとれるかつおを「初がつお」といい、秋にとれるかつおは「もどりがつお」といいます。日本の文学では、「かつお」といえば、「初がつお」をさし、夏の食べ物とされています。

3 『この味がいいね』は、つまり「おいしい」ということです。そう言ってもらえた日を記念日にしてしまおうという、作者のうれしい気持ちがよまれた作品です。

4 「青葉」「ほととぎす」「初鰹」という、さわやかな初夏をイメージできる言葉を三つならべた作品です。

紙ひこうき／夕日がせなかをおしてくる

44・45ページ きほんのワーク

❶ ❶たい

❷ ❶ア ❷イ

❸ 1 ❶すうい ❷くるり ❸まつの木

2 ウ

3 ぼく・紙ひこうき

4 ゆうらゆら

5 かあさん・いいきもち

6 イ

③ **てびき**

1 「すうい」「くるり」は、紙ひこうきがとんだり回ったりする様子を表しています。

2 詩のだい二連に「おうい、おりてこいよ」「おちてこない　紙ひこうき」とあるように、「ぼく」は、まつの木の枝にある紙ひこうきを取りもどしたいと思うけれど、それができずにいるのです。

3 「おうい、おりてこいよ」は、まつの木の上にちゃくりくした「紙ひこうき」に向かって、「ぼく」が下からよびかけた言葉です。

4 詩のだい二連に、「ゆうらゆら」と、紙ひこうきが枝の上でゆられている様子を表す言葉があります。

5 詩のだい二連にちゅう目しましょう。「かあさんに　だかれて」「いいきもちで　いるみたい」とあります。「ぼく」は、紙ひこうきが枝の上でゆられている様子を見て、親子のようだと思っています。

6 詩のだい三連にちゅう目しましょう。紙は、森の木をざいりょうにして作られます。このことから、「ぼく」は、「木」は「紙ひこうき」の「かあさん」だ、と考えたのです。詩の中で、「ぼく」が「木」と「紙ひこうき」のむすびつきに気づき、やさしい気持ちになっていることにもちゅう目しましょう。

46・47ページ　まとめのテスト

1 ウ
2 イ
3 まっかなうで
4 でっかい声
5 ぼくら
6 ふりむき・どなる
7 ❶夕日〈または太陽〉　❷ぼくら
8 ア
9 イ・エ
10 ウ

てびき

1 「夕日」とあるので、一日のうちの、夕方のことを書いた詩です。

2 夕方になると、日がしずむ前に空がまっかにそまります。この詩では、「ぼくら」が歩いているせなかに、その夕日があたっている様子を、「夕日がせなかをおしてくる」と表げんしたのです。

3 「夕日がせなかをおしてくる」の後に、「まっかなうでで　おしてくる」とあります。夕日の力強さを読み取りましょう。

4 詩のだい一連に、「でっかい声でよびかける」とあります。

5 「さよなら　きみたち」は、「夕日」が「ぼくら」によびかけている言葉です。

6 詩のだい二連に、「そんなにおすなあわてるな／ぐるりふりむき太陽に／ぼくらも負けずどなるんだ」とあります。

7 「さよなら」は、詩の中で何どもくり返され、詩のリズムを作っている言葉です。詩のだい一連では、夕日（太陽）がぼくらによびかけ、だい二連では、ぼくらがふりむいて太陽に向かってよびかけています。

8 「ぼくらも負けずどなるんだ」とあるので、元気よく大きな声で読みます。まっかな力強い夕日に負けないように「ぼくら」が太陽によびかけているのです。

9 「まってるぞ」「ねすごすな」から、夕日とぼくらが、友だちのように親しみをこめて力強くよびかけ合っている様子を読み取りましょう。

10 詩のだい一連とだい二連では、「夕日がせなかをおしてくる」という言葉や、「さよなら」「ばんごはんがまってるぞ／あしたの朝ねすごすな」という言葉が、くり返し使われています。

案内の手紙を書こう　慣用句を使おう

48・49ページ　きほんのワーク

① ❶がっ　❷かよ　❸たす　❹お
② ❶合　❷通　❸助　❹落
③ 1 地いきふれあいまつり
2 イ
3 れい ビンゴ大会をします
4 イ

4 ウ
5 ❶イ ❷ア
6 ❶頭〈または首〉 ❷ロ ❸足
7 ❶イ ❷ア ❸ア

てびき
3 1 「お元気ですか。」というあいさつの後に、「わたしたちの学校で、地いきふれあいまつりがあります。」と書き、知らせたい行事についてつたえています。
2 「午後二時～午後四時」は時間なので、「日時」のイに書きます。
3 手紙のほかの部分に合わせて、ていねいな言葉づかいで書きます。
4 手紙のさい後には、自分の名前を入れます。自分の名前を書くときには、行の下の方に書きます。
4 慣用句は、二つ以上の言葉がむすびついて、全体で元の言葉の意味とはべつの新しい意味を表す言い方で、むかしから広く使われてきた言葉です。今の社会には合わなくなった言い方などもあるので、気をつけて使うようにしましょう。
5 ❶「うり二つ」は、うりをたてに二つに切ると、切り口が両方そっくり同じことから、顔かたちがよくにていることを表す慣用句です。❷「ひたい」は、おでこのことです。ねこのおでこはせまいことから、「ねこのひたい」は、場所などがせまいことを表す慣用句です。
6 ❶「頭（首）をひねる」は、分からないときによく考えるという意味の慣用句です。❷「口がかるい」のはんたいの意味の慣用句は、「口がかたい」です。
7 ❶「ほねがおれる」は、苦労するという意味の慣用句です。❷「むねがいたむ」で、つらくかなしく思うという意味の慣用句です。❸「話に花がさく」は、話がもりあがるという意味の慣用句です。

グループの合い言葉を決めよう
漢字を使おう4 ほか

50・51ページ きほんのワーク

1 ❶しんこう ❷やく ❸ま ❹か ❺くぎ ❻けん ❼しくちょうそん ❽さんちょうめ ❾やね ❿な ⓫とうきゅう ⓬う ⓭しゅご
2 ❶屋根 ❷主語
3 ❶魚 ❷毎週
4 1 イ
2 エ
3 ②

てびき
4 1 司会は、みんなでたしかめた話し合いの目的と進め方にそって、話し合いを進行する役わりをします。
2 「うん動会の練習をみんなでがんばれるような合い言葉」についての話し合いなので、どんな合い言葉がよいかの意見が出ると考えられます。いろいろな意見をせい理するときは、なかま分けをすると分かりやすくなります。出た意見の同じところやにているところ、ちがうところをさがして、分け方を考えるとよいことをおさえましょう。
3 「合い言葉は、『自分に負けるな。』がいい」という意見は、「②意見を出し合う。」のときに発表します。③は、出た意見について、しつ問をしたり、考えを発言したりするところなので、ちがいます。

52・53ページ まとめのテスト

1 1 ❶ウ ❷ア ❸エ
2 来月のグループの合い言葉
3 （これから始まる）うん動会の練習・がんばれる
4 ア
5 れい（「えがお」で）楽しんで練習する〈または「えがお」で楽しむ〉・れいあきらめずにやりきる
6 ア○ イ△ ウ△ エ○
2 れい土曜日に読んだのは、ねこの本です。
れい土曜日に、ねこの本を読みました。

てびき
1 1 話し合いでは、まず話し合うことをたしかめ、次に意見を出し合い、意見について話し合い、さい後に話し合いをまとめます。❶では、司会が「これから、来月のグループの合い言葉について話し合います。」と、これから話し合うことをたしかめています。❷では、司会が「一人ずつ意見を出してください。」と言った後、木村さんたちが、「わたしは、『自分に負けるな。』がいいと思います。」など、意見を出し合っています。❸では、司会が、「みんなの意見をせい理します。……なかま分けしてみましょう。」と言っています。出た意見について話し合っているのです。

2 話し合いの始めで、司会が、「来月のグループの合い言葉について話し合います」と言っています。

3 司会は、❶のまとまりで、「話し合いの目的は、これから始まるうん動会の練習をみんなでがんばれるような言葉を決めること」と言っています。

4 話し合いの□の後で、小林さんが「中島さんにしつ問です。」と言っています。司会の「しつ問はありませんか」というよびかけを聞いて、このように発言しているのです。

5 話し合いの❸で、出た意見をなかま分けしてせい理しています。木村さんが、「えがおでがんばろう。」「えがおがいちばん。」には楽しんで練習しようという気持ちが表れていると発言しています。また、中島さんは、「きっとできる。」「あきらめるな。」「自分に負けるな。」が、あきらめずにやりきることをだいじにしていると発言しています。

6 司会は、話し合いの進め方にそって、発言をうながします。また、話し合いの目的と進め方をたしかめたり出た考えや決まったことをせい理したりします。そのほかの人は、進行にそって、話題について考えたり発言したりします。また、話し合いの話題について、自分の意見を持つこともひつようです。

2 この文のおかしなところは、「読んだのは、……読みました」と、主語とじゅつ語で、同じことを二回くり返しているところです。「読んだ」という行動を、主語かじゅつ語か、どちらか一方で使うように直しましょう。

サーカスのライオン 漢字を使おう5

54・55ページ きほんのワーク

❶ ❶ば ❷てつ ❸ま ❹まる ❺きゃく ❻き ❼おく ❽にゅういん ❾らく ❿けがわ ⓫へや ⓬う ⓭しょう ⓮にもつ ⓯はこ ⓰ま・か ⓱まじめ ⓲ま・さお ⓳ようこう ⓴ろ

❷ ❶着 ❷荷物 ❸路

❸ ❶雲 ❷秋

❹ ❶イ ❷ア ❸ウ ❹ウ ❺ア ❻イ

ないようをつかもう!

1 じんざ

2 (じゅんに)(1)→3→5→4→2

56・57ページ 練習のワーク❶

1 うきうき

2 サーカスのおじさん

3 ライオン

4 (ライオンの)じんざ

5 (何だか)しょげていた・お見まい

6 ア

7 お母さん

8 れい 自分がライオンだ(ということ)。

てびき

1 じんざが外へ出たときの気持ちが表れている言葉をさがしましょう。「うきうき」は、うれしくて心がはずむ気持ちを表す言葉です。

2 じんざはサーカスのライオンですが、男の子はそのことに気づいていません。男の子は、「おじさん、サーカスのおじさん。」と声をかけているので、じんざのことを、サーカスのおじさん(人間)だと思っていることが分かります。

3 男の子がライオンのことを言ったので、じんざはおどろいたのです。それは、自分のことだからです。

5 男の子はライオンが大すきなので、サーカスでジャンプをひろうするライオンがしょげていたことが気になったのです。元気がないじんざをお見まいして、はげましたいという男の子のやさしい気持ちを読み取りましょう。

6　「むねがあつくなる」という言葉は、心配する気持ちやかなしい気持ちを表す言葉ではないので、イとウはまちがいです。じんざは、サーカスのときに元気がありませんでした。しかし、男の子のやさしい気持ちにふれたときに「ぐぐっとむねのあたりがあつく」なり、うれしい気持ちになりました。男の子と話したことで、じんざの気持ちがかわってきたことにちゅう目しましょう。

8　ライオンが夜におりから出て散歩をしていることが分かったら、大さわぎになってしまいます。だから、じんざは、自分がライオンだと気づかれないように、ぼうしをかぶり直して顔の毛をかくしたのです。

58・59ページ　練習のワーク❷

1　ライオンのおり
2　タオルをまいた足（をかくした）。
3　イ
4　じんざは、もうねむらないでまっていた。
5　(1)　のり出して、うなずいて聞いていた。
(2)　ウ
6　（男の子が）いきをはずませてとんできた
7　ウ

てびき

2　これより前の場面で、じんざは、ピエロのまねをして、足にけがをしました。そして、足にタオルをまきつけました。だから、足にタオルをまいているところを見られると、きのう会ったサーカスのおじさんは、じんざだったと男の子に気づかれてしまいます。そうならないために、じんざはタオルをまいた足をかくしたのです。

3　男の子は、ライオンに元気になってもらおうと思って、チョコレートをあげました。じんざは、そのやさしい気持ちがうれしくて、目を細くして受け取ったのです。「チョコレートはすきではなかった」とあるので、アはまちがいです。「足首はずきんずきんといたかった」とあるので、ウもちがいます。

4　男の子が毎日やってくるようになった後のじんざの様子が書いてあるところにちゅう目します。「ねむらないでまっていた」というところから、じんざが楽しみにしている気持ちが読み取れます。

5　(2)　「のり出す」は体が前の方へ出る様子です。これは、ねっしんに聞こうとする気持ちがあるから、体が前に出ていると考えられます。うなずいているのも、男の子の言葉にねっしんに耳をかたむけていることを表しています。

6　「いきをはずませてとんできた」というところから、男の子が早くつたえたくて急いで走ってきたことが分かります。

7　「……ようし、……火の輪を五つにしてくぐりぬけてやろう。」という言葉から、男の子にかっこいいところを見せようというじんざのやる気が分かります。じんざの体に力がこもったり、目がぴかっと光ったりしたのは、うれしい気持ちになったときの様子ではないので、アはちがいます。じんざががんばろうと思ったのは、あしたでサーカスが終わるからという理由ではないので、イはちがいます。

60・61ページ　練習のワーク❸

1　れい　男の子を助ける
2　外・ほのお・石がきの上
3　ア
4　ウ
5　じんざ
6　イ
7　れい　火事で死んでしまった（こと）。

てびき

1　「中に子どもがいる」「中へは、もう入れやしない。」という人々の言葉を聞いて、じんざは男の子がまだアパートの中にいると思いました。そして、火の中に入れるのは自分しかいないと思って、男の子を助けるために火の中へとびこんだのです。人々の会話を手がかりに、場面の様子とじんざの気持ちを読み取りましょう。

4　じんざは、あついことがいやでほえたのではないので、アはまちがいです。また、じんざは、男の子を助けることにひっしになっています。自分のことを考えているよゆうはないので、イもまちがいです。じんざは、男の子を助けたくて、大きな声でほえたのです。

5 男の子は、はしごを上ってきた男の人にわたされたので、アパートにのこっているのはじんざだけです。人々はじんざを助けたくて、声をかぎりによんだのです。

6 じんざは、きけんな火の中にとびこんで、力のかぎりをつくして男の子を助けました。その勇気や強さ、やさしさに、見ている人々は心をうたれました。その気持ちが、ほのおを「ぴかぴかにかがやく」じんざに見せたのです。

7 金色に光るライオンは、死んで、天に上っていくじんざのすがたを表しています。

62・63ページ　まとめのテスト

1 イ

2 高い

3 れいだれか、この男の子を助けてくれ！

4 れいほのお〈または火〉・れい死んでしまった〈または帰ってこなかった〉

5 ウ

6 五つの火の輪・ライオン〈またはじんざ〉

7 ア

てびき

2 すぐ後の文に「高いので、さすがのライオンもとびおりることはできない。」とあるのを手がかりにして考えます。人物の気持ちや行動を考えるときは、その前後の文をよく読み、考える手がかりにしましょう。

3 まどは高い所にあって、とびおりることができず、じんざはぜったいぜつめいのピンチです。いつもはやさしいじんざですが、このときは、ライオンの強さをはっきして力のかぎりほえました。じんざがほえたのは、男の子を助けたかったからです。

5 じんざは、男の子の前で五つの火の輪をくぐるところを見せようと思っていました。おじさんは、じんざは死んでしまったけれど、そののぞみをかなえてあげたくて、火の輪を五つ用意してむちを鳴らしたのです。よって、正かいはウです。

7 「ライオンのじんざがどうして帰ってこなかったかを、みんなが知っていたので。」とあるので、じんざが火事から男の子を助けて死んでしまったことを、お客は知っていることが分かります。火の中にとびこんでいった勇気や、力のかぎりをつくして男の子を助けたじんざのがんばりに、お客は感動して手をたたいたのです。新しいライオンがいるわけではないので、イはまちがいです。じんざは死んでしまって、ぶ台の上にはいないので、ウもちがいます。

ぼくが　ここに

64・65ページ　きほんのワーク

1 四〈または4〉

2 イ

3 ぼくが　ここに　いるとき

4 (1) (じゅんじょなし)ゾウ・マメ
(2) イ・エ

5 ここ・できない

6 ウ

7 いること

8 イ

てびき

2 この詩では、「ぼく」「ゾウ」「マメ」をれいにして、「ここに　いること」について考えたことが書かれています。ゾウやマメを実さいに目で見ているわけではないので、アはまちがいです。また、出来事について書かれている詩ではないので、ウもまちがいです。

4 (1) 第一連では、「ぼく」について書かれています。第二連では、「ゾウ」と「マメ」について書かれています。

(2) ゾウは、大きな動物です。マメは、小さなしょく物のたねです。作者は、この二つをあげることにより、大きくても小さくても、動物でもしょく物でも、ちきゅうの上ではみんな、「〇〇だけ　しか　ここに　いることは　できない」ということが当てはまる、ということをしめしています。

5　すぐ前に「こんなに　だいじに」とあることにちゅう目します。「こんなに」は、前の二つの連の内ようをさしています。「ぼく」、「ゾウ」、「マメ」について作者がくり返し書いていることが「まもられている」ことの内ようになります。

7　この詩でくり返し書かれているのは、「いること」のすばらしさです。人だけでなく、どんなものが、どんなところにいても、それは同じようにすばらしいことだと言っています。作者がつたえたいことを読み取るときは、くり返しの言葉にちゅう目します。

せっちゃくざいの今と昔

66・67ページ　きほんのワーク

❶ ①むかし　②ふく　③しゃりょう　④かる　⑤かぐ　⑥おんど　⑦び　⑧みじか

❷ ①昔　②服　③軽　④短

❸ ①イ　②ア　③ア　④ウ　⑤イ　⑥ウ

✪ ないようをつかもう！　①ウ　②ウ　③ア・イ　④イ　⑤ウ

68・69ページ　練習のワーク①

1 たいた・すりつぶし（て）・（よく）練って

2 (1) 動物のほねや皮

(2) ウ

(3) （使う分のにかわを）水に入れ、火にかけてとかして使う。

3 米から作るのり…しょうじをはりかえる

にかわ…絵の具を作る

4 イ

5 くさり・寒い・くっつき

てびき

1　次の文に「米から作るのり」の作り方が書かれています。文のさい後に「のりができあがります。」とあることにちゅう目しましょう。文章中の図からも、作り方が分かります。

2 (1)　二だん落の始めに「もう一つが」とあり、ここからが「にかわ」の説明になります。12行目から「動物のほねや皮」を使った作り方の説明があり、同じだん落のさい後にも、「ゼラチンは、にかわと同じように動物のほねや皮から作られたもの」（19～21行目）とあります。

(2)　「動物のほねや皮」がざいりょうですが、「動物のほねや皮」そのものを使うのではなく、長い時間にた後の「しる」を使って作ることにちゅう意しましょう。

(3)　「米から作るのり」は、できあがったら、そのまま使えますが、「にかわ」は、かわかしてかためてしまうので、使うときには「水に入れ、火にかけて」とかすひつようがあります。

3　「米から作るのり」は一だん落、「にかわ」は二だん落に説明があります。それぞれがどんなときに使われるかをしっかりととらえましょう。

4　さい後のだん落の「このように」は前の内ようを受けて、まとめるときに使う言葉です。ここでは、「米から作るのり」も「にかわ」も、「自然にあるもの」を使ったせっちゃくざいであるということをのべています。

5　さい後のだん落で、「ふべんな点」を「……たり、……たり」という形で二つあげています。

70・71ページ　練習のワーク②

1 自然にあるもののよさ

2 ①じょうざい　②食べられる　③安全　④米や小麦　⑤百年　⑥安心

3 イ

てびき

1　始めの文の「自然にあるもののよさを生かして使われているせっちゃくざいもあります」にちゅう目します。

2　事例1と事例2のそれぞれの説明を、しっかりとおさえましょう。一だん落では、事例1である「ゼラチンやトウモロコシ、ジャガイモなどから作られるのり」について説明しています。じょうざいを作るときに使われるこれらののりは、「食べられるざいりょう」でできているというとくちょうがあり、使われる理由は体の中に入っても「安全」だと考えられているからです。二だん落では、事例2である「米や小麦から作ったのり」や「にかわ」について説明しています。美術品などの古いものをしゅう理するときに使われるこれらののりは、百年前から使われているので、使い方やはがす方法が分かっているというとくちょうがあります。使われる理由は、「安心」して使えるからです。

3　この文章でつたえたいことの中心は、さい後のだん落に書かれています。

72・73ページ　まとめのテスト

1　（じゅんじょなし）くさりにくい・寒くてもくっつく

2　(1)　ウ
(2)　食べられる・水と温度・安全
(3)　古いもの
(4)　かわる・はがす・安心

3　新しい・古い・とくちょう
（新しい・古いはじゅんじょなし）

てびき

1　二だん落で、「新しく工場で」作られるようになったせっちゃくざいについて説明しています。「くさりにくかったり、寒くてもくっついたりするせっちゃくざい」という部分にちゅう目しましょう。工場で作られるせっちゃくざいは、「自然にあるもの」を使って作ったせっちゃくざいの「ふべんな点」をなくしたとくちょうを持っているのです。

2　(1)・(2)　三だん落に、「自然にあるもののよさ」を生かしたせっちゃくざいが使われるれいが書かれています。「食べられるざいりょうでできていて、体の中の水と温度でゆっくりとけていくため、体にとって安全」なのです。

(3)・(4)　四だん落に、「昔からのせっちゃくざい」の説明が書かれています。百年前からあるせっちゃくざいは、「百年の間にどうかわるのか」や「使い方もはがす方法」も分かっているからこそ、昔の美術品など、古いものをしゅう理するときに安心して使えるのです。

3　さい後のだん落から、筆者の考えを読み取ります。さい後のだん落では、ざいりょうが新しいか古いかにかかわらず、せっちゃくざいのとくちょうに合った使い方をすることが、ゆたかなくらしにつながっていることをのべています。

じょうほうのとびら　分ける
道具のひみつをつたえよう／きせつの足音――秋

74・75ページ　きほんのワーク

❶　❶せいり

❷　❶整理

❸　1　❶ア　❷ウ　❸イ
2　ア

❹　1　（じゅんに）（一）→4→2→5→3
2　グループ分け・事がら・見出し

❺　❶イ　❷ウ

てびき

❸　1・2　「みんなにおすすめしたいもの」が三つに分けられています。❶は食べ物、❷は体を動かしてすること、❸は何かを作ることという同じところで分けられていることが分かります。

❹　1　レポートを書くときは、調べたことを全て書くのではなく、まずなかまに分けて整理して、何を書くかを決めるとよいでしょう。

2　調べて分かったことを整理するときには、同じところに着目してグループに分けます。そして、事がらごとに見出しを立てると、レポートの組み立てメモを作りやすくなります。

❺　❶この短歌は、ふかくなやんでいたが、はっとおなかがすいたことに気づいて起き上がり、栗まんじゅうをひとつ食べた、という意味なので、イが正かいです。短歌には、かならずきせつを表す言葉（季語）を入れるという決まりはありませんが、ここでは、「栗」が秋を表す言葉となっています。❷この俳句は、きのこをとりに来たけれど、きのこがいっせいにかくれてしまったように見当たらない、という意味なので、ウが正かいです。「きのこ」「茸狩」が秋を表す季語です。

こそあど言葉
話したいな、すきな時間

76・77ページ　きほんのワーク

❶ ❶さ　❷しょくぶつ　❸けんきゅう　❹さいく　❺しんかい　❻じだい

❷ ❶指　❷植物　❸研究　❹細工　❺深海　❻時代

❸ ❶ウ　❷イ　❸ア　❹エ

❹ ❶ア　❷イ

❺ 1ウ　2イ

てびき

❸「これ」「この」「ここ」「こちら（こっち）」「こんな」「こう」は、話し手の近くのものを指すときに使います。「それ」「その」「そこ」「そちら（そっち）」「そんな」「そう」は、聞き手の近くのものを指すときに使います。「あれ」「あの」「あそこ」「あちら（あっち）」「あんな」「ああ」は、話し手・聞き手のどちらからも遠いものを指すときに使います。「どれ」「どの」「どこ」「どちら（どっち）」「どんな」「どう」は、はっきりしないものを指すときに使います。

❹❶二人は、遠くの山を見て話しています。このような場合は、話し手・聞き手のどちらからも遠いものを指す「あれ」を使います。

❺1　エルマーがトラに食べられそうになる場面を読んだときの気持ちにふさわしいものをえらびましょう。こわいときやおどろいたときに心ぞうがはやく動く様子を表すウの「どきどき」が正かいです。

2　「エルマーのぼうけん」と「世界の恐竜図かん」の話は、何のためにあげられたものかを考えます。「エルマーのぼうけん」…「こわくなって」「世界の恐竜図かん」…「体験ができます」から、これらは一だん落でのべた「いろいろな体験をした気分になれる」ということをはっきりしめすためのれいであることが分かります。

漢字の読み方
ローマ字②

78・79ページ　きほんのワーク

❶ ❶じょうば　❷いんしょくてん　❸てんとう　❹せいうん　❺りゅうせい　❻もくたん　❼もち　❽へいわ　❾でんち　❿ぎんこう

❷ ❶乗馬　❷飲食店　❸流星　❹木炭　❺平和　❻銀行

❸ ウ・イ

❹ ❶音…てん　訓…みせ　❷音…しゃ　訓…もの　❸音…しん　訓…おや

❺ ❶イ　❷ア　❸ア　❹イ　❺イ　❻イ

❻ ❶ア　❷イ　❸イ　❹ア　❺ア　❻イ　❼ア

てびき

❹❶「店」の音には「テン」、訓には「みせ」があります。「店長」は「てんちょう」、「店先」は「みせさき」と読みます。❷「者」の音には「シャ」、訓には「もの」があります。「作者」は「さくしゃ」、「人気者」は「にんきもの」と読みます。❸「親」の音には「シン」、訓には「おや」「した（しい）」「した（しむ）」があります。「親切」は「しんせつ」、「親指」は「おやゆび」と読みます。

❺❶「星」の音には「セイ」など、訓には「ほし」があります。「星空」は「ほしぞら」と読みます。❷「間」の音には「カン」「ケン」、訓には「あいだ」「ま」があります。「時間」は「じかん」と読みます。❸「教」の音には「キョウ」、訓には「おし（える）」「おそ（わる）」があります。「教室」は「きょうしつ」と読みます。❹「足」の音には「ソク」、訓には「あし」「た（す）」「た（りる）」「た（る）」があります。「早足」は「はやあし」と読みます。❺「名」の音には「メイ」など、訓には「な」があります。「名前」は「なまえ」と読みます。❻「野」の音には「ヤ」、訓には「の」があります。「野原」は「のはら」と読みます。

❻ローマ字を使って、コンピューターに日本語を入力することができます。ローマ字の書き方が二つある場合は、どちらの書き方で入力してもかまいません。コンピューターによって、入力のやり方がちがうこともあるので

で、たしかめてから使いましょう。
❶「こおり」ののばす音は、ひらがなで書くとおりに入力します。❷「ロープ」の「ー」は、かたかなののばす音なので、「ー」（のばす音の記号）を入力します。❸「ほんや」の「ん」は、「NN」と入力します。❹「かたづけ」の「づ」は、「DU」と入力します。❺「はなぢ」の「ぢ」は「DI」と入力します。❻「がっき」のようなつまる音は、次の音のさいしょの字を二回入力します。❼「じをかく」の「を」は、「WO」と入力します。

モチモチの木

80・81ページ　きほんのワーク

❶ ①はな　②かみさま　③まつ　④は
⑤いしゃ　⑥さかみち　⑦くすりばこ
⑧ゆ　⑨たにん　⑩たい

❷ ①鼻　②祭　③歯　④医者　⑤薬箱　⑥湯

❸ ①ア　②ア　③ウ　④イ　⑤イ　⑥ウ

ないようをつかもう！
✪ ①ウ　②エ　③イ　⑤ア

82・83ページ　練習のワーク❶

1 せっちん〈またはしょうべん〉・じさま
2 ウ
3 （「しょんべんか。」と）すぐ目をさましてくれる。
4 (1) 山の神様のお祭り
(2) 一人・勇気
5 ア
6 れい 灯がともる

てびき

1 豆太は、「もう五つにもなったんだから」とあるので、五さいの子どもです。そして、夜中に一人でトイレに行ける年ごろです。しかし、せっちん（トイレ）が表にあり、また、大きなモチモチの木も、夜中はおそろしいものに見えるので、豆太は夜中にせっちんに行くときは、じさまについてきてもらっています。その行動を指して「おくびょうなやつ」といっているのです。

2 豆太から見た、夜中のモチモチの木の様子を表しています。「かみの毛」は葉っぱ、「両手」はえだのことです。

3 じさまが、ぐっすりねむっている真夜中でも、すぐに目をさましてくれることをおさえましょう。

4 じさまの言葉にちゅう目しましょう。じさまは「モチモチの木に灯がともる」ことを、「山の神様のお祭り」とよんでいます。

5 おくびょうな豆太は、「冬の真夜中」に「モチモチの木」を「一人」で見ることなど、おそろしくてぜったいにむりだと、自分で決めつけているのです。

6 じさまの話を聞いた豆太が「見てえなあ」と思ったのは、モチモチの木に灯がともり、「ゆめみてえにきれい」な様子です。

84・85ページ　練習のワーク❷

1 くまのうなり声
2 ①イ　②ウ
3 れい 医者（様）をよぶ（ため）。
4 イ・ウ・エ
5 一面の真っ白いしもで、雪みたいだった。
6 かみついた〈またはかみつく〉・血
7 ウ
8 ふもと

てびき

1 文章の始めに、「豆太は真夜中に、ひょっと目をさました。頭の上でくまのうなり声が聞こえたからだ。」とあります。

2 ①豆太はこのとき、近くにくまがいると思っているので、こわいという気持ちです。②豆太は、体を丸めてうなっているじさまを見て、びっくりして、心配しています。

3 豆太は、「医者様を、よばなくっちゃ！」と思って、走りだしています。

4 「表戸を体でふっとばして」、「ねまきのまんま。」、何もはかずに「はだしで。」というところから、豆太があわてて小屋をとび出した様子が分かります。

5・6 豆太が走った「とうげの下りの坂道」は、「一面の真っ白いしもで、雪みたい」でした。はだしの豆太の足にはしもがかみつき、足から血が出たので、豆太は「いたくて、寒くて、こわかった」のです。

7 豆太は、「いたくて、寒くて、こわかったから」、なきなき走っていました。どうしてもじさまを助けたかったので、走りつづけたのです。

8　「半道もあるふもとの村まで」「ふもとの医者様」というところから、「年よりじさまの医者様」が「ふもとの村」にいたことが分かります。

86・87ページ 練習のワーク❸

1　ア

2　(1)　❶雪　❷モチモチの木

(2)　月・星

3　ウ

4　イ

5　弱虫・やさしさ・勇気

てびき

1　すぐ後に、「じさまが、何だか、死んじまいそうな気がしたから」とあります。豆太は医者様に、早くじさまのところに行ってくれとせかしたのです。

2　(1)　豆太が「見た」ものの一つ目は、「月が出てるのに雪がふり始めた。……豆太は、そいつをねんねこの中から見た。」というところから分かります。二つ目は、「もう一つふしぎなものを見た」のすぐ後に、「モチモチの木に灯がついている！」とあることから分かります。

3　じさまは、「おまえは一人で夜道を医者様よびに行けるほど勇気のある子どもだったんだ」と、豆太に言っています。

4　さい後に「しょんべんにじさまを起こした」とあります。

5　じさまの言葉にちゅう目しましょう。豆太は、じさまを助けたいと思う「やさしさ」から勇気を出すことができたのです。

88・89ページ まとめのテスト

1　じさま

2　イ

3　じさま・（まくらもとで、）くまみたいに体を丸めてうなっていた

4　れい じさまのために、少しでも早く医者様をよびに行こう。

5　イ

6　ウ

7　れい （大すきな）じさまの死んでしまう

てびき

1　「まくらもとで、くまみたいに体を丸めてうなっていたのは、じさまだった。」とあります。豆太が聞いたのはじさまの声だったのです。

2　じさまの言葉はとぎれとぎれです。話すのもつらそうなじさまの様子から、はらいたが「ちょっと」ではないことが分かります。しかし、じさまは、かわいい豆太に心配をかけたくなかったので、いたみをがまんしているのです。

3　じさまは、くまみたいに体を丸めてうなっていました。じさまのふつうではない様子に豆太はこわくなって、びっくりしたのです。

4　その後に、「ねまきのまんま。はだしで。」とあります。豆太は、じさまのことが心配で、とにかく少しでも早く医者様をよんでこようとひっしなのです。

5　ふつう、ねまきを着たまま、はだしでは外に出ません。豆太は着がえたり、はきものをはいたりするよゆうがないくらいあわてているのです。また、「ねまきのまんま。はだしで。」と短い文がつづいていることからも、豆太のあわてている様子が分かります。

6　豆太の足からは血が出ています。

7　おくびょうな豆太が、なきながらもがんばって、真夜中の道を一人で走っています。それほど、じさまを思う気持ちが強いのです。

漢字を使おう6／言葉相だん室 人物の気持ちを表す言葉／いろいろなつたえ方

90・91ページ きほんのワーク

❶　❶ようふく　❷みずうみ　❸さけ　❹あぶら　❺り　❻ひろ　❼ひつじ　❽おんせい　❾どうじ　❿えき　⓫くうこう　⓬とうてん

❷　❶酒　❷世界

❸　❶家　❷午後

❹　（❶～❹それぞれじゅんじょなし）❶イ・ク　❷エ・キ　❸ウ・オ　❹ア・カ

5 （じゅんじょなし） いらいら・エ
あたふた・ウ
心温まる・ア
6 ①ウ ②ア ③イ
7 ①イ ②ウ

てびき

4 ①の「うれしい」気持ちを表す言葉には、「うきうき」＝うれしくて心がはずむ様子、「むねをおどらせる」＝うれしさやきたいで心がわくわくする、などがあります。②の「かなしい」気持ちを表す言葉には、「心がいたむ」＝心に強く苦しみを感じる、「むねがさける」＝かなしみなどでむねがはりさけるようないたみを感じる、などがあります。③の「はずかしい」気持ちを表す言葉には、「顔から火が出る」＝はずかしさから、顔があつくなるように感じる、「もじもじ」＝はずかしさなどで、ぐずぐずしている様子、などがあります。④の「こわい」気持ちを表す言葉には、「ふるえ上がる」＝寒さやおそろしさでがたがたふるえる、「ぞっとする」＝おそろしい気持ちから体がふるえる、などがあります。

5 「いらいら」は、思いどおりにならなくて、気持ちが高ぶる様子です。「あたふた」は、あわててふためく様子、「心温まる」は、人のやさしさなどにふれて、感動したりうれしくなったりする気持ちです。

6 相手に何かをつたえるときは、文字のほか、ぎもん符（?）やかんたん符（!）などの記号を使って文章を書く方法や、物の形や様子をかたどったピクトグラムという絵文字でつたえる方法、手話などの手や指、顔や体の動きでつたえる方法などがあります。

7 ①のピクトグラムは、人が出口から外へ出ようとする絵で、ひなんがひつようなときのひじょう口を表しています。②のピクトグラムは、車いすに乗った人の絵で、体の不自由な人などが利用できるしせつであることを表しています。

本から発見したことをつたえ合おう 漢字を使おう7／きせつの足音――冬

92・93ページ きほんのワーク

1 ①にがっき ②べんきょう ③しんきゅう ④にゅうがくしき ⑤せいれつ ⑥よしゅう ⑦そうだん ⑧はんたい
2 ①進級 ②整列
3 ①理科 ②算数
4 1 ①ウ ②ア ③イ
2 イ
5 1 ①みかん ②おでん
2 ①イ ②ウ

てびき

4 1 本のしょうかいカードには、本の題名・書いた人・出ぱん社名・本のラベルを書きましょう。これらのじょうほうがあれば、しょうかいカードを読んで、読んでみたいと思った友だちが、本をさがしやすくなります。

2 しょうかいカードには、本を読んで新しく知ったことや、感想として知っておどろいたことを書くと、友だちがきょう味を持ちやすくなるでしょう。

5 1 ①の冬を表す言葉（季語）は「蜜柑（みかん）」です。②の冬を表す言葉は「おでん」です。どちらも冬になるとスーパーマーケットやコンビニエンスストアで売られているのを見ますね。

2 ①は、街を歩いていて子どものそばを通ったときに、みかんのかおりがしてきて、冬を感じた様子がよまれています。②は、作者がすきなおでんと冬の夜空の星の様子がよまれています。

俳句に親しもう

94・95ページ きほんのワーク

1 ①ちゅうい ②ちくりん ③あん
2 ①注意 ②竹林 ③暗記
3 1 五・七・五〈または5・7・5〉
2 き語〈または季語〉
3 きせつを表す言葉…せみ
きせつ…夏
4 イ
5 ①ひっぱれる／糸まっすぐや／甲虫
季語…甲虫

❷スケートの／紐むすぶ間も／逸りつつ
季語…スケート

❻ ウ

❼ ❶声・春 ❷緑・白・夏

てびき

❹ 俳句は、ふつう五・七・五の十七の音(おん)でできています。五・七・五のリズムでくぎれているものをえらびましょう。ときどき、五・七・五になっていない場合もあります。その場合は、くり返し読んでみて、意味のくぎれがあるところや、リズムよくくぎれるところを考えましょう。

❺ きせつを表す言葉を「季語(きご)」といいます。季語には、植物やこん虫、食べ物、行事、天文などがあります。❶は、糸をむすばれたかぶと虫が前へ行こうとして、糸がはっている様子をよんでいます。❷はスケートのひもをむすぶのももどかしいくらい、早くすべりたい様子をよんでいます。

❻ 東の空には月が上り、西の空には夕日がしずんでいく、夕やみがせまる一面の菜(な)の花ばたけの様子です。季語はなの花で、きせつは春です。

❼ ❶は、うぐいすの鳴く明るい声が、竹林のおくから聞こえてくる様子に注目して、春のおとずれをうたっています。季語は鶯(うぐいす)で、きせつは春です。❷は、見わたすかぎり緑色のわか葉のころに、わが子の真っ白な歯が生えてきた様子をうたっています。

ことなる色をくらべている点に注目しましょう。季語は万緑(ばんりょく)で、きせつは夏です。

カミツキガメは悪者か

96・97ページ きほんのワーク

❶ ❶わるもの ❷きし ❸しんぶん ❹ほう ❺しあわ ❻かな

❷ ❶悪者 ❷岸 ❸放 ❹幸 ❺悲

❸ ❶イ ❷ウ ❸ア ❹イ ❺イ ❻ア

ないようをつかもう！

始め…イ 中…ウ・ア 終わり…エ

98・99ページ 練習のワーク❶

1 もともといない・ふえて

2 イ

3 イ

4 昼（間）・水面・気配・水中にひそんで

5 れいけいかい心が強く、（人とはかかわらないようにくらしている。）おくびょうなカメ。

てびき

1 一だん落に「……と教えてくれました。」（3行目）、「……だそうです。」（4行目）とあることに注目しましょう。これらは、人から聞いたことを表すときの言葉です。この二文が、おじさんの教えてくれた内ようだと分かります。

2 一だん落に「気があらくて、近づくものにはすぐにかみつくといわれているカメ」（4・5行目）、「体が大きく、あごの力も強いため、とてもきけんだと聞いたこともあります」（6・7行目）と書かれています。また、四だん落でも「テレビや新聞で見ていた……何にでもかみつく、どうもうなカメ」（30・31行目）と、いっぱんてきなカミツキガメのイメージが書かれています。「どのようなカメだといわれていますか」と問われているので、これらをまとめたイが正かいです。

3 それまで知しきとして知ってはいたけれど、どこかひとごとのように思っていたことが、急に身近な出来事として感じられて、筆者はおどろいたのです。そして、それをきっかけに、筆者は「どんな生き物なんだろう」ときょうみを持ち、かんさつを始めています。

4 三だん落に、かんさつをつづけて気づいたことや、分かったことが書かれています。夜行せいだといわれていますが、昼間も水面から顔を出すこと、人の気配がするとすぐににげること、見つからないように水中にひそんでいることなどがあげられています。

5 「本当のすがた」の前後で、カミツキガメのよくいわれているすがたと、筆者がかんさつをして分かったすがたが書かれています。「何にでもかみつく、どうもうなカメ」だといわれていますが、実さいには「けいかい心が強く、……おくびょうなカメ」だったと、イメージが変(へん)化したことをのべています。

100・101ページ 練習のワーク②

1 えさやすみか・いなくなってしまう〈または いなくなる〉・こまる人

2 (1) イ・エ

(2) れい カミツキガメをつかまえて、取りのぞく

(3) 理由1…ペット・放して

理由2…（印旛沼には、大きくなった）カミツキガメをおそうような生き物がいない（から）。

てびき

1 直後の文の始めにある「なぜなら」という理由を表す言葉に注目しましょう。この後から、カミツキガメが「日本の自然の中にいてはいけない」理由が書かれています。二だん落では、「そして」の前後の文まつが、それぞれ「……からです。」になっているので、理由が二つあることが分かります。

2 (1) 三だん落の「たとえば」という言葉に注目すると、この後に印旛沼やそのまわりで実さいに起きていることの事例があると分かります。次の四だん落の始めにある「また」という言葉は、出来事をならべたり、つけくわえたりするはたらきがあるので、つづく四だん落にも事例があると分かります。このように、言葉のはたらきに注目すると、文章の組み立てが分かりやすくなります。三だん落では田んぼのおじさんの事例、四だん落ではりょうしさんの事例があげられています。おじさんの事例は、「カミツキガメをふんでしまうことが、たびたびある」ことです。「もしも、……足をかまれたら……大けがをするかもしれません」とあるので、実さいにカミツキガメにかまれて大けがをしたわけではないことに気をつけましょう。

(2) 五だん落に「カミツキガメのひがいを少しでもへらそうと、……たくさんの人たちがカミツキガメをつかまえて、取りのぞいています。」とあります。

(3) 最後のだん落に、印旛沼のまわりでカミツキガメがふえた理由が書かれています。「さらに」は、そのうえという意味で、前の内ようにつけくわえるはたらきがあります。よって、「さらに」の前を理由1、後を理由2としてまとめましょう。「〜生き物がいません。」と答えるのではなく、「なぜ」と問われたときは、「〜から。」「〜ので。」など理由を表す言葉を使って答えましょう。

102・103ページ まとめのテスト

1 足をかまれ・大けが・あみをやぶって・（あなから）にげて

2 イ・エ

3 れい もともといた生き物や人の生活にえいきょうが出る

4 ウ

5 れい 生き物をかうときのせきにんとルール（について）。

6 イ

てびき

1 「このようなこと」は、前の二つのだん落にある、田んぼのおじさんの事例と、りょうしさんの事例を指しています。

2 四だん落の始めに「なぜ印旛沼のまわりでは、カミツキガメがふえてしまったのでしょうか。」とあることに注目します。この問いの文をうけて、すぐ後で「それは」と答えをのべているので、しっかりととらえましょう。正かいはイ・エです。二だん落に「魚をとるあみにかかったカミツキガメ」とあるので、印旛沼に魚がいることは分かりますが、それはカミツキガメがふえた理由にはならないので、ウはまちがいです。

3 印旛沼でのカミツキガメの事例を受けて、五〜七だん落で、筆者は自分の考えをまとめています。「もともといなかった生き物」（外来種）を取りのぞく場合については、五だん落から読み取ります。「もともといた生き物や人の生活にえいきょうが出る」ときには、「その生き物は、自然の中から取りのぞかなければならなくなる」とあります。

4 もともとカミツキガメは、人の手によってペットとして外国からつれてこられた生き物です。そして、かいきれなくなった人が、日本の自然に放したけっか、ふえてしまい悪者とされて取りのぞかれることになってしまっ

たのです。そんなカミツキガメに対して、筆者は「悲しい生き物」と言っているのです。

5　さい後のだん落から読み取ります。「わたしたち一人一人が、生き物をかうときのせきにんとルールについて考えなければなりません。」と筆者はのべています。

6　題名で「悪者か」と問いかけた答えは、最後のだん落にまとめられています。カミツキガメは、もともとは「そこにいなかった」のに人によって放されたことで、ふえてしまい、自然から取りのぞかなければならなくなった「悲しい生き物」です。本当の悪者は、カミツキガメではなく、「そこにいなかった」はずのカミツキガメを放した人間なのです。

104・105ページ　きほんのワーク

漢字を使おう8／じょうほうのとびら　考えと理由／クラスの思い出作りのために

❶ ①しょうてん　②しょうわ　③やおや　④ひめい

❷ ①商品　②地図帳

❸ ①兄・弟　②雪　③親子・帰　④顔

❹ ア○　イ△　ウ○　エ△

❺ 1　からです（[または]ためです）
2　①イ　②ア　③ウ
3　イ

てびき

❹ 自分の考えは、「わたしは……だと思います。」「ぼくは……と考えます。」といった書き方をするとよいでしょう。これに当てはまるのはアとウです。考えを分かってもらうためにつたえる理由は、「なぜなら……からです。」などと書くとよいでしょう。これに当てはまるのはイとエです。

❺ 1　理由は「〜からです。」や「〜ためです。」「〜ので。」などの言葉を使って書くとよいでしょう。

2　小林さんが書いた文章では、①の「始め」で自分の考えをのべ、②の「中」でその理由をじゅんじょ立ててのべています。そして③の「終わり」で、自分の考えをまとめています。

3　小林さんは、文章の始めの部分で「理由は二つあります」としめし、じゅんばんに理由をあげています。このように文章を書くと、読む人が「理由が二つあるのだな」と意しきするので、理由がつたわりやすくなります。

106・107ページ　きほんのワーク

道具のうつりかわりを説明(せつ)しよう　漢字を使おう9／くわしく表す言葉

❶ ①こ　②じてんしゃ　③だいいち　④ふくび　⑤いっとう　⑥よてい　⑦みや　⑧こだい　⑨やど　⑩お　⑪こうてい

❷ ①宿　②校庭

❸ ①音楽・声・歌

❹ 1　①ウ　②ア　③イ
2　（じゅんじょなし）本・インターネット

❺ ①主語…お母さんが　じゅつ語…わらう
くわしく表す言葉…にこにこと
②主語…先生が　じゅつ語…出かける
くわしく表す言葉…書道の

❻ ①　(1)エ　(2)カ
②　(1)ウ　(2)ア
③　(1)イ　(2)オ

てびき

❹ 1　調べたことをメモにまとめるときは、調べたこと、調べて分かったこと、どのように調べたかを書くと、後からメモを集めて整理するときに、分かりやすくなります。

2　調べ方は、大きく分けて三つあります。一つ目は、百科事てんなど、本で調べる方法(ほう)、二つ目は、インターネットで調べる方法、三つ目は、石川先生に聞いているように、そのことについて知っている人に聞く方法です。これをインタビューといいます。

❺ 主語は「だれが（は）」「何が（は）」に当たる言葉、じゅつ語は「どうする」「どんなだ」「何だ」などに当たる言葉です。じゅつ語の意味をおぎなう言葉が、くわしく表す言葉です。①の文の主語は「お母さんが」、じゅつ語は「わらう」、くわしく表す言葉は「にこにこと」です。これは「どのように」わら

うかをくわしく表しています。❷の文の主語は「先生が」、じゅつ語は「出かける」、くわしく表す言葉は「書道の」です。これは「何の」先生かをくわしく表しています。

6 ❶の(1)「小さな」は、「どんな」女の子かを表しています。(2)「とぼとぼ」は「どのように」歩くかを表しています。❷の(1)「部屋で」は、「どこで」を表し、(2)「おやつを」は「何を」食べるかを表しています。❸の(1)「明日」は「いつ」を表し、「サッカーの」は「何の」試合かを表しています。

108・109ページ まとめのテスト

1

1 電話機

2 イ

3 [れい]話のまとまりを作る 〈[または]話の区切りをつける〉

4 はっきり・間

5 (1)フリップ (2)[ウ] 〈[または]ウ〉

2

❶どのように…大声で

❷どこで…公園で
何を…ごみを

❸いつ…今日
どんな…ぶあつい
何を…本を

3

❶(じゅんじょなし)ア・イ

❷(じゅんじょなし)イ・ウ

❸(じゅんじょなし)ア・ウ

てびき

1

1 発表の始めに、「これから、電話機のうつりかわりについて調べたことを説明します」とあります。

2 「……でしょうか。」という問いかけの文なので、聞き手を見ながら問いかけるように話すと、話題にきょう味を持ってもらいやすくなります。

3 大きな間を取ることで、話のまとまりを作り、話の区切りをつけることができます。

4 発表するときには、聞き手にだいじなことがつたわるように、話し方をくふうします。人や物の名前、数字など、話のポイントははっきりと大きな声にするなど、声に強弱や大小をつけて調子をかえたり、だいじな言葉の前などに間を取って、聞き手の注意を引いたりします。

5 (1) 図や写真、イラストにかんたんな説明をつけた大型のカードを「フリップ」といいます。これを見せることで、聞いただけではイメージしづらいことについて、聞き手の理かいを助けます。

(2) しりょうには「電話きの発明 グラハム・ベルが作った。」とあります。発表では10行目に「一つ目は、この電話機」とあり、次で「グラハム・ベルという人が作ったさいしょの電話機」と説明しているので、[ウ]の「この電話機」と言ったときに、フリップを見せると、分かりやすくなります。

2 ❶の文で「どのように」を表しているのは「大声で」です。❷の文で「どこで」を表しているのは「公園で」、「何を」を表しているのは「ごみを」です。❸の文で「いつ」を表しているのは「今日」、「どんな」を表しているのは「ぶあつい」、「何を」を表しているのは「本を」です。

3 ❶の「道に」は「どこで」、「茶色い」は「どんな」を表しています。❷の「部屋で」は「どこで」、「しくしくと」は「どのように」を表しています。❸の「今日」は「いつ」、「小学校を」は「何を」を表しています。

ゆうすげ村の小さな旅館 ——ウサギのダイコン

110・111ページ きほんのワーク

❶ ❶りょかん ❷いき ❸かい ❹おも ❺はたけ ❻きょねん ❼れい ❽ま

❷ ❶旅館 ❷息 ❸階 ❹重 ❺去年 ❻礼

❸ ❶イ ❷ア ❸ウ ❹イ ❺ア ❻イ

☆ ないようをつかもう! ❶オ ❷ウ ❸エ ❹ア ❺イ

112・113ページ 練習のワーク❶

1 ア

2 つぼみ(さん)

3 ウ

4 よく朝

5 イ

6 名前…（宇佐見）美月
様子…色白でぽっちゃりとしている。

7 ダイコン〈または ウサギダイコン〉

てびき

1 わか葉は、五月ごろの木々の葉のことで、明るい緑色をしています。真夏になると、木の葉は、こい緑色になっていきます。

2・3 ゆうすげ旅館ではたらいているのは、つぼみさん一人です。そこへ、山に林道を通す工事があり、六人ものたいざいのお客さんが来たので、つぼみさんは朝早くから夜おそくまで大いそがしなのです。

4 「ある日」「そのよく朝のことです。」など、時間を表す言葉に注目しましょう。時間がたっているところで、場面がかわっているのです。

5 きょとんとしているつぼみさんに、むすめは「ほら、きのうの午後、だれか手つだってくれる人がいないかしらって、言ってたでしょ。」と言って、自分が来た理由を説明しています。

6 むすめは本当はウサギであるということが、物語のいろいろなところでこっそりしめされています。「宇佐見」という名前は、「ウサギ」ににています。「美月」という名前も、ウサギは月にすんでいるという言いつたえに関係しています。色白のぽっちゃりとした様子は、白い毛のふわふわしたウサギの様子ににています。また、美月がつぼみさんのひとり言を聞いたのも、耳のよいウサギだからだと、想ぞうできます。

7 文章のさい後の一文に、「むすめは、持ってきたダイコンを、つぼみさんにさし出しました。」とあります。

114・115ページ 練習のワーク❷

1 小鳥の声・動物の立てる音

2 耳・よくなった〈または よく聞こえる〉

3 イ

4 ア・エ

5 耳がよくなるまほう。

6 れい ウサギダイコンを食べて、まほうがきいた（から）。

7 れい もっといてほしいけど、仕方がないわ。

てびき

1 3行目から始まるお客さんの言葉を読み取りましょう。お客さんは、今まで聞こえなかった小鳥の声や動物の立てる音が聞こえるようになったことから、耳がよくなったことに気づいたのです。

2 「つぼみさんは、はっとしました」のすぐ後に、「そういえば、つぼみさんの耳も、近ごろ、急によくなった気がします。」とあります。

3 むすめは、つぼみさんに帰ることを言い出しにくかったので、おずおずとエプロンを外したのです。つぼみさんがおこりっぽい人だとは読み取れないので、アはまちがいです。もし早く帰りたいと思っているなら、さっとエプロンを外すはずなので、ウもまちがいです。人物の気持ちは、しぐさや様子に表れます。しぐさや様子を表す言葉に注意して読みましょう。

4 むすめは、がっかりしたつぼみさんの顔を見るのがつらくて、下を向いたのです。むすめは、どうしても帰らなければいけないけれど、つぼみさんをがっかりさせてつらく思っていることを読み取りましょう。

5 「まほうのきき目って？」というつぼみさんのしつ問に、むすめは、まほうの説明をしています。ここで、ウサギダイコンは、まほうの力がこめられたダイコンだということが明らかになります。

6 むすめが作ったダイコンづくしの料理を毎日食べたから、お客さんにもつぼみさんにも耳がよくなるまほうがきいたのです。

7 つぼみさんが、むすめとのわかれを、ざんねんに思っていることを読み取りましょう。「帰ってほしくないけど、仕方がない。」や「また一人になってさびしいけど、がまんしよう。」、「ざんねんだけど、ダイコンのしゅうかくがあるのだったら帰らないとね。」なども正かいです。

漢字を使おう10
漢字の組み立てと意味　ほか

116・117ページ　きほんのワーク

1 ①すうびょう　②びょういん　③しょうねん　④たよう　⑤とち　⑥じりき　⑦くちょう　⑧どうわ　⑨ぶしゅ　⑩ふえ　⑪なみ

2 ①数秒　②病院

3 ①妹・汽車　②姉・船・行・方

4 部首

5 ①秋　②教　③筆　④思　⑤間　⑥通　⑦庫

6 ①おおがい　②にんべん　③うかんむり　④くにがまえ

7 ①エ　②ア　③イ　④ウ

てびき

5 ①「秋」の部首は「禾（のぎへん）」、②「教」の部首は「攵（のぶん）」、③「筆」の部首は「⺮（たけかんむり）」、④「思」の部首は「心（こころ）」、⑤「間」の部首は「門（もんがまえ）」、⑥「通」の部首は「辶（しんにょう）」です。⑦「庫」の部首は「广（まだれ）」です。

6 ①の「顔」「頭」の部首はどちらも「おおがい」です。②の「休」「使」「係」の部首はどれも「にんべん」です。③「守」「客」「家」の部首はどれも「うかんむり」です。④の「園」「国」「図」の部首はどれも「くにがまえ」です。

7 それぞれの漢字の意味から、関係するものを見つけます。①の「さんずい」のつく漢字は、「水」に関係があります。②の「ごんべん」のつく漢字は、「言葉」に関係があります。③の「くさかんむり」のつく漢字は、「植物」に関係があります。④の「しんにょう」のつく漢字は、「みち・すすむ」ことに関係があります。

ゆうすげ村の小さな旅館——ウサギのダイコン
漢字の組み立てと意味

118・119ページ　まとめのテスト

1
1 二ひきのウサギ
2 畑・あらしている
3 ダイコンをぬいているところ（だった）。
4 よい空気と水・たんせいこめて育てた
5 イ
6 ウサギのすがたを見られるのが、（何だか）はずかしかった
7 ア

2 ①ウ　②オ　③ア　④イ　⑤エ

てびき

1
1 文章の始めに、「畑に着いて、つぼみさんの目にとびこんできたのは、二ひきのウサギでした。」とあります。
2 野生の動物は、畑に植えた作物もえさと思って食べてしまいます。つぼみさんは、畑にいるウサギのすがたを見ただけで、「畑をあらしている」と、ごかいをしたのです。
3 「そうではないことに気がつきました」とあるので、つぼみさんは、ウサギが畑をあらしているのではないと気づいたと分かります。つぼみさんは、ウサギがダイコンを土からぬいているところを見たのです。
4 「どんなダイコンよりおいしいはずだわ」のすぐ前に、「山のよい空気と水で、ウサギさんたちが、たんせいこめて育てたダイコンだもの」とあります。
5 つぼみさんは、ウサギたちが自分に気づくと、おどろいたり、手を止めたりして、じゃまになると思い、何も言わずにこっそり帰ったのです。
6 さい後にある「ウサギの美月」からの手紙に注目しましょう。「父さんもわたしも、ウサギのすがたを見られるのが、何だかはずかしくて、知らんぷりしてしまいました」とあります。
7 手紙にあるように、美月は、ウサギのすがたを見られて、何だかはずかしくなっていました。つぼみさんが何も言わずに帰っていったので、美月は、そっとしてくれたやさしさを、うれしく思ったのです。

2 ①の□に「糸（いとへん）」を入れると、「絵」「紙」という漢字になります。②の□に「扌（てへん）」を入れると、「持」「指」という漢字になります。③の□に「木（きへん）」を入れると、「校」「柱」という漢字になります。④の□に「門（もんがまえ）」

を入れると、「開」「間」という漢字になります。⑤の□に「辶（しんにょう）」を入れると、「遠」「道」という漢字になります。

クマの風船

120ページ まとめのテスト

1 ウサギダイコン

2 とどけたい人〈またはとどけたい相手〉
とんでいって

3 れい わくわくしてむねがふくらむ

てびき

「クマの風船」には、「ゆうすげ村の小さな旅館――ウサギのダイコン」と同じ、「つぼみさん」が登場します。「時」「場所」「人物」や、大切な役わりを持つ物語の道具などに注意して、二つの物語を読みくらべ、同じところ、ちがうところをたしかめてみましょう。

1 「はい、ぼくからも、あの畑のお礼がしたいんです。」と言っているのは、つぼみさんに赤い風船をさし出した「わか者」です。わか者は、「あそこでとれるウサギダイコンは、かくべつですから。」と、つぼみさんに話しています。「あそこ」とはつぼみさんが持っている山の畑のことなので、「あの畑」でとれるのは「ウサギダイコン」だと分かります。

2 「まほうの風船」とは、わか者がつぼみさんにさし出した赤い風船のことです。わか者は、「実はこれ、ただの風船じゃありません。手紙をつければ、とどけたい人の所へとんでいってくれる風船なんです。……手紙をとどけたい相手のことを、心から思ってふくらませてください。」と言っています。このわか者の言葉から、「まほうの風船」がどんな風船なのかが分かります。

3 「エプロンのポケットに風船をしまう」のすぐ後に、「わくわくして、それこそ、むねが風船のようにふくらみました」とあります。この内ようをまとめましょう。つぼみさんが、まほうの風船をどんなふうに使おうかとわくわくしていることが分かります。

実力判定テスト 答えとてびき

夏休みのテスト①

1 (じゅんじょなし) ツノメガニ・シオマネキ
2 長い口ばし・ほりおこされて〈または つかまって〉
3 イ
4 (そこでは) けつえきがながれ出ない
5 小さなこぶ・ふくろ

てびき

1 「すなの中にかくれたり、かくれがににげこんでしまうカニ」のれいとして、2だん落のツノメガニと、3だん落のシオマネキの二つをあげています。ツノメガニは「てきのすがたを見ると、すぐすなをほって自分のからだをかくし」ます。シオマネキは、「てきが見えると、さっと自分のあなの中にかくれ」ます。

2 すぐ後に「長い口ばしで、あっというまにほりおこされてしまいます。」とあります。カニがすなの中やあなの中にかくれても、長い口ばしでほりおこされてしまうところが、おそろしいのです。

3 5だん落の1行目に、まず「てきにつかまると、カニはさいごの手段をつかいます。」とあります。これがこのだん落でいいたいことです。その後に「さいごの手段」とはどんなことかについて、くわしく書かれています。「ハサミで、てきをおもいきり……そのまま切りおとすこともあります。」の部分を読み取りましょう。

4 すぐ後に「そこではけつえきがながれ出ないしくみになっています」と書かれています。

5 7だん落に「とれたハサミは、ふしぎなことに、おなじところからまたはえかわってくるのです。」とあるので、この後の部分を読み取ります。8だん落の「まず」「つぎに」という言葉に注目して、順を追っておさえましょう。

夏休みのテスト②

1 ❶にがて ❷む ❸さっきょく ❹ぜんりょく ❺みやこ・しゃ ❻ばし・そうとう ❼かぞく・お
2 ❶横 ❷住所 ❸皿 ❹安心 ❺暑・身 ❻係・始 ❼登山・人物
3 (右からじゅんに) ❶3→2→1 ❷2→3→1 ❸1→3→2 ❹3→1→2
4 ❶ウ ❷イ ❸イ ❹ア
5 (じゅんじょなし) ❶イ・キ ❷ウ・オ ❸エ・カ ❹ア・ク
6 ❶koinu ❷nekko ❸kyûkei ❹gin'iro

てびき

1 ❶「苦」には「ク」「くる(しい)」「くる(しむ)」「くる(しめる)」「にが(い)」「にが(る)」という読みがあります。ここでは「苦手」で「にがて」と読みます。

2 ❸「皿」は、形のにている「血」とまちがえないようにしましょう。

3 国語じてんでは、五十音じゅんに見出し語がならんでいます。清音→だく音→半だく音のじゅんにならんでいるじてんが多いです。

4 ❶アとイの「画」は「えがく」という意味、ウの「画」は「いろいろと考える」という意味です。❷アとウの「点」は「小さなしるし」という意味、イの「点」は「せいせきなどを数字で表したもの」という意味です。

5 人物やものの様子を表す言葉は、国語じてんで意味と例文を調べて実さいに使ってみましょう。❹ア「ごつごつ」は表面がでこぼこしていてかたい様子、ク「がちがち」はとてもかたい様子です。

6 ❷つまる音は、次の音のさいしょの字(k)をかさねて書きます。❸のばす音にはa・i・u・e・oの上に「^」をつけます。

実力判定テスト 答えとてびき

冬休みのテスト①

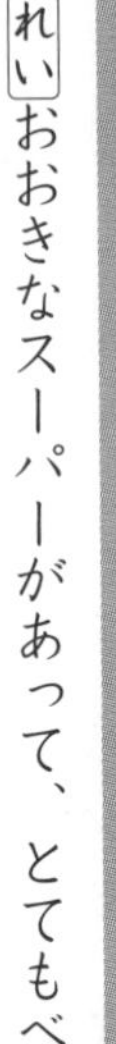
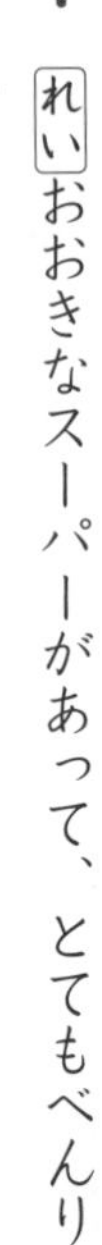

☆

1 れい おおきなスーパーがあって、とてもべんりなところ。

2 ウ

3 (また、)おじいちゃんたちと海にいく

4 おじいちゃん・おばあちゃん(「おじいちゃん」「おばあちゃん」はじゅんじょなし)・海のちかく

5 はれた日…こまかいほうせき
かぜのつよい日…かいじゅう
よる…こわい

てびき

☆

1 「わたし」の「こんどすむところにも、海はある?」という問いに対して、ママが、「海はないけど、おおきなスーパーがあって、とってもべんりなところよ。」と言っています。

2 「わたし」の「スーパーに海はうっていないよ。」という言葉に注目しましょう。こんど住む所に海がないと聞いた「わたし」が言った言葉です。「わたし」は、おおきなスーパーよりも、海があるほうがいいと言いたいのだと考えられます。

3 こんどすむところが気に入らない「わたし」に、パパが、「やすみになったら、このうちにかえってくればいいだろう?」と言ってくれたので、「わたし」は、「そうしたら、また、おじいちゃんたちと海にいく。」と言っています。

4 「おじいちゃんとおばあちゃん、パパとママ、そしてわたしの五人かぞくでした」、「家は、海のちかくにあった」とあります。

5 さいごのだん落に注目します。「はれた日に海にいくと、海のうえは、こまかいほうせきがばらまかれたように、きらきらかがやきます。」、「かぜのつよい日にいくと、おおきなしろいなみが、かいじゅうのように、おしよせてきます。」と表されています。また、「よるの海はくらくて、しずかで、ちょっとこわいです。」とあります。

冬休みのテスト②

1 ❶せいれつ ❷たす ❸にもつ ❹ようこう ❺もくたん・いんしょくてん ❻しんかい・けんきゅう ❼お・ひろ

2 ❶打 ❷湖 ❸進級 ❹洋服 ❺軽・通学路 ❻昔・家具 ❼坂・歯医者

3 ❶ウ ❷ア ❸エ ❹イ

4 ❶ま・か ❷まじめ

5 ❶その ❷どの ❸そこ ❹これ

6 (右からじゅんに)❶ひら・ヘイ・たい ❷チャク・ぎ

てびき

1 ❺「木炭」とは、木をかまでむしやきにして作ったねんりょうのことです。

2 ❸「級」の右の部分の筆じゅんと形に注意しましょう。

3 ❸「火花をちらす」は「はげしくあらそう。」という意味で、「火花をちらすたたかい。」のように使います。

4 「真っ赤」「真面目」は、とくべつな読み方をします。「赤」に「か」という読み方はありませんが、「真っ赤」だと「まっか」と読みます。

5 ❶は買い物客が魚屋さん(聞き手)に近い魚を指して話しているので、「その」が合います。❷は指すものがはっきりせず、しつ問をしているので「どの」が合います。❸は買い物客が魚屋さん(聞き手)に近い場所を指しているので「そこ」が合います。❹は魚屋さんが自分(話し手)に近いものを指して話しているので「これ」が合います。

6 ❶「平」の音は「ヘイ」「ビョウ」、訓は「たい(ら)」「ひら」です。❷「着」の音は「チャク」、訓は「き(る)」「き(せる)」「つ(く)」「つ(ける)」です。

実力判定テスト 答えとてびき

学年まつのテスト①

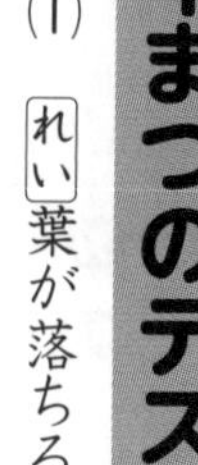

1 (1) れい 葉が落ちる。

(2) イチョウやカエデ、サクラ、ケヤキ（など）。

2 秋になっても、葉が緑色のままで、葉が落ちない

3 木の力・雨

4 イ

5 れい 水が少なくなると、自分から気こうをとじて、じょうはつをふせぐようにできているから。

てびき

1 「落葉樹」については、一だん落目に書いてあります。

(1) 直前に「秋になって葉の落ちる木」とあります。

(2) 葉の落ちる木のれいとして、「イチョウやカエデ、サクラ、ケヤキなど」をあげています。

2 「でも、秋になっても、葉が緑色のままで、葉が落ちない木もあります。」とせつめいし、「常緑樹」という言葉でまとめています。「常に葉が緑色の木（＝樹）」という意味です。

3 理由をきかれているので、理由を表す「から」「ため」「ので」などの表現に注目しましょう。ここではすぐ前で「木の力がよわまり、雨も少なくなるため」と理由を説明しています。

4 四だん落目に注目しましょう。「葉をきりはなして、水が大量にじょうはつするのをふせぎ、できるだけ、少ない水でもかわかないようにしている」とあります。葉がついたままだと、気こうから水がじょうはつしてしまうので、葉を落として、水分のじょうはつをふせいでいるのです。

5 すぐ前に「水が少なくなると、自分から気こうをとじて、じょうはつをふせぐ」とあります。常緑樹は自分で気こうをとじることができるので、わざわざ葉を落とさなくても、水分のじょうはつをふせぐことができるのです。

学年まつのテスト②

1 ❶みや ❷ほう ❸ちゅうい ❹あん ❺しょうてん・ふくび ❻わるもの・かな ❼しょうわ・じてんしゃ

2 ❶息 ❷岸 ❸病院 ❹階・待 ❺地図帳 ❻祭・笛 ❼去年・旅館

3 ❶お店で青いかさを買った。 ❷赤ちゃんが、にこにこわらっている。 ❸おばあさんは、広い家に住んでいる。 ❹部屋のドアをそっとたたく。

4 ❶主語…ア じゅつ語…エ ❷主語…ア じゅつ語…エ ❸主語…イ じゅつ語…エ ❹主語…ウ じゅつ語…オ

5 ❶こころ ❷にんべん ❸くにがまえ

6 ❶ウ ❷ア ❸エ ❹イ

てびき

3 ❹「そっと」は「たたく」様子をくわしく表しています。

4 主語は「だれが（は）」「何が（は）」など、じゅつ語は「どうする」「どんなだ」「何だ」などに当たる言葉です。❹「白い」「大きな」は、「雲が」という主語をくわしく表す言葉です。

5 ❶「思」「意」「感」の部首は「心（こころ）」です。心の動きなどに関係のある意味を表しています。❸「国」「園」「回」の部首は「囗（くにがまえ）」です。かこむことに関係のある意味を表しています。

6 ❶「訁（ごんべん）」の漢字は、「語・話・詩」のように、言葉に関係のある意味を表しています。❷「氵（さんずい）」の漢字は、「池・波・泳」のように、水に関係のある意味を表しています。❸「广（まだれ）」の漢字は、「店・広・庫」のように、家や屋根に関係のある意味を表しています。❹「辶（しんにょう・しんにゅう）」の漢字は、「遠・速・送」のように、道や進むことに関係のある意味を表しています。

実力判定(はんてい)テスト 答えとてびき

かん字リレー①

1 部品
2 育てる
3 取る
4 坂
5 商
6 飲む
7 受ける
8 列島
9 泳ぐ
10 板
11 州
12 皮
13 申し
14 薬局
15 悲しい
16 両面
17 寒い
18 美化
19 央
20 駅

21 勝負
22 助ける
23 暑い
24 筆
25 横
26 温かい
27 予定
28 勉
29 章
30 進路
31 深さ
32 写真
33 植える
34 由
35 役
36 起きる
37 問う
38 荷物
39 漢
40 息

41 住所
42 調整
43 油
44 岸
45 運命
46 医者
47 宮
48 急
49 昔
50 有
51 族
52 乗客
53 羊
54 第
55 区
56 球
57 他
58 炭
59 階
60 銀

61 遊ぶ
62 速度
63 曲がる
64 追う
65 期待
66 打つ
67 葉
68 係
69 神様
70 旅館
71 苦しい
72 具
73 礼
74 丁
75 軽い
76 短い
77 意味
78 注ぐ
79 柱
80 陽

かん字リレー②

81 落とす
82 幸福
83 身
84 庭
85 世界
86 緑
87 庫
88 重い
89 酒屋
90 投げる
91 根
92 帳
93 港
94 県
95 向く
96 返事
97 祭り
98 代表
99 湖
100 秒

101 安全
102 決める
103 転ぶ
104 服
105 鉄橋
106 都
107 相談
108 悪い
109 終わる
110 委員
111 豆
112 君
113 暗い
114 平等
115 主
116 号
117 級
118 消える
119 洋
120 湯

121 研究
122 開始
123 着く
124 仕える
125 皿
126 式
127 登る
128 集まる
129 農業
130 病院
131 歯
132 発
133 使う
134 動かす
135 拾う
136 詩
137 波
138 放送
139 畑
140 童

141 次
142 配る
143 感想
144 持つ
145 鼻血
146 箱
147 練習
148 指
149 昭和
150 実る
151 反対
152 流れる
153 守る
154 死去
155 宿題
156 倍
157 氷
158 笛

3 2 1 0 9 8 7 6 5 4
＊ ＊ D C B A